普通高等院校经济管理类"十四五"应用型精品教材

【物流系列】

现代物流学

刘利民 李秋正 编著

MODERN
LOGISTICS

机械工业出版社

CHINA MACHINE PRESS

图书在版编目（CIP）数据

现代物流学 / 刘利民，李秋正编著 . -- 北京：机械工业出版社，2022.4（2024.6 重印）
（普通高等院校经济管理类"十四五"应用型精品教材·物流系列）
ISBN 978-7-111-70599-4

Ⅰ. ①现… Ⅱ. ①刘… ②李… Ⅲ. ①物流 – 高等学校 – 教材 Ⅳ. ① F252

中国版本图书馆 CIP 数据核字（2022）第 066037 号

本书为"互联网＋"新形态教材，是反映现代物流发展趋势，集理论知识与实践案例于一体的物流学基础教材。本书首先综述了物流学的基础理论，包括物流概述、物流客户服务和物流需求预测；其次分述了物流的各个功能环节和活动，包括运输管理，采购与仓储管理，库存管理，配送与配送中心，包装、装卸搬运与流通加工以及物流设施；最后设计了物流前沿专题，包括物流信息技术与智慧物流、国际物流、电子商务物流以及新型物流。

本书可作为物流类专业本科生、物流管理专业研究生的教材，也可作为物流管理方向 MBA、物流科学研究人员以及企业中高层人员的参考用书。

出版发行：机械工业出版社（北京市西城区百万庄大街 22 号　邮政编码：100037）

责任编辑：李晓敏		责任校对：殷　虹	
印　　刷：固安县铭成印刷有限公司		版　　次：2024 年 6 月第 1 版第 6 次印刷	
开　　本：185mm×260mm　1/16		印　　张：18.25	
书　　号：ISBN 978-7-111-70599-4		定　　价：49.00 元	

客服电话：(010) 88361066　68326294

PREFACE 前言

作为 21 世纪的朝阳产业，物流业是融合运输、仓储、货运代理、信息等产业的复合型服务业，是支撑国民经济发展的基础性、战略性产业。物流领域相关人才一直被列为国民经济发展的紧缺人才。

本书是在 2009 年湖南大学出版社出版的闫国庆、李秋正主编的《物流学导论》的基础上进行修订的。与其他教材和原书相比，本书具有以下特色：

（1）理论与实践并重。本书在写作风格上突出理论适中、案例丰富与实操性强的特色，便于教师开展案例教学，帮助学生加强对理论的深入理解。本书案例内容涉及导入案例、课中案例和课后案例三部分。导入案例以国际、国内物流行业发展中的政策、环境或者物流产业发展遇到的实际问题为主，旨在阐述学习该章内容的意义，激发学生的学习兴趣。课中案例着重介绍国内外典型的物流企业的最新实践，旨在使学生更好地理解现代物流行业的发展情况。本书中介绍的典型企业包括综合物流企业顺丰速运和京东物流、物流平台企业菜鸟网络等。课后案例设计了相应的计算和思考题，旨在帮助学生深入理解相关理论并帮助其提高应用理论来解决实践问题的能力。

（2）实用性与前沿性并重。在对基础性的物流学理论和方法进行全面系统介绍的基础上，本书还将物流前沿理论融入了相关章节，紧扣时代脉搏，探讨"互联网＋"下的物流新模式。本书吸纳了物流管理前沿的电子商务物流、冷链物流、危化品物流等内容。

（3）教学资源丰富。本书为纸质教材与数字化资源一体化的新形态教材，插入大量拓宽知识面的文字和视频资源，扫描二维码即可观看，便于读者获取更多知识。每章附有实训项目，便于教师开展实践教学，以提高学生的实操技能，激发学生积极性。每章后还配有习题，扫描二维码可以查看习题内容，同时本书还免费提供全部 13 章的配套教学课件、教案以及习题答案。

本书由刘利民、李秋正编著，其中刘利民编写了第 2、3、5、9、10、11、12、13 章，李秋正负责其他章节的编写，最后由刘利民统稿。

在本书编写过程中，闫国庆教授以及王敏杰、张碧君、邹德玲、郑静老师提出了大量宝贵意见。研究生陈晶晶、王宝堂、马福婧在资料收集整理和排版过程中承担了大量工作。此外，本书在编写过程中参阅了大量的文献以及电子资源，借鉴了国内外同行专家的研究成果以及物流行业和企业实践的成果，得到了有关部门、学校领导、专家和老师的大力支持，在此一并致谢！

由于编者水平和编写时间的限制，本书难免有疏漏之处，恳请读者批评指正。

刘利民　李秋正

2022 年 3 月

"现代物流学"是物流管理专业核心课程，具有导论性质，是学生学习其他专业课程的基础。本课程的主要内容包括：物流学的基本概念、基本原理以及物流学的研究对象和理论体系。我们希望学生通过学习，理解并掌握物流的基本研究方法和管理技术，初步具备分析实际物流问题的能力，在此基础上做到将现代最新的物流理念、组织体系、现代科学技术和管理技术与物流实践紧密结合，提高学生的自主学习能力和创新研究兴趣。

教学方式方法及手段建议

本书分为基础理论、物流系统功能要素和物流前沿专题三篇。基础理论篇以物流学基础理论和方法教学为主，建议在理论讲授过程中辅以专题研讨和案例分析，启发和引导学生的专业学习兴趣。物流系统功能要素篇重点讲述物流运作流程、物流功能要素以及物流管理要点，本篇教学应注重理论与实践相结合，在理论讲授的过程中穿插案例教学和体验式教学，适当安排学生进企业参观和调研，让学生亲身体验物流活动。物流前沿专题篇重点讲述现代物流发展趋势和物流技术应用，可安排若干专家讲座，并组织相关专题的研讨，帮助学生拓展学习视野。

学时分配建议（供参考）

序号	章节	教学内容	学习要点	学时安排
1	第1章	物流概述	物流相关概念	4
			供应链相关概念	
			物流学说	
2	第2章	物流客户服务	物流客户服务的主要内容	3
			物流客户服务水平的制定方法	
3	第3章	物流需求预测	物流需求的基本特点与影响因素	3
			物流需求的定性预测方法	
			物流需求的定量预测方法	
4	第4章	运输管理	运输的基本概念与原理	6
			运输方式	
			运输成本的影响因素	
5	第5章	采购与仓储管理	采购的基本概念	3
			仓储的基本概念	
			仓储合理化	
6	第6章	库存管理	库存的概念和价值	6
			库存相关成本	
			库存决策模型	
			供应链环境下的库存管理方法	
7	第7章	配送与配送中心	配送与配送中心的基本概念	3
			配送合理化	
8	第8章	包装、装卸搬运与流通加工	包装的基本概念与包装合理化	3
			装卸搬运的基本概念与装卸搬运合理化	
			流通加工的基本概念与流通加工合理化	
9	第9章	物流设施	物流设施的基本概念与分类	3
			物流园区	
			物流设施选址的基本方法	
10	第10章	物流信息技术与智慧物流	物流信息	4
			物流信息技术	
			智慧物流	
11	第11章	国际物流	国际物流的特点及分类	4
			国际运输业务	
			国际仓储业务	
12	第12章	电子商务物流	电子商务与物流的关系	3
			电子商务物流模式的选择	
13	第13章	新型物流	冷链物流的特征与基本要求	3
			危化品物流的特征与基本要求	
合计				48

目录 CONTENTS

第二篇　物流系统功能要素

第三篇　物流前沿专题

第一篇
PART 1

基础理论

物流概述

|学习目标|

1. 掌握物流及物流管理的基本概念
2. 掌握供应链及供应链管理的基本概念
3. 了解物流的基本分类方法
4. 了解现代物流产业的发展趋势

|导入案例|

国务院办公厅转发《关于进一步降低物流成本的实施意见》

2020 年 5 月 20 日，国务院办公厅转发国家发展改革委、交通运输部《关于进一步降低物流成本的实施意见》(以下简称《意见》)。

《意见》实施的背景是，2019 年我国社会物流总额达到 298.0 万亿元，同比增长 5.9%，全社会物流成本水平保持稳步下降，但是部分领域物流成本高、效率低等问题依然存在。在 2020 年初暴发新冠疫情后，社会物流成本出现阶段性上升，这一状况势必阻碍现代化经济体系建设和高质量发展的进程。因此《意见》明确了全社会进一步降低物流成本、提升物流效率、加快恢复生产生活秩序的目标，并具体提出 6 方面 24 条物流降成本举措(见表 1-1)。

表 1-1 《意见》中降低物流成本的措施

目标	举措
深化关键环节改革，降低物流制度成本	• 完善证照和许可办理程序：加快运输领域资质证照电子化 • 科学推进治理车辆超限超载 • 维护道路货运市场正常秩序：建立严厉打击高速公路、国省道车匪路霸的常态化工作机制 • 优化城市配送车辆通行停靠管理 • 推进通关便利化 • 深化铁路市场化改革：开展铁路市场化改革综合试点
加强土地和资金保障，降低物流要素成本	• 保障物流用地需求：对重大物流基础设施项目，在建设用地指标方面给予重点保障 • 完善物流用地考核：合理设置物流用地绩效考核指标 • 拓宽融资渠道 • 完善风险补偿分担机制
深入落实减税降费措施，降低物流税费成本	• 落实好大宗商品仓储用地城镇土地使用税减半征收等物流领域税费优惠政策 • 降低公路通行成本 • 降低铁路航空货运收费 • 规范海运口岸收费 • 加强物流领域收费行为监管
加强信息开放共享，降低物流信息成本	• 在确保信息安全前提下，向社会开放与物流相关的公共信息；加强列车到发时刻等信息开放 • 降低货车定位信息成本：规范货运车辆定位信息服务商收费行为
推动物流设施高效衔接，降低物流联运成本	• 破除多式联运"中梗阻" • 完善物流标准规范体系：推广应用符合国家标准的货运车辆、内河船舶船型、标准化托盘和包装基础模数
推动物流业提质增效，降低物流综合成本	• 推进物流基础设施网络建设：实施示范物流园区工程，布局建设一批国家骨干冷链物流基地 • 培育骨干物流企业：鼓励大型物流企业市场化兼并重组 • 提高现代供应链发展水平 • 加快发展智慧物流 • 积极发展绿色物流

资料来源：中国政府网，http://www.gov.cn/xinwen/2020-06/02/content_5516867.htm，2020-06-02.

思考：

1. 如何理解《意见》出台的历史背景？

2. 如何理解物流业在国民经济中的地位？

1.1 物流的相关概念及分类

1.1.1 物流的相关概念

1. 物流

物流（logistics）一词是从日文资料引进来的外来词。20 世纪 70 年代末，"物流"通过中日经济文化交流传入中国。一般认为，"物流"是物质资料从供应者到需求者的物理性运动和时间转换，主要是创造时间价值、场所价值或一定加工价值的经济活动。根据《中华人民共和国国家标准：物流术语》（GB/T 18354—2021，以下简称《物流术语》）⊖，物流是指"根据实际需要，将运输、储存、装卸、搬运、包装、流通加工、配送、信息处理等基本功能实施有机结合，使物品从供应地向接收地进行实体流动的过程"。

2. 物流管理

根据《物流术语》，**物流管理**（logistics management）是指"为达到既定的目标，从物流全过程出发，对相关物流活动进行的计划、组织、协调与控制"。

一个典型的物流过程如图 1-1 所示。

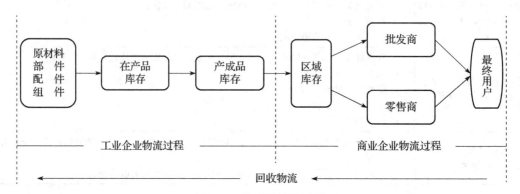

图 1-1 典型的物流过程

物流和物流管理的内涵强调了如下要点：

（1）物流管理是供应链管理的一部分；

（2）满足客户需求是物流管理的第一目标；

（3）效率和效果并重；

（4）物流是包含正向和逆向物流的环状系统；

（5）商品、服务和相关信息的集成管理。

3. 现代物流

"物流"仅从字意理解，就是物质实体的流动。但是当把这个物质实体的流动，当作一个运动过程来把握的时候，物流就成为包括运输、储存、搬运、分拣、包装、加工等多个环节在内的活动了。这就是通常人们所说的传统物流或一般意义上的物流。**现代物流**（modern logistics）是相对于传统物流而言的。它是在传统物流的基础上，引入高科技手段，即运用计算机进行信息联网，并对物流信息进行科学管理，从而使物流速度加快，准确率提高，库存减少，成本降低，以此延伸和放大传统物流的功能。

现代物流业是将运输、仓储、装卸、加工、整理、配送和信息等方面有机结合，形成完整的供应链，为用户提供多功能、一体化的综合性服务的产业。它是一个伴随工业化、城市化发展而兴起的新兴产业，是有效连接生产与消费的桥梁和纽带，是推动国民经济持

⊖ 2021 年 8 月 20 日，该国家标准已获批发布，于 2021 年 12 月 1 日正式实施。

续快速增长的重要力量。2006 年 3 月，在第十届全国人民代表大会第四次会议审议通过的《国民经济和社会发展第十一个五年规划纲要》中，第四篇"加快发展服务业"里单列一节"大力发展现代物流业"，这标志着在国家层面上，现代物流作为产业的地位得到确认，并逐步受到高度重视。现代物流与传统物流的区别见表 1-2。

表 1-2　现代物流与传统物流的区别

项目	传统物流	现代物流
概念	物品的存储与运输及其附属业务形成的物流活动	以现代信息技术为基础，整合运输、包装、装卸、发货、仓储、流通加工、配送及物流信息处理等多种功能而形成的综合性的物流活动
职能系统	运输、存储、装卸搬运、包装单要素操作；各种物流功能相对孤立	运输、存储、装卸搬运、包装、流通加工、配送、信息处理综合物流活动；强调物流功能的整合和系统优化
物流组织	企业内部的分散组织，无物流中心，不能控制整个物流链	企业外部的专业组织，采用物流中心，实施供应链的全面管理
物流服务模式	一次性被动服务；限地区内物流服务；短期合约；自营物流为主	多功能主动服务和增值服务；跨区域、跨国物流；合同为导向形成长期战略伙伴关系；第三方物流普遍
物流技术	自动化、机械化程度低，手工操作为主；无外部整合系统，无 GPS、GIS、EDI、POS、EOS 等技术应用	硬件革命和软件革命，应用自动化立体仓库、搬运机器人、自动导引车、条形码、GPS、GIS、EDI、POS、EOS 等技术
目标	实施价格竞争策略，追求成本最低	以客户为中心，追求成本与服务的均衡

4. 物流的价值

对生产企业或商业企业而言，物流具有增值作用。它的价值主要表现为以下三个方面：

（1）时间价值。"物"从供应者到需求者之间有一段时间差，改变这一时间差所创造的价值，称为"时间价值"。例如秋季集中产出的粮食、棉花等农作物，通过物流的储存、储备活动，可以均衡地满足人们在其他季节的生产和生活需求。

（2）场所价值。"物"从供应者到需求者之间有一段空间差。供应者和需求者往往处于不同的场所，改变这一场所差别所创造的价值，称作"场所价值"。例如产品由生产地通过运输和配送到达消费者手中。

（3）加工附加价值。加工是生产领域常用的手段，并不是物流的本来职能。但是，现代物流的一个重要特点是根据自己的优势从事一定的补充完善性质的加工活动，这种加工活动不是创造商品的主要实体，但会形成商品的附加价值。这些都会使企业成本降低，利润增加，因此，物流又被喻为继降低原材料消耗和提高劳动生产率之后的"第三利润源"。

物流业是融合运输业、仓储业、货代业和信息业等的复合型服务产业，是国民经济的重要组成部分，涉及领域广，吸纳就业人数多，促进生产、拉动消费作用大，在促进产业结构调整、转变经济发展方式和增强国民经济竞争力等方面发挥着重要作用。

1.1.2 物流的分类

由于物流对象、物流目的、物流方向以及物流范围不同，人们可以从不同的角度、采用不同的标准对物流进行分类，常见的物流分类有以下几种：

（1）按照物流系统性质分类，可以分为宏观物流和微观物流。

宏观物流是指国民经济范围内、社会再生产各过程之间、国民经济各部门之间以及国与国之间的物流。随着经济全球化与国内市场经济的发展，国民经济各部门之间的交换关系越来越复杂，物流的规模也越来越大。宏观物流是从社会再生产总体角度认识和研究的物流活动，其特点主要是全局性。

微观物流主要是指企业物流，专门研究微观主体企业内部的物流活动。微观物流可以再划分为供应物流、生产物流、销售物流、废弃物流以及回收物流等，具体见表1-3。

表 1-3 微观物流分类

分类	内涵
供应物流	为生产企业提供原材料、零部件或其他物料时所发生的物流活动。对于生产企业而言，是指生产活动所需要的原材料、备品备件等物资的采购、供应活动所产生的物流；对于流通企业而言，是指交易活动中从买方角度出发的交易行为所产生的物流
生产物流	生产企业内部进行的涉及原材料、在制品、半成品、产成品等的物流活动。生产物流和生产流程同步，是从原材料购进开始直到产成品发送为止的全过程的物流活动，如生产物流中断，生产过程也将随之停顿
销售物流	企业在销售商品过程中所发生的物流活动。通过销售物流，企业得以回收资金，进行再生产
废弃物物流	将经济活动或人民生活中失去原有使用价值的物品，根据实际需要进行收集、分类、加工、包装、搬运、储存等，并分送到专门处理场所的物流活动
回收物流	不合格物品的返修、退货以及周转使用的包装容器从需方返回到供方形成的物品实体流动，如作为包装容器的纸箱和塑料筐、建筑行业的脚手架、旧报纸和书籍

（2）按物流组织主体分类，可分为第一方物流、第二方物流、**第三方物流**（third party logistics，TPL/3PL）和**第四方物流**（fourth party logistics，4PL），具体见表1-4。

表 1-4 按物流组织主体分类

分类	英文简称	内涵
第一方物流	1PL	由物资提供者自己承担向物资需求者送货，以实现物资的空间位移的过程
第二方物流	2PL	物资需求者自己解决所需物资的物流问题，以实现物资的空间位移
第三方物流	TPL，3PL	独立于供需双方，为客户提供专项或全面的物流系统设计或系统运营的物流服务模式
第四方物流	4PL	一个调配和管理组织自身的及具有互补性的服务提供商的资源、能力与技术，来提供全面的供应链解决方案的供应链集成商

第三方物流中的"第三方"是相对于"第一方"供方（卖方）和"第二方"需方（买方）而言的，它是通过与第一方或第二方，或者与这两方的合作来提供其专业化的物流服务。第三方物流是商流与物流分离的产物。在商流与物流未分离时，物流一般由交易的供需双方承担。专业化分工以后，就把供方或需方之外提供的专业化物流称为第三方物流。

由于物流业的服务方式一般是与企业签订一定期限的物流服务合同，所以有人称第三方物流为 **"合同物流"**（contract logistics）。合同物流涵盖快消品、服装、零售、食品冷链、健康医药、危化品、汽车、工业品、高科技、家居电商等各个领域，《标准术语》将其定义为 "物流经营者通过整合、管控资源，按照合同约定的时间、地点、价格等内容为物流需求方提供的物流服务模式"。例如安吉物流[⊖]作为第三方物流服务商，主要进行智能汽车物流供应链服务，其业务主要有整车物流、零部件物流、口岸物流、航运物流、商用车及装备物流、快运物流、国际物流、信息技术等。截至 2020 年，安吉物流的配送网络已经覆盖全国 562 个城市。安吉物流的服务对象为国内外主要主机厂和零部件厂家及 6 000 家 4S 经销店、6 000 家维修站。

第四方物流的概念首先是由埃森哲咨询公司于 1998 年提出的，是一种新型供应链组织形式，它通过供应链集成商来整合物流资源，使物流效率和成本不断逼近最优水平。第四方物流，甚至第五方物流，其实都是第三方物流的高级形式。例如，传化智联[⊜]是服务产业端的智能物流平台，自 2000 年首创公路港模式，自建形成了智能公路港全国网、仓运配一体化的物流服务体系、支付和供应链金融服务体系以及贯穿供应链全流程的智能信息系统，并以平台方式连接各类社会资源与合作伙伴，为货主企业和物流企业的供应链降本增效提供各类服务。

扫码阅读1-1
第三方物流和
第四方物流的
价值与区别。

（3）按照物流活动的空间分类，可以分为国际物流、区域物流。

国际物流（international logistics）是指跨越不同国家的物流活动。它是国内物流的延伸和进一步扩展，是跨国界的、流通范围扩大的物的流动。相对于国际物流而言，一个国家的一个地区、一个城市的物流，则属于**区域物流**（regional logistics）。区域物流对于提高该地区企业物流活动效率，降低物流成本，保障当地居民的生活福利环境，稳定物价，具有不可缺少的作用。

1.1.3 物流活动的分类

根据物流的概念，物流活动一般包括运输、储存、装卸、搬运、包装、流通加工、配送、回收、信息处理等内容，由于其中某些活动在几乎所有物流管理系统中都会涉及，而有的只是间或出现，所以物流活动又被进一步分为关键性物流活动和支持性物流活动。

1. 关键性物流活动

（1）物流客户服务。物流客户服务是指工商企业为支持其核心产品销售而向客户提供的物流服务。

（2）运输。运输是用运输设备将物品从一地点向另一地点运送，包括集货、分配、搬

⊖ 上汽安吉物流股份有限公司（以下简称"安吉物流"）成立于 2000 年 9 月，是上汽集团所属专业从事汽车物流业务的子公司。2018 年安吉物流的营收达到 250.8 亿元。

⊜ 传化集团旗下 A 股上市公司，是服务产业端的智能物流平台。

运、中转、装入、卸下、分散等一系列操作。运输是物流的核心业务之一，也是物流系统的一个重要功能。

（3）库存管理。库存管理是指在保障预定供应水平的前提下，以库存物品的数量合理和周转最快为目标所进行的计划、组织、协调与控制。库存管理主要包括原材料和产成品的存储政策、短期销售预测、存储点的产品组合、存储点的个数、规模和选址、适时管理、拉动式管理或推动式管理等。

（4）物流设施管理。物流设施是提供物流相关功能和组织物流服务的场所，包括物流园区、物流中心、配送中心，各类运输枢纽、场站港、仓库等。物流设施管理主要包括设施的数量、规模、选址、供应源及服务市场的确定等。

（5）物流信息管理。物流活动中各个环节生成的信息，一般随着从生产到消费的物流活动的产生而产生，与物流过程中的运输、储存、装卸、包装等各种职能有机结合在一起，是整个物流活动顺利进行所不可缺少的。物流系统的信息服务功能，包括进行与上述各项功能有关的计划、预测、动态（运量，收、发、存数）的情报及有关的费用情报、生产情报、市场情报活动。

2. 支持性物流活动

（1）仓储。仓储是指仓库及相关设施设备进行物品的入库、存储、出库的作业。仓储的作用主要表现在两个方面：一是完好地保证货物的使用价值和价值；二是为将货物配送给用户，在物流中心进行必要的加工活动而进行的保存。仓储管理主要包括仓容决策、仓库布局和站台设计、仓库的结构、存货的摆放等。

（2）物料装卸与搬运。装卸搬运是随运输和保管而产生的物流活动，是对运输、保管、包装、流通加工等物流活动进行衔接的中间环节，以及在保管等活动中为进行检验、维护、保养所产生的装卸活动，如货物的装上卸下、移送、拣选、分类等。对装卸搬运的管理，主要是对装卸搬运方式、装卸搬运机械设备的选择、合理配置与使用以及装卸搬运合理化，尽可能减少装卸搬运次数，以节约物流费用，获得较好的经济效益。

扫码观看1-2
菜鸟网络全自
动仓储中心。

（3）包装。包装是为了在流通过程中保护产品、方便储运、促进销售，按一定技术方法而采用的容器、材料和辅助物等的总体名称，也指为了达到上述目的而在采用容器、材料和辅助物的过程中施加一定技术方法等的操作活动。

（4）流通加工。流通加工是物品在从生产地到使用地的过程中，根据需要施加包装、分割、计量、分拣、刷标志、拴标签、组装等简单作业的总称。这种在流通过程中对商品进一步的辅助性加工，可以弥补企业、物资部门、商业部门生产过程中加工程度的不足，更有效地满足用户的需求，更好地衔接生产和需求环节，使流通过程更加合理化，是物流活动中一项重要的增值服务，也是现代物流发展的一个重要趋势。

（5）配送。配送是指在经济合理区域范围内，根据用户需求，对物品进行拣选、加工、包装、分割、组配等作业，并按时送达指定地点的物流活动。配送功能的设置，可采取物流中心集中库存、共同配货的形式，使用户或服务对象实现零库存，依靠物流中心的准时配送，无须保持自己的库存或只需保持少量的保险储备，减少物流成本的投入。

1.2 供应链和供应链管理

随着科学技术的发展和顾客消费水平的不断提高，企业之间的竞争日益激烈，整个市场需求的不确定性大大增加。经济全球化给企业提供了更大的资源整合的空间，企业之间的采购供应关系也日趋复杂。面对一个变化迅速且无法预测的买方市场，为了提高竞争力，企业需要采取更加先进的管理方法来加强协作。当前，市场中已不再是单个企业之间的竞争，而是供应链之间的竞争，供应链已成为市场竞争最基本的微观主体。在党的十九大报告中，习近平总书记明确提出，要在现代供应链领域培育新的增长点、形成新动能，建设现代化经济体系。这也表明我国经济在转型升级发展过程中进入供应链创新时代。

1.2.1 供应链的概念及特征

1. 供应链的概念

根据《物流术语》，**供应链**（supply chain）是"生产及流通过程中，围绕核心企业的核心产品或服务，由所涉及的原材料供应商、制造商、分销商、零售商直到最终用户等形成的网链结构"。

美国密歇根大学的史蒂文斯（Stevens）认为："通过增值过程和分销渠道控制从供应商到用户的流就是供应链，它开始于供应的源点，结束于消费的终点。"该供应链定义强调供应链是一个过程，同时认为，供应链是一个对多公司"关系管理"的集成供应链，它包括从原材料的采购到产品和服务交付给最终消费者的过程。

尽管各种定义不尽相同，表述也不尽一致，但我们还是能够理解供应链的基本内容和实质。供应链是围绕核心企业，通过对信息流、物流、资金流的控制，从采购原材料开始，制成中间产品以及最终产品，最后由销售网络把产品送到消费者手中的将供应商、制造商、分销商、零售商，直到最终用户连成一个整体的功能网络结构模式。实际上，供应链的范围比物流要宽，不仅将物流系统包含在其中，还囊括了生产、流通和消费，在广义上涉及了企业的生产、流通，再进入到下一个企业的生产和流通，并连接到批发商、零售商和最终用户。狭义地讲，供应链是企业从原材料采购开始，经过生产、制造，到销售至终端用户的全过程。这些过程的设计、管理、协商、调整、组合、优化是供应链的主体；通过信息和网络手段使其整体化、协调化和最优化是供应链的内涵；运用供应链管理实现生产、流通、消费的最低成本、最高效率和最大效益是供应链的目标。

2. 供应链的特征

（1）协调性和整合性。供应链本身就是一个群体合作、协调一致的整体，它有多个合作者，像链一样连接在一起，大家为了一个共同的目的和目标，协调运转，紧密协作。供应链中的每个成员企业都是"链"中的一个部件，都是"链"中的一个节点，谁都要与整个链的动作协调一致，不能强调自我，而要绝对服从于全局。

（2）选择性和动态性。供应链中的成员企业都是在众多的企业中筛选出的合作伙伴，合作关系是动态性的，随时在择优选择，时时都有可能重组。因为供应链要随目标的转变而转变，随服务方式的变化而变化，成员企业也因此随之被不断更换和调整。

（3）复杂性和虚拟性。不少供应链是跨国、跨地区和跨行业的组合，各国的国情、政体、法律、人文、地理、习惯、风俗都有很大差异，经济发达程度、物流基础设施、物流管理水平和技术能力等也有较大不同。而供应链操作又必须保证其准确性、快速反应性和服务高质量性，这便不难看出供应链复杂性的特点。供应链的虚拟性表现在它是一个协作组织，而并不一定是一个集团企业或托拉斯企业。这种协作组织以协作的方式组合在一起，依靠信息网络的支撑和相互信任关系，为了一个共同的利益，优势互补、强强联合，协调运转。由于供应链需要永远保持高度竞争力，必须是优势企业之间的连接，所以吐故纳新、优胜劣汰是供应链的表现之一。供应链犹如一个虚拟的大企业，是一个强势企业群的结合体。

1.2.2　供应链管理

1. 供应链管理的概念

《物流术语》中对供应链管理的定义是："从供应链整体目标出发，对供应链中采购、生产、销售各环节的商流、物流、信息流及资金流进行统一计划、组织、协调、控制的活动和过程。"全球供应链论坛（Global Supply Chain Forum，GSCF）将供应链管理定义为："为消费者带来有价值的产品、服务以及信息的，从源头供应商到最终消费者的集成业务流程。"

供应链的概念和传统的销售链是不同的，它已跨越企业界限，从建立合作制造或战略伙伴关系的新思维出发，从产品生命线的源头开始，到产品消费市场，从全局和整体的角度考虑产品的竞争力，使供应链从一种运作性的竞争工具上升为一种管理性的方法体系，这就是供应链管理提出的实际背景。

2. 供应链管理的内容

供应链管理是一种集成的管理思想和方法，它执行供应链中从供应商到最终用户的物流的计划和控制等职能。供应链管理是通过前馈的信息流和反馈的物料流及信息流，将供应商、制造商、分销商、零售商，直到最终用户连成一个整体的管理模式，把供应链上的各个企业作为一个不可分割的整体，使供应链上各企业分担的采购、生产、分销和销售的职能成为一个协调发展的有机体。

供应链管理的主要内容包括：战略性供应商和用户合作伙伴关系管理，供应链产品需求预测和计划，供应链的设计（全球节点企业、资源、设备等的评价、选择和定位），企业内部之间物料供应与需求管理，基于供应链管理的产品设计与制造管理、生产集成化计划、跟踪和控制，基于供应链的用户服务和物流管理，企业间资金流管理（汇率、成本等问题），基于 Internet 或 Intranet 的供应链交互信息管理等。供应链管理注重总的物流成本（从原材料到最终产成品的费用）与用户服务水平之间的关系，为此要把供应链各个职能部门有机地结合在一起，从而最大限度地发挥出供应链整体的力量，达到供应链企业群体获益的目的。

3. 供应链管理与传统企业管理的区别

与传统的企业管理相比，现代供应链管理体现了以下几个基本思想：

（1）系统观念。不再孤立地看待各个企业及各个部门，而是考虑所有相关的内外联系体——供应商、制造商、销售商等，并把整个供应链看成一个有机联系的整体。

（2）共同目标。产品与服务的最终消费者对成本、质量、服务等的要求，应该成为供应链中的所有参与者共同的绩效目标，只有这样才会使得利润最大化。

（3）积极主动的管理。对在供应链中增加价值的以及与成本有关的所有联系体（内部的、外部的、直接的、间接的）进行积极主动的管理。不再把存货看作供应链中供应与需求不平衡时的首选方案。

（4）采取新型的企业与企业关系。在企业主动地关注整个供应链及其管理的同时，供应链中各成员之间的业务伙伴关系便得到了强化：通过仔细选择业务伙伴，减少供应商数目，变过去企业与企业之间的敌对关系为紧密合作的业务伙伴关系。这种新型关系主要体现在共同解决问题与信息共享等方面。共同解决问题有多种形式，比如供应商和顾客参与产品设计、质量改进、成本降低等信息共享意味着有关库存水平、存货量、长期计划、进度计划、设计调整等关键数据在供应链中保持透明。"供应商管理库存"（vendor-managed-inventory，VMI）策略便是实施信息共享的一个例子。在这种策略下，诸如沃尔玛这种具有创新性的零售商通过 EDI 这样的信息系统与诸如宝洁公司这样的供应商共享销售信息，这样宝洁公司便可管理它在沃尔玛处的产品库存。同时，宝洁公司能够运用现期的实时销售信息，生产即将销售的产品，而不是去生产那种可能与现期需求有偏差的预测产品。

（5）开发核心竞争能力。只有企业本身具有核心竞争能力，供应链业务伙伴关系才会持久。所以，供应链业务伙伴关系的形成不能以丧失企业的核心竞争能力为代价，应做到能够借助其他企业的（核心）竞争能力来形成、维持甚至强化自己的核心竞争能力。

扫码阅读1-3
新时期供应链
管理面临的新
挑战。

1.2.3 供应链管理与物流管理的关系

首先，从管理理论的角度来看，两者看待物流活动的基本出发点是一致的，都是以系统化的观点来看待物流活动，强调物流活动的整体效益最优化。不同之处在于：物流管理主要强调物流活动的运输、仓储、包装、流通加工等各环节之间的协调，而没有特别关注这些环节由谁来运作的问题。供应链管理则不是从空间的位移来看待物流过程，而是从这个过程中的厂商的关系来看待物流过程，强调厂商之间的协调。

　　其次，从实践应用的角度来看，物流管理是供应链管理的实践应用基础。在供应链管理的具体实施中，需要链上企业拥有有效的企业内部物流管理，否则，就无法建立有效而稳定的供应链。

1.3　物流学简史与物流学说

1.3.1　物流学的产生与发展

　　物流的起源最早可追溯到 1844 年。法国技术人员 J. Depuit 曾在自己的著作中强调重视供货管理功能，保持仓库保管与运输两者之间成本的均衡。1905 年，美国陆军少校 C. B. Baker 曾把物流称为关于军队移动与供给的战争科学之一。1915 年，美国市场学者阿奇·萧（Arch W. Shaw）在他的由哈佛大学出版社出版的《市场流通中的若干问题》（*Some Problem in Marketing Distribution*）一书中提出物流的概念，叫作"**实体配送**"（physical distribution）。他指出，在市场分销中，存在两类活动：一类叫作创造需求，也就是通过广告、促销、市场分析、销售网络等手段，让更多的人来购买企业的产品；一类叫作物资实体分配（physical distribution of goods），也就是怎样更省钱、更及时地将客户订购的产品送到客户手中，这一转移指的是销售过程的物流。

　　第二次世界大战期间，美国军事后勤活动的开展，以及英国在战争中对军需物资调运的实践都大大充实和发展了军事后勤学的理论、方法和技术，并支持了"后勤"（logistics）的发展，高效的军事后勤系统也被认为是决定战争胜负的重要因素之一。因此，美国在战时采用的后勤管理（logistics management）这一名词在社会经济领域也受到广泛关注。人们逐渐认识到，社会经济中的物流活动也应包含"原材料的采购、产品分配、运输、库存控制、储存、用户服务"等活动，而不仅仅是销售物流，这正如"logistics"所描述的一样。因此，二战以后 logistics 被引入到商业部门，称为商业后勤（business logistics），包括原材料物流、生产物流和销售物流，但在研究领域并未被广泛采用。

　　当前，物流领域已经形成了比较完整的学科体系。物流最早是以市场营销和管理理论等为理论基础发展起来的，如今已成为会计、计算机、经济学、数学、哲学、政治学、心理学以及社会学等多学科交叉的领域。现代物流学的发展和完善经历了近百年的历史进程。

1. 第一阶段：实体配送阶段

　　从 20 世纪 50 年代中期开始到 80 年代中期，"physical distribution"概念继续在美国得到发展和完善，并从美国走向世界，形成了比较统一的物流概念，也成为世界公认的物流概念。在 1964 年，日本也开始使用物流这一概念。在使用物流这个术语以前，日本把与商品实体有关的各项业务，统称为"流通技术"。1956 年，日本"流通技术专门考察团"到美国进行考察，首次接触了"physical distribution"概念，弄清了日本以往叫作"流通技术"的内容相当于美国实体配送的内容，1964 年以后改称为"物的流通"。1965 年，日本在政府文件中正式采用"物的流通"这个术语，简称为"物流"。到了 20 世纪 70 年代，日本已经成为世界上物流最发达的国家之一。1979 年 6 月，中国物资工作者代表团赴日本参加第三届国际物流会议，回国后在考察报告中第一次引用和使用"物流"这一术语。

这一阶段物流管理的特征是注重产品到消费者的物流环节，目的是对与实体配送有关的一系列活动进行系统管理，以最小的成本确保把产品有效地送达顾客处。实体配送是针对产品销售中分销问题和销售渠道的构建问题，企业从销售渠道的构建、销售网点的合理布局、加速商品的流通和货币的周转、合理控制商品库存（既不积压也不短缺）的角度，提出来必须重视物流问题。

但学者们发现，仅仅只从产品的销售角度考虑物流问题远远不够，还不能使企业获得最佳经济效益，必须综合考虑企业原材料采购、在制品与产成品库存的控制问题，应当把物流问题的研究从销售领域延伸到生产领域，于是提出物流一体化问题，即工业后勤（industrial logistic）问题。这标志着企业对"物流"问题认识的深化。同时，美国的工商企业借鉴军事物流的理论和方法论，将在战场上的拼杀技巧转化为对市场的争夺，借以解决企业生产经营中的物流问题。美国军方在战争中所用到的物流技术及运筹学方法论，如优化法、线性规划、博弈论等被移植到工商业中。这些物流技术和运筹学方法论在企业生产经营活动中加以应用，人人地提高了物流过程的效率，同时也提升了物流学的科学性。在由军事后勤（military logistic）向工业后勤延伸和发展的过程中，物流学的方法论得以充实，并且形成了物流学科的新领域——物流工程。

20 世纪 60 年代，通过吸收借鉴系统科学、管理科学以及电子计算机技术等相关学科的最新成果，物流学完成了基本理论体系的建立，并将其理论广泛应用在实际中，最终从企业管理学中分离出来，成为一门独立的学科。1961 年，爱德华·斯马凯伊、唐纳德·J. 鲍尔索克斯和弗兰克·莫斯曼撰写了《物流管理》，这是世界上第一本介绍物流管理的教科书，该书详细论述了物流系统及整体成本的概念，为物流学成为一门学科奠定了基础。20 世纪 60 年代初期，密歇根州立大学与俄亥俄州立大学分别在大学部和研究生院开设了物流课程，成为世界上最早把物流管理教育纳入大学学科体系中的学校。

1956 年，日本从美国引入"physical distribution"概念。从 20 世纪 60 年代开始，日本在汽车、家用电器、电子通信器材和精密仪器仪表等领域创造出强于欧美等国覆盖全球的产品。伴随日本经济的高速发展，现代物流学的研究在日本迅速发展起来。工业自动化的物流模式，以及为了提升物料运转速度，日本工程师设计出全自动化、智能化的立体仓库。日本企业将物流的理念与企业生产作业的布局和加速物料在生产流水线的周转联系在一起，物流问题进入制造业的工业工程领域。准时制配送、零库存以及模块化拼装结构的柔性生产线，还有精细生产、精细管理和精细物流等理念及企业管理模式，是日本企业对物流学的巨大贡献，并且开辟了工业工程学科中物料搬运及流转合理性的研究领域。20 世纪 70 年代的石油危机，促成了日本产业结构的转换，对物流的需求开始由量的需求向质的需求转变。丰田公司创造了"准时制生产"方式，成为后来各国企业争相效仿的生产模式。基于企业管理理论，日本学者还创造性地提出，物流是企业的第三利润源、物流费用是商品成本的水下冰山、物流是有待企业挖掘的金山等，日本社会在 20 世纪 80 年代出现了 "物流" 热潮。

2. 第二阶段：综合物流阶段

20 世纪 70 ~ 80 年代，物流发展进入综合物流阶段。1969 年，唐纳德·J. 鲍尔索克斯在《市场营销》杂志上发表了《物流的发展——现状与可能》一文，对综合物流概念的过去、现状以及未来发展做出了全面分析。这一阶段的特征是在实体配送的基础上引入物料管理的新概念和新技术。企业越来越认识到把物料管理与产品配送综合起来管理可以大大地提高效益。同时，全球性竞争的加剧也使采用新的物流管理技术、改进物流系统成为必要。

1965 年，美国的约瑟夫·奥里奇提出独立需求物资和相关需求的概念，并指出订货点法的物资资源配置技术只适用于独立需求物资。而企业内部物流的生产过程相互之间的需求则是一种相关需求，相关需求应当用相关需求的物资资源配置技术。之后，物料需求计划（material requirement planning，MRP）、制造资源计划（manufacturing resource planning，MRP Ⅱ）、配送资源计划（distribution resources planning，DRP）、准时配送（just in time，JIT）、全面质量管理（total quality management，TQM）等方法大大地改进了物流系统管理。此时现代物流学的订货管理、仓库选址、库存理论等应用于实践中，反过来，实践的发展又进一步促进了理论的发展。在这个时期形成了物流系统基本理论、物流系统分析、物流系统设计，一直到物流系统管理等比较完整的以系统为导向的研究体系，这个研究体系的形成标志着现代物流学已经发展成为一门成熟的独立学科。

3. 第三阶段：供应链管理阶段

20 世纪 80 年代以来，物流发展进入供应链管理（supply chain management，SCM）阶段。这个阶段的特征是：企业对传统的物流管理有了更为深刻的认识，物流管理实现从原材料采购到生产安排、订单处理、存货管理、运输仓储，最后到销售和售后服务的全过程管理。

20 世纪 80 年代，人类社会逐步进入信息社会，计算机与现代通信技术在物流领域得到广泛应用。这一阶段，物流已不仅仅限于分销领域，已经涉及企业物资供应、企业生产及企业废弃物再生等全领域。1982 年，基思·奥利弗与迈克尔·韦伯提出供应链的概念。20 世纪 90 年代中期，供应链理论获得巨大的发展，出现了一大批供应链理论的研究成果，供应链理论逐渐成为现代物流学的核心理念之一。1985 年，威廉姆·哈里斯和斯托克·吉姆斯在密歇根州立大学发表了题为《市场营销与物流的再结合——历史与未来的展望》的演讲，推动了物流顾客服务战略以及供应链管理战略的研究。全球物流理论、物流产业理论在这一时期也初现端倪。美国学者罗德纳·斯拉特提出了《美国运输部 1997 ~ 2002 财政年度战略规划》，成为美国物流现代化发展的指南之一。1997 年，日本政府制定了具有重要影响力的《综合物流施策大纲》并不断修正沿用至今。

20 世纪 90 年代后半期以后，世界经济进入了第三产业时代，在满足消费者对商品的需求方面，数量早已不成问题，而如何将生产出来的商品及时销售给消费者，尽快回收成本成为现阶段的主要矛盾，能解决这一主要矛盾的重要手段之一就是现代物流。

进入 21 世纪，科技飞速发展，经济总量不断膨胀，企业面临产品品种急速扩展，产品更新换代大大收缩，市场竞争日趋激烈等趋势，企业必须使用与工业经济时代完全不同的组织结构和运作模式，供应链管理应运而生。2005 年 1 月 1 日，美国物流管理协会正式更名为供应链管理专业协会，标志着现代物流进入一个新的时代。在这一阶段，现代物流学已经开始转向侧重物流战略管理方面的研究，诞生了一系列新的理论，包括顾客服务理论、供应链管理理论、全球物流理论、技术管理方法以及物流产业理论，这些理论的构建标志着现代物流作为一门学科已经形成较为完整的框架体系。

延伸阅读 1-1

美国物流管理协会更名　标志着全球物流进入供应链时代

美国物流管理协会（Council of Logistics Management，CLM）成立于 1963 年，由北美实体配送协会（NAPD）发展而来，是全球性物流业个人组织。为顺应物流管理形势发展，CLM 于 2005 年 1 月 1 日正式更名为美国供应链管理专业协会（Council of Supply Chain Management Professionals，CSCMP），协会官方网站已变更为 "www.cscmp.org"。CSCMP 目前是全球物流与供应链行业最有影响力的组织，在 15 个国家有 81 个圆桌会（分会），共拥有 15 000 名来自世界各地的会员。这一更名从某种意义上揭示了 21 世纪全球物流发展的主流趋势——"供应链整合管理"。21 世纪，物流行业覆盖范围越来越大，供应链在企业中扮演的角色越来越关键。协会更名后，也增大了对供应链环节中其他起重要作用的专业的包容性。

1.3.2　物流学说及其观点

1. 黑暗大陆学说

1962 年，著名的管理大师彼得·德鲁克在《财富》杂志上发表了题为《经济的黑暗大陆》一文，指出"流通是经济领域的黑暗大陆"。由于流通领域中物流活动的模糊性特别突出，他将物流比作"一块未开垦的处女地"，强调应高度重视流通及流通过程中的物流管理。**黑暗大陆学说**（economy's dark continent）指出在市场经济繁荣和发达的情况下，无论是科学技术还是经济发展，都没有止境。黑暗大陆学说也是对物流本身的正确评价，即这个领域未知的东西还有很多，理论与实践皆不成熟。

2. 物流冰山说

20 世纪 60 年代，日本早稻田大学的西泽修教授提出了物流成本"冰山"学说，他指出，企业的物流成本具有很大的虚假性，就像一座漂浮在水上的冰山，浮出水面的部分人们可以看到，而大量的沉在水面下的是人们看不到的黑色区域。这是由于现行的财务会计核算制度记录的对外支付运费和保管费只占整个物流成本的30%，而在企业经营过程中消耗的大量物流成本，由于混在了制造成本、销售成本和管理成本等费用之中，很难进行统计，根本看不到全貌。**物流冰山说**（physical cost iceberg theory）至少给我们两点启示：一点是，企业究竟耗费了多少物流成本，我们并不清楚，值得研究；另一点是，大部分物流成本是在我们无法监控的情况下发生的，物流成本是如何发生的、多少是合适的，我们也不清楚，可能存在着物流成本的巨大浪费。因此，研究物流、做好物流成本的管理，可以给企业带来成本的节约，从而创造价值。

3."四流合一"学说

商流、物流、资金流和信息流是流通过程中的四大组成部分，由这"四流"构成了一个完整的流通过程。"四流"相互依存，密不可分，相互作用，既是独立存在的单一系列，又是一个组合体。所谓商流，就是一种买卖或者说是一种交易活动过程，通过商流活动发生商品所有权的转移。商流是物流、资金流和信息流的起点，也可以说是后"三流"的前提，没有商流一般不可能发生物流、资金流和信息流。反过来，没有物流、资金流和信息流的匹配和支撑，商流也不可能达到目的。"四流"之间是互相促进关系。

4.商物分离学说

商物分离理论是物流科学赖以生存的先决条件。所谓**商物分离**（separation of deal and physical distribution），是指流通中的两个组成部分——商流和物流各自按照自己的规律和渠道独立运动。起初商流、物流是紧密地结合在一起的，进行一次交易，商品便易手一次，商品实体便发生一次运动，物流和商流是相伴而生并形影相随的。第二次世界大战以后，伴随着现代化的分工和专业化，流通过程中上述两种不同形式出现了更明显的分离，从不同形式逐渐变成了两个有一定独立运动能力的不同运动过程，这就是所称的"商物分离"。

5.效益背反学说

效益背反也称二律背反或者效益悖反，是指同一资源的两个方面处于互相矛盾的关系之中，要达到一个目的必然要损失一部分另一目的，要追求一方必得舍弃另一方的一种状态。这是一种此长彼消、此盈彼亏的现象。这种现象在物流行业中比较普遍，例如企业要提高物流服务水平，物流成本会上升，但二者之间并非线性关系，即投入相同的成本并非可以得到相同的物流服务水平的提升。一般而言，当物流服务处于低水平阶段时，追加成本的效果较佳。又如，企业希望减少物流网络中仓库的数目并减少库存，必然会使库存补充变得频繁而增加运输的次数与距离，无形中增加了运输费用。再如，简化包装可

扫码阅读1-4
效益背反可能
的解决措施。

以降低成本，但在运输和装卸过程中的破损率会增加，且在仓库摆放时不可堆放过高，降低了保管效率。

延伸阅读 1-2

如何构建平衡的现代物流市场支撑体系

构建平衡的现代物流市场支撑体系是指：构建各种物流服务业态、门类比较齐全的物流服务体系；构筑工业企业、商业企业应用物流的物流技术管理体系，实质上就是培育物流服务市场需求方；构筑物流装备制造和物流咨询服务体系。只有供需双方平衡发展，这个产业才能走向成熟；只有供方、需方和配套服务方三者平衡发展，这个市场才会稳定。也就是说，启动物流需求、培育现代物流企业和发展物流装备制造及物流咨询服务业应同时并重，使三者平衡发展。

（1）启动物流需求。帮助工商企业树立全新的物流理念，走出自我服务的桎梏，并通过企业业务流程再造，使企业从以分立的职能部门为基础转变到以跨越大多数或所有的功能活动的核心流程为基础，实现跨越企业范围整合企业物流系统，扩大物流需求。

（2）培育现代物流企业。第一，鼓励工商企业把物流部门剥离出来，成立单独的物流公司，剥离出来的物流部门必须可以单独决策，而不受原企业的影响。第二，传统物流企业改造为现代物流企业。通过产权制度改革，激发企业活力；进行资源整合，提高物流资源使用效率；也可利用外资嫁接改造传统物流企业，通过建立新的机制盘活这些资产。第三，"稳步"发展第三方物流公司。制订合理的第三方物流市场准入政策，从经营观念、资信程度、财务能力、服务网络等方面进行审查。对于一些为重点发展行业服务而发展水平又很低下的特殊物流领域，如汽车、精密仪表等行业，可以采取国家投资、企业经营、合理分利的做法进入市场，使该领域迅速崛起。

（3）发展物流装备制造及物流咨询服务业。第一，培育重点企业。政府在一些重大物流项目上，应多为国内有实力的企业争取机会，以帮助它们积累经验，提升业绩。对购买国产重大设备的企业，给予优惠贷款、贴息买方或卖方信贷等。第二，选择若干重点领域，加快开发一批关系全局的共性技术、关键技术和配套技术，以推进产业结构升级。第三，实现物流装备制造企业之间以及与物流咨询企业之间的战略联盟，扬长避短，优势互补，既可保持和发展自身的核心优势，又可增强总体规划和项目集成能力，从而构成与国外同行业在重大项目上的竞争优势。

资料来源：李秋正，谭凌，关志民. 构建平衡的现代物流市场体系［J］. 经济问题，2003（12）：30～32.

🌀 本章小结

本章对物流的概念进行了界定，并对比了不同时期物流的定义，以帮助学生理解物流概念的发展。供应链管理与现代物流有着不可分割的联系，现代物流管理已经进入了供应链管理阶段。供应链管理与物流管理既有联系又有区别。物流根据不同标准有不同的分类方式。物流活动形成了多个功能模块，了解物流活动的构成以及各功能模块管理的主要内容，建立起系统的思维框架，是学好后续章节的基础。现代物流是一个多学科交叉的领域，了解物流学科的发展历史，有利于更准确地把握物流发展趋势，更好地理解和运用物流的相关理论与方法。

🔘 主要术语

物流（logistics）

物流管理（logistics management）

现代物流（modern logistics）

第三方物流（third party logistics，TPL / 3PL）

合同物流（contract logistics）

第四方物流（fourth party logistics，4PL）

区域物流（regional logistics）

国际物流（international logistics）

供应链（supply chain）

供应链管理（supply chain management，SCM）

实体配送（physical distribution）

黑暗大陆学说（economy's dark continent）

物流冰山说（physical cost iceberg theory）

商物分离（separation of deal and physical distribution）

🔘 理论自测

1. 如何理解物流管理和供应链管理的概念及其关系？
2. 从美国物流管理协会的历次更名总结物流概念的演进。
3. 如何理解第三方物流和第四方物流？
4. 物流活动的主要内容有哪些？
5. 如何理解效益背反？请举例说明。

扫码阅读1-5
第1章练习题。

🔘 案例分析 1-1

逆风翻盘　向阳而生

现代管理之父彼得·德鲁克认为"21世纪不再是企业与企业的竞争，而是供应链与供应链之间的竞争"。因此，成为所在供应链的主导企业，拥有供应链集成管理能力，通过调整供应链结构，重组供应链流程，协调供应链关系，基于供应链效益与效率的提升提高竞争力，将是企业转型发展的主要途径。

宁波阿凡达供应链有限公司（以下简称"阿凡达供应链"）前身是4家以经营工业品为主的商业企业，主要面向工业企业、房地产企业和分销商等目标客户，经营电线电缆、建筑智能化产品及消防设施、空调、照明和元器件等工业产品。在十多年的经营过程中，阿凡达供应链管理团队认识到，传统的商贸模式主要以价格和公关作为竞争手段，通过采购差价获取利润，对采购价格和利润加以严格保密。这种模式往往导致交易过程中商业企业与客户、供应商之间互不信任，相互博弈，造成整条商贸供应链效率低下，且成本高昂，最终形成一种"多输"的局面。在这种局面下，商业企业很难形成真正的核心竞争力，实现良性的、可持续的发展。阿凡达供应链管理团队意识到整合上下游企业，集成银行和物流企业，打造一个全新的商贸供应链运营模式将是改变原有经营模式种种弊端的有效途径。因此，凭借多年积累的基础，阿凡达供应链构建了独树一帜的工业品商贸供应链集成运营模式，创造了多元化经济社会价值，实现了传统商业企业向商贸供应链公司的转型。

阿凡达"商贸供应链集成运营模式"促使目标客户采购价格降低的主要原因在于：阿凡达供应链的低价采购和低价透明销售。①阿凡达供应链的低价采购。阿凡达供应链能够以行业较低的价格获得品牌生产商的产品，主要有三个原因。第一，采购信息的及时互通。阿凡达供应链与品牌生产商之间的合作是建立在合作共赢的基础上的，阿凡达供应链通过及时向生产商传递其客户的采购信息，能够使生产商缩减由于预测不正确而导致生产过剩的浪费，从而降低成本。第二，规模订单的及时提供。阿凡达供应链凭借大量的客户资源和整合采购需求的能力，能够向品牌生产商进行大批量采购，从而获得更高的价格折扣。第三，采购资金的及时支付。阿凡达供应链在采购交易完成之后，可以凭借银行给予的授信，及时进行付款，从而降低生产商由于付款周期过长而产生的资金成本。②阿凡达供应链的低价透明销售。阿凡达供应链采取直接与目标客户高层进行交易合作谈判的方式，提高采购效率，降低销售成本，从而能够实现产品以较低的、透明的价格销售给目标客户。

阿凡达供应链在向目标客户低价供应商品的同时，还提供物流配送和供应链金融等增值服务。凭借其一体化的物流运作体系，阿凡达供应链能够向目标客户提供及时的物流配送服务，根据客户的实际需求实施商品的及时供应，保障客户能够在较低的库存基础上实现不缺货，从而使目标客户提高物流管理效率，降低物流管理成本。借助合作银行资源，阿凡达供应链向目标客户提供了担保贷款服务，很好地缓解了客户的采购资金压力，并部分解决了中小企业客户的贷款难题。

阿凡达"商贸供应链集成运营模式"使供应链各参与方都从中获益匪浅，受到供应链各成员的一致认可。这一方面促使原有供应链企业间的业务量日趋稳定并获得提升，另一方面又吸引了新企业的加入，如银行合作伙伴的增加、物流企业的增多，这促使供应链整体运营效率有了进一步提高，从而带动更多品牌供应商和潜在客户的加入。这种正向的马太效应，使阿凡达供应链业务增长迅速。

阿凡达"商贸供应链集成运营模式"对促进区域现代服务业和整体经济的转型升级具有一定的带动启示作用。宁波市将着手打造"以进出口贸易为龙头，运输物流为支撑，现代金融为保障，科技、信息等知识型服务业为引领，休闲旅游、文化创意、会展中介等为配套的服务业产业体系"。而阿凡达供应链从供应链的高度整合了工业品贸易业、商贸物流业、工业品交易信息平台、商贸供应链金融服务业等多个现代服务业业态，不仅促进了各个独立服务业的发展，而且形成了现代服务业的多行业集成运作体系，能更有效地服务于当地的工业企业和房地产企业，实现两业联动发展。因此，阿凡达供应链的转型发展不仅能促进区域现代服务业转型升级，还对区域整体经济的发展做出了一定贡献。

资料来源：闫国庆，李肖钢，李秋正. 传统商业企业向商贸供应链公司转型分析：基于宁波阿凡达商贸供应链集成运营模式的案例研究 [J]. 管理世界，2012（04）：181～182.

| 思考 |
1. 分析阿凡达的传统商贸模式与商贸供应链集成运营模式的区别。
2. 简述阿凡达供应链转型带来的经济社会价值。

案例分析 1-2

京东物流集团

京东集团于 2007 年开始自建物流，2012 年注册物流公司，2017 年 4 月 25 日正式成立京东物流集团（以下简称"京东物流"）。经过多年经验的积累，京东物流在基础设施、管理经验、专业技术方面都逐渐成熟，因此开始向社会全面开放，力争成为全球供应链基础设施服务商。

京东物流的典型优势之一是它已经成为全球唯一拥有中小件、大件、冷链、B2B、跨境和众包（达达）六大物流网络的企业。除了物流网络覆盖范围广，京东在大数据、云计算、智能设备的应用方面具有领先优势，可以为客户提供从产品销量预测到入库出库，再到运输配送各个环节，运行高效率的智能供应链服务系统。

在物流设施建设方面，截至 2020 年 9 月 30 日，京东物流在全国运营超过 800 个仓库，京东还负责部分企业云仓的物流管理，京东物流运营管理的仓储总面积可以达到 2 000 万平方米。另外，京东物流已投入运营 30 座"亚洲一号"智能物流园区，这些园区组成了目前亚洲最大的现代化、智能化仓库群。

在配送服务方面，京东物流网络已实现大陆行政区县近 100% 覆盖，全国 90% 的区县可以实现 24 小时达，其自营配送服务覆盖了全国 99% 的人口，超 90% 自营订单可以在 24 小时内送达。

资料来源：京东物流官网，https://www.jdwl.com/#/about。

| 思考 |

自京东集团开展自营物流以来，社会就存在两种态度：一种观点认为京东物流有力地辅助了京东商城的发展，在通达系服务质量不能保证的前提下，以高成本保证了京东商城的服务质量；另一种观点认为京东流量入口来自京东商城，不能够支撑起全国网络，自营物流违背社会发展细分化的规律。你如何看待京东物流？

实训项目

物流企业运作模式调研

1. 实训目标

结合物流企业的实际经营，加深对企业自主经营物流、第三方物流企业、第四方物流企业运作模式的认识和理解。

2. 实训内容

（1）由学生自愿组成小组，每组 3～5 人选择 1～2 家物流企业进行调查访问；

（2）在调查访问前，学生应根据所学的基本理论知识制定调查访问提纲，包括调查问题与安排等；

（3）调查访问后，每人写出一份简要调查报告，任课教师组织一次课堂讨论；

（4）经过讨论评选出几篇有价值的调查报告供全班学生交流学习，提高学生对物流企业运营的理解和认识。

第 2 章

CHAPTER 2

物流客户服务

|学习目标|

1. 理解客户服务对物流管理的意义
2. 掌握物流客户服务的过程要素
3. 熟悉物流客户服务的衡量标准
4. 掌握物流服务水平的制定方法
5. 培养客户服务意识

|导入案例|

沃尔玛的顾客需求管理

沃尔玛[○]的供应链管理是典型的拉动式供应链管理，即以最终顾客的需求为驱动力。作为一家全渠道零售商，沃尔玛供应链的集成度较高，数据交换迅速，反应敏捷。沃尔玛深知，零售业是直接与最终顾客打交道的行业，向顾客提供好的服务才能获得他们的认可，如果企业不以满足顾客需求为中心是无法生存下去的。推销员出身的沃尔玛创始人山姆·沃尔顿先生，十分了解顾客的心理，因此从在小镇最初经营杂货业，到后来转而经营折扣百货业，沃尔顿一直坚持低价位、标准化服务，坚持以乡村小镇为基地，始终遵循

<hr>

○　沃尔玛公司由山姆·沃尔顿先生于 1962 年在美国阿肯色州创立。经过 50 多年的发展，沃尔玛公司已经成为世界最大的私人雇主和连锁零售商，多次荣登《财富》杂志世界 500 强榜首及当选最具价值品牌。

"顾客满意是保证我们未来与成长的最好投资"的基本经营理念。

在沃尔玛公司目标中，"让顾客满意"排在第一位。沃尔玛提出的为顾客提供"无条件退货"保证和"高品质服务"的承诺，体现在沃尔玛顾客服务的多个细节中。例如，在美国，顾客从沃尔玛购买的商品，一旦顾客有退货要求，无任何理由，甚至没有收据，公司都无条件受理。沃尔玛每周都进行顾客期望和反应的调查，管理人员根据信息系统收集的信息，结合直接调查收集到的顾客期望及时更新商品的组合，组织采购，改进商品陈列摆放，营造舒适的购物环境。因此，顾客在沃尔玛不但可以买到称心如意的商品，而且可以得到满意的、全方位的购物享受。

2018年2月1日起沃尔玛法定名称由"沃尔玛百货公司"（Wal-Mart Stores，Inc.）变更为"沃尔玛公司"（Walmart Inc.）。公司法定名称的变化，表明沃尔玛越来越重视为顾客提供无缝连接的零售服务，以满足顾客多种购物方式选择的需求，包括在门店、网上、移动设备上购物，或是以门店取货和接受送货上门的方式购物。

资料来源：刘仁军. 物流管理通论［M］. 武汉：武汉大学出版社，2008. 有增补。

思考：

沃尔玛的顾客需求管理对其发展起到了什么作用？

2.1　物流客户服务概述

管理大师彼得·德鲁克说，做正确的事比正确地做事更重要。"做正确的事"可以理解为找准方向，否则，就将发生"南辕北辙"的错误。在物流服务过程中，什么是正确的事？就是根据客户需求提供相应的服务。有研究表明，流失的客户减少5%，利润可以增加50%。由一般客户产生的利润，通常在供应商 - 客户关系开始的4～5年中每一年都会增加。现阶段国内的物流企业以从事运输、仓储等初级物流业务的企业为主，如何在巩固老客户的基础上拓展新客户？如何选择客户服务战略？如何提高客户服务水平？如何为不同的客户提供个性化的服务？如何把握客户服务成本与经济利益之间交叉损益的平衡关系？如何判定自己企业现阶段的客户服务水平是否已经"合适"？这些已经成为摆在众多物流企业面前的迫切问题。另外，许多大型商贸流通企业为了支持自身的经营活动，纷纷开始组建自有的物流服务组织，让新的实体承担企业一般意义上的客户服务内容，也面临着上述类似问题。

2.1.1　物流客户服务的内涵

客户服务（customer service）可以定义为发生在买方、卖方及第三方之间的一个过程，这个过程使交易中的产品或服务实现增值。这种增值意味着双方都得到价值的增加。具体来讲，这个过程包括所有跟客户接触或相互作用的活动，其接触方式可能是面对面，也可能是电话、通信或电传方式，而其活动包括对客户介绍及说明产品或服务，提供相关的资信，接受客户的询问，接受订单或预订，运送商品给客户，说明商品的安装及使用情况，

1. 交易前要素

交易前要素主要是为开展良好的客户服务创造适宜的环境。这部分要素直接影响客户对企业及其产品或服务的初始印象，能为企业稳定持久地开展客户服务活动打下良好基础。交易前要素主要包括以下内容：

（1）客户服务政策。客户服务政策以正式的文字说明形式表示，具体内容通常包括如何为客户提供满意的服务、客户服务标准、每个职员的责任和业务等。不管内容如何变化，这些条例的制定一般要做到：①基于客户需要；②明确规定服务标准；③确定谁向谁汇报绩效评估及汇报频率；④可操作或能够被实施。

（2）客户得到的书面声明。企业为提高市场渗透率而设计了某种服务，但如果其不明确、不具体，那这类客户服务政策往往就缺乏实际意义。给客户提供书面声明，可以帮助客户在交易前全面准确地认识服务的内容、范围和质量等，减少客户对服务产生某些不切实际的期望的可能性。声明必须为客户清晰说明，在具体的服务指标没有达到的情况下，如何向公司沟通信息。

（3）客户服务组织机构。尽管不可能存在通用的最优客户服务组织机构，但所选择的组织机构应该有利于实施客户服务条例所涉及的职能部门之间的沟通与合作。一般而言，每个企业根据实际情况应有一个较完善的组织机构来整体负责客户服务工作，并明确各相关组织机构的权责范围，以保障和促进各职能部门之间的沟通与协作。

（4）系统灵活性。为了使客户得到满意的服务，面对客户一些特殊的需求或者在缺货、自然灾害、劳力紧张等突发事件出现时，必须有应急措施来保证客户服务活动高效运作。

（5）技术服务。向客户提供必要的管理咨询服务及培训活动等，具体方式包括发放培训材料、举办培训班、面对面或利用通信工具进行咨询等，其目的是巩固同客户的合作伙伴关系。

2. 交易中要素

交易中要素主要是指那些通常与客户服务相关的活动，主要包括以下内容：

（1）缺货情况。这是衡量产品现货供应比率的重要指标。当发生缺货时，可以通过安排合适的替代产品，或者当产品已入库时，可以通过加速发货，来维持与客户的良好关系。由于缺货成本一般较高，为了明确可能的问题所在，应该对这类因素进行详细考察，逐个产品、逐个客户进行统计，有针对性地提出解决方案。

（2）订单信息。订单信息是指为客户快速准确地提供的关于库存情况、订单状态、预期发货和交付日期以及延期交货情况等方面的信息。延期交货信息使公司能够确定和加速那些需要立即加以关注的订单，同时，公司可以利用延期交付的订单数量及其相关的订货周期来评估系统的绩效水平，并进行相应的调整。

（3）订货周期。订货周期是从客户下订单到收到货物为止所跨越的时间。订货周期一般包括订单传递、订单输入、订单处理、订单分拣和包装、交付等的时间。随着竞争的日益激烈，控制好订货周期对于提高物流客户服务水平来说非常重要。客户主要关心的是总体时间，因此需要监控和管理好影响订货周期的每个组成部分。

（4）加急发货。加急发货指的是应客户的特殊需要临时缩短正常订货周期，完成订单任务。尽管加急发货的成本要比正常发货的成本高出许多，但仍可能比失去客户的成本要低。对于管理者来说，决定哪些客户应该得到加急发货以及哪些客户不适合采用加急发货很重要。

（5）系统准确性。系统准确性主要指订单履行的准确性，包括在指定的时间及地点、按照约定的方式提供高质量的产品或服务。它是影响客户满意度的核心因素之一。

（6）订货便利性。订货便利性是指一个客户在下订单时所经历的困难程度。一般来说，客户最喜欢同反应敏捷、工作效率高的物流企业合作。模糊的订单形式或非标准化的术语、行为所引起的问题会导致不良的客户关系，如单据格式让人费解、让客户在电话中等待过久等，都会使客户产生反感，从而影响客户对企业的看法。

（7）产品可替代性。产品可替代性是指如果客户的需求发生了即时的变化，企业也有一定能力支持即时化服务的履行。

3. 交易后要素

交易后要素即售后服务，主要包括如下内容：

（1）产品安装、品质保证、维修和零部件供应。为了执行这些功能，公司需要做到：①确保产品在客户开始使用时其性能与客户的期望相符；②确保客户可以获得零部件和维修人员的服务；③为现场工作人员和客户提供产品安装说明书等文件支持。

（2）产品跟踪。产品跟踪是指及时从市场上收回存在隐患的产品，防止客户因产品或服务问题投诉。

（3）客户索赔、投诉和产品回收。企业要有一个准确的在线信息系统处理来自客户的信息并向客户提供最新的信息。对待客户的抱怨，要有明确的规定，以便尽可能及时有效地处理，维护客户的忠诚度。一般来说，传统的物流系统设计偏重正向物流，但几乎每一个制造商都有些退货产品，而对这些物品进行的日常性处理成本往往很高。客户服务政策应当规定如何进行索赔、投诉和退货的处理。因此，在设计物流系统时，售后服务所形成的逆向物流也需要特别引起重视。

（4）临时性替代产品。当客户在等待接收采购的物品或先前采购的产品在修理时，为客户提供一个临时性的替代产品。

2.1.3　物流客户服务的类型

物流客户服务大体上可以分为基本服务、增值服务和应急服务三大类。

1. 基本服务

物流的基本服务主要包括储存、运输、配送服务及相应的信息服务。储存服务主要是为客户做好原材料、配件及在制品、半成品、成品的出入库保存和管理的服务。运输服务主要是利用设备和工具，将物品从一个地点向另一个地点运送的物流服务，包括集货、搬运、中转、装上、卸下和分散等一系列操作。配送服务是运输的一种特殊形式，是为了满足客户的多种需求而实行的，是在一定范围内进行的从配送中心到客户之间的物品运输服务。储存、运输与配送服务是物流客户服务的基础性服务，其他物流服务是在此基础上的延伸，物流企业只有认真、扎实地做好储存、运输与配送服务，才能拥有广阔的物流市场。

2. 增值服务

增值服务是根据客户的需要，为客户提供超出常规的服务，或者提供采用超出常规的服务方法所提供的服务。传统物流服务通过运输、仓储、配送等功能实现物品在时间与空间上的转移，是许多物流服务商都能提供的基本服务，难以体现不同服务商之间的差异，也不容易提高服务收益。基于此，许多物流企业除了为客户提供传统的基本服务，还根据客户的个性化需求提供各种延伸服务，不断开拓新颖独特的增值服务，巩固与客户之间的长期合作关系，进而提升市场竞争力。事实上，无论是海运、空运还是陆运，几乎所有和物流运输业有关的公司都在想方设法地提供增值服务。例如，中外运敦豪（DHL）、联邦快递（FedEx）和联合包裹（UPS）等跨国快递公司都已经开始选择为客户提供一站式服务，它们的服务涵盖了一件产品从采购到制造、仓储入库、外包装、配送、回返及再循环的全过程。由这些巨头领跑的速递业已不再是简单的门到门、户到户的货件运送，而是集电子商务、物流、金融、保险、代理等于一身的综合性行业。物流增值服务可以分为增加便利性的服务、提高反应速度的服务、降低成本的服务以及延伸服务等。

（1）增加便利性的服务。一切能够简化手续、简化操作的服务都是增值服务。增加便利性的服务主要指以前需要消费者自己做的一些事情，现在由物流服务商以各种方式代替消费者实施。物流公司推行的一条龙门到门服务、提供完备的操作或作业提示、免费培训、24小时营业、物流全过程追踪等都属于这类服务。例如顺丰速运公司为客户提供特殊入仓服务，若收件或取件地址为码头、机场、物流公司、配送中心、仓库、保税区、海关监管区、会议及展览中心等，顺丰速运可为客户提供排队等候、预约入仓、按指定流程派件、轮候验收垫付费用等额外服务，从而为客户节约时间。

（2）提高反应速度的服务。除了传统提高运输基础设施和设备的效率，如修建高速公路、提高汽车本身行驶速度等外，更具推广价值的增值性物流服务方案是优化配送中心、物流中心网络，重新设计适合客户的流通渠道，以此来减少物流环节，简化物流过程，进而提高物流系统的快速反应能力。例如，FedEx 公司设计的 FedEx Priority Alert™ 服务，就是一项专为有较高的可视性和递送承诺需求的客户设计的物流服务，满足医疗保健行业、金融服务业、航空航天业、电子器件以及工业制造行业的特殊需求。例如，血液样本、药物、手术用品以及类似的高价值的产品，高速送达和控制温度至关重要。FedEx 公司会提供全程监控，并在必要时提供前瞻性的个性化通知，方便客户了解每一个关键货品的状况。

（3）降低成本的服务。通过提供增值物流服务，寻找能够降低成本的物流解决方案。可以考虑的方案包括：采用第三方物流服务商；进行共同配送；采用比较适用但投资较少的物流技术和设施设备，或推行物流管理技术（如单品管理技术、条形码技术等），提高物流的效率和效益，降低物流成本。

（4）延伸服务。在物流基本服务的基础上进行横向延伸或纵向延伸。在横向延伸的服务中，运输的延伸服务主要有运输方式与承运人选择、运输路线计划与安排、货物配载与货运招标等，仓储的延伸服务主要有集货、退货处理等，配送的延伸服务主要有即时配送以及配送物品的安装、调试、维修等销售支持。纵向延伸的服务有很多，如需求预测服务、采购管理服务、货款回收与结算服务、物流系统设计服务、物流方案规划制作与选择服务、物流业务流程再造服务、供应商协调服务、库存管理服务、物流教育与培训服务、物流售后服务、物流咨询服务等，从而为客户提供一体化物流解决方案，实现对客户的"一站式"服务。例如，快递公司的代收货款服务，它是指按照寄件客户（卖方）与收件客户（买方）达成的交易协议，为寄件客户提供快捷的货物（商品）专递，同时向收件客户收取货款并按约定时间转交至寄件客户的服务。

3. 应急服务

设计物流系统时应着眼于客户服务的运营成本。为了使客户得到满意的服务，在缺货、自然灾害、劳力紧张等突发事件出现时，必须有应急措施来保证物流系统正常高效运作。

延伸阅读 2-3

物流金融

物流金融（logistics finance）是指在面向物流业的运营过程中，通过应用和开发各种金融产品，有效地组织和调剂物流领域货币资金的运动。这些资金运动包括在企业进行物流活动中的各种存款、贷款、投资、信托、租赁、抵押、贴现、保险、有价证券发行与交易，以及金融机构所办理的各类涉及物流企业的中间业务等。

2.1.4 物流客户服务的作用

物流客户服务的作用体现在以下四个方面。

（1）提高客户满意度。客户服务是由企业向购买其产品或服务的人提供的一系列活动。对满足消费者需求来说，客户服务具有三个层次的含义，即核心产品、形式产品和延伸产品。客户所关心的是购买的全部产品，即产品的实物和产品的附加价值。客户服务是提供这些附加价值的重要活动，对客户满意度具有重要影响。良好的客户服务会提高产品的价值，进而提高客户的满意度。

（2）提高企业销售收入。企业和销售人员可以通过提供各种服务来密切买卖双方的联系，更好地实现销售目标。企业和销售人员提供优质的、全方位的服务，可以使客户获得更多的便利，以满足客户的需求。这不但可以吸引客户，而且有利于树立良好的企业形象，以增强客户购买本企业产品的信心，从而扩大产品的销售量，提高销售收入。

（3）提高企业竞争力。企业的竞争包括产品力竞争、营销力竞争和服务力竞争，要想提高企业的竞争力必须从这三方面入手。随着社会的发展，人们的消费层次越来越高，对服务的需求也水涨船高。对于企业来说，提升客户的服务体验越来越重要，只有提供了很好的服务，才能产生很好的用户黏性。与此同时，满足客户个性化需求的延伸服务往往能给客户带来更大的价值增值，也是企业区别其他竞争对手、提升竞争力的有效手段。

（4）提高企业的社会效益和经济效益。企业的一切生产经营活动都是为了满足客户的需求，从而获得利润。客户是企业生存和发展的支柱，企业的利润完全来自客户。故企业为吸引客户，在提高产品质量、增加产品功能的同时，不断丰富服务内容、改善服务质量，以更好地满足客户的需求，有利于提高社会效益。

2.2　物流客户服务水平的制定

以往客户服务水平常常是根据行业标准、管理判断或以往的实践来确定，而不是根据客户需要什么或者什么将使企业的利润最大化来确定。但是，一方面，如果客户不能在零售商店的货架上找到所要的产品，即使企业开发出适合市场需求的产品并很好地促销也很难留住客户。另一方面，过多强调客户服务将会不必要地降低企业利润。因此，企业采用一个基于客户需要的、与总体的市场营销战略相一致的并能促进公司长期利润目标实现的客户服务政策必不可少。

2.2.1　物流客户服务水平的衡量标准

物流客户服务的可得性、作业完成性和可靠性，是衡量物流客户服务水平的主要标准。

1. 可得性

可得性是指当客户需要存货时所拥有的库存能力。可得性可以通过各种方式实现，最普通的做法就是按预期的客户订货进行存货储备。于是，仓库的数目、地点和储存政策等便成了物流系统设计的基本问题之一。

有的公司仅仅建设三四个仓储设施网络为全国提供服务，而有的公司则使用了十多个仓储设施支持上述同一地理区域的客户物流需求。一般说来，一个系统中的仓储设施数目越大，那么支持给定层次的存货可得性所需的平均库存也就越高。

可得性的一个重要方面就是厂商的安全库存政策。安全库存的存在是为了调整预测误差，并在库存的补给期间对递送延迟进行缓冲。一般说来，防止缺货的期望越大，安全库存的需要也越大；安全库存的负荷越大，平均存货的数量也越高。在市场需求高度变化的情况下，安全库存有可能占到厂商平均存货的一半以上。

许多厂商开发了各种物流安排方案，以增补其满足客户存货需求的能力。一家厂商可以经营两个仓库，其中一个指定为主要服务地点，而另一个作为次要的或后援的供给来源。例如，假定该主要仓库是位于北京的一个大型的自动化配送中心，而次要的物流设施则是位于石家庄的一个效率较低的小型作业仓库。主要仓库是厂商用于输出其绝大多数产品的地点，以便利用自动化设施、效率及所处地点的优势。一旦主要仓库发生缺货并且情况继续恶化，就可以利用次要仓库或后援仓库。但是，使用次要仓库或后援仓库的厂商，应尽可能在最大程度上向其提供服务的客户公开，这是因为主要仓库有时候只有客户订货的一部分产品，而次要仓库或后援仓库却能够满足其剩余的需求。在这种情况下，除非这两部分的订货在递送前能够组合在一起，否则，因分开递送会使客户感到不便。需要指出的是，由于厂商已尽了额外的努力保持存货可得性，而不是延交部分订货，这一事实本身会转变成一种积极的形象，说明厂商为满足客户需求尽心尽力。

保持高水准的存货可得性需要进行大量的精心策划，而不是在销售量预测的基础上给各个仓库分配存货。事实上，其关键是要满足重要客户或核心客户的高水准存货可得性，同时使整个存货储备和仓库设施维持在最低限度。显然，如此严格的物流表现需要所有的物流资源都实现一体化，并明确对特定客户所承诺的可得性目标。

可得性以下述的三个物流绩效指标进行衡量：缺货频率、供应比率和订货完成率。这三个衡量指标可以确定一个厂商满足特定客户对存货需求的能力。

（1）缺货频率。**缺货频率**（stock out frequency）是指缺货发生的概率。换句话说，该衡量方法用于表示一种产品可否按需要装运交付给客户。当需求超过产品可得性时就会发生缺货。缺货频率就是用于衡量一种特定的产品需求超过其可得性的次数。将全部产品所有发生缺货的次数汇总起来，就可以反映一个厂商实现其基本服务承诺的状况。

（2）供应比率。**供应比率**（fill rate）衡量缺货的程度或影响大小。这是因为一种产品缺货并不必然意味着其客户的需求将得不到满足。在判断缺货是否影响服务绩效以前，首先要弄清楚客户的真实需求。因此，对厂商来说，十分重要的是要确认该产品是否确实未能获得以及客户究竟想要多少单位。供应比率绩效通常是按客户服务目标予以区分的，于是，对缺货程度的衡量就可以构成厂商在满足客户需求方面的跟踪记录。例如，一位客户订货 50 个单位，只有 47 个单位可得，那么订货供应比率为 94%。要有效地衡量供应比率，一般在评估程序中还要包括在特定时间内对多个客户的订货完成情况进行衡量。

使用供应比率指标需要区分客户对缺货的反应程度。在前述的例子中，如果所有 50 个单位都是至关重要的，那么 94% 的供应比率就有可能导致递送作业中的缺货，并使客户产生不满。然而，如果这 50 个单位的产品是转移速度相对比较缓慢的货物，那么 94% 的供应比率有可能使客户满意。客户也许会接受延交订货，甚至愿意对短缺的产品重新订货。因此，厂商应该客观分析客户的需求，并在客户需求的基础上提高供应比率。

（3）订货完成率。**订货完成率**（order fill rate）用于衡量公司按照客户订单完整出货的次数。这是一种最严格的指标，因为它要求产品必须完整无损地送达客户并且零缺陷。

2. 作业完成性

物流作业是以物流完成周期为结构组成的，物流完成周期是综合分析物流功能的基本单位。可以运用速度、一致性、灵活性、故障与恢复等指标来衡量作业完成性。

（1）速度。完成周期的速度是指从开始订货时起至货物装运实际抵达止的这段时间。但在考察速度时，应该从客户的角度来考察厂商在这方面所承担的义务，因为厂商根据物流系统的设计完成周期所需的时间与客户理解的时间会有很大的不同。即使在今天高水平的通信和运输技术条件下订货周期也可以短至几个小时，或长达几个星期。一般说来，计划的完成速度越快，客户所需的存货投资水平就越低。

（2）一致性。虽然服务速度至关重要，但大多数物流经理更强调一致性。一致性是指厂商在众多的完成周期中按时递送的能力。一般说来，可得性是指客户一旦需要，物流服务商就可以进行产品装运；完成周期的速度是指持续地按时递送特定订货；一致性是指必须随时按照配送承诺将产品送达客户的能力。由此看来，一致性的问题是物流作业最基本的问题。

（3）灵活性。作业灵活性是指处理异常的客户服务需求的能力。厂商的物流能力直接关系到在始料不及的环境下如何妥善处理的问题。需要厂商灵活作业的典型事件有：①修改基本服务安排，例如改变装运交付的地点；②支持独特的销售和营销方案；③新产品引入；④产品逐步停产；⑤供给中断；⑥产品回收；⑦定制服务；⑧产品的重新定价、组合或包装等。一般说来，厂商的整体物流能力取决于在适当满足关键客户的需求时所拥有的"随机应变"的能力。

（4）故障与恢复。不管厂商的物流作业有多么完美，故障总是会发生的，而在已发生故障的作业条件下继续实现业务需求往往是十分困难的。因此，厂商应制订一些有关预防或调整特殊情况的方案，以防止故障发生。如厂商应通过合理的论证来承担这种应付异常情况的义务，而其制订的基本服务方案应保证提供高水平的服务，实现无故障和无障碍计划。为此，厂商要有能力预测服务过程中可能会发生的故障或服务中断，并有适当的应急计划来完成恢复任务。

3. 可靠性

物流质量与物流服务的可靠性密切相关。研究表明，厂商有无提供精确信息的能力是衡量其客户服务水平高低最重要的一个方面。客户如果能够事前收到信息，就能够对缺货或延迟递送等意外情况做出调整。因此，有越来越多的客户表示，有关订货内容和时间的事前信息与完美订货的履行相比更加重要。

除了服务可靠性外，服务质量的一个重要组成部分是持续改善。与厂商内部的其他经理人员一样，物流经理人员也关心如何尽可能少发生故障以完成作业目标，而完成作业目标的一个重要方法就是从故障中吸取教训，改善作业系统，以防再次发生故障。

2.2.2 物流客户服务水平的制定方法

1. 以消费者对缺货的反应制定物流客户服务水平

在零售业有两个最大的难题：物品脱销（缺货）和偷窃。罗兰贝格的调查证实，商品缺货是中国零售运营中存在的一个严重问题，缺货率高达 9.9%，而消费者在面对缺货时，有 60% 的人会取消购买或到其他店购买。以一家面积为 8 000 平方米的商店来举例，其年销售额为 1.5 亿元时就会因缺货而损失 1 480 万元人民币的业绩。国际上先进的零售企业，它们的缺货比例大都控制在 2%～5%。在超市连锁行业，正常的销货利润率为 12%～15%，随着竞争加剧，价格战日益激烈，通常利润率不足 10 个百分点，而在缺货损耗上面再控制不好的话，那毛利将受到严重的损害，生存将更加艰难。

制定提供给批发商和零售商的客户服务水平的一种方法，是考虑在出现缺货的情况下，消费者可能会做什么，即以消费者对缺货的反应制定物流客户服务水平。图 2-2 列举了在零售层面上，消费者对缺货可能做出的反应。例如，一个消费者进入某家零售店去买某品牌洗衣粉。如果没有该产品，他可以去另一家商店购买该产品。

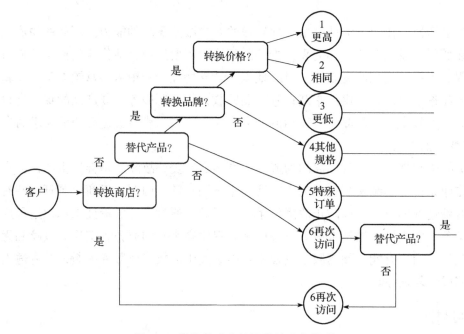

图 2-2 消费者对重复缺货的反应模型

当然，为了一袋洗衣粉，进行这样的往返可能很不值得，但是的确存在很多让客户愿意为之奔波的产品，比如药品、婴幼儿产品，即使有成分相同的其他品牌，消费者也往往愿意转换商店，而不愿意转换品牌。对于这类产品，频繁缺货可能会使消费者永久地将忠诚度转换到其他商店。因此，制造商应该为零售商制定更长的订货周期，并且通过更大的稳定性和高水平的供货可行性实现适量库存以满足客户需求。

在大多数的缺货情况下，消费者并不愿意接受转换商店所带来的不便。这使我们回到图 2-2 的第 2 个决策点——替代产品。对于想买某品牌洗衣粉的消费者，如果家里还有剩余洗衣粉，可能愿意将购买延期，直到下次光顾。如果家里已经用完，消费者可能换用另一个品牌的洗衣粉。消费者一般不太可能为洗衣粉之类的产品下特殊订单。根据图 2-2，如果客户愿意接受替代产品，那么零售商就可以在不增加相应库存的条件下，将客户服务水平从 70% 提高到 97%。

对于某些产品而言，大多数消费者愿意等待甚至可能下特殊订单。比如说，购买较大型的电器。实际上，多数消费者愿意等 1 ～ 3 天送货上门及安装，那么零售现场只需要保存样品，配套相应的配送服务就可以了。这样可以在不牺牲必要的客户服务的前提下，大大降低零售系统的库存。

面临缺货，消费者的最后一种选择是转换品牌。他们可以转换到相同价格、更高价格或者更低价格的品牌。当产品替代发生时，零售商并没有失去销售的机会，但是如果品牌转换，制造商则失去了相应的利润。

2. 以客户为导向制定物流客户服务水平

（1）理解客户需求。企业要确定最佳的客户服务水平，首先要识别出正确的客户服务政策，常用的是客户服务调查法。客户服务调查是企业客户服务政策效果的评价标尺，目的是识别关键的客户服务要素，识别这些要素的控制机制，评价内部信息系统的质量和能力。客户服务调查法分为以下两个步骤：

1）外部客户服务调查分析。该调查分析就是通过对有代表性的客户群体进行调查，评价客户对本企业及主要竞争对手各方面服务绩效的满意程度，识别客户关注的重要客户服务要素及其重视程度，诸如订货周期、库存可得性等。主要的途径见表 2-2。

表 2-2　外部客户服务调查分析

分类	内涵
直接向客户了解服务要求	直接收集客户信息可以采用面谈、小组会谈、摸底调查等方式方法。面谈最为直接，因为与客户直接接触。小组会谈一般被用来发现采用某种购买方式的原因
客户的陈述	许多客户向供应商非常明确地讲述他们的最低需求，一旦这些最低需求被理解，与客户进一步沟通就有了基础。除了客户陈述外，以往的业务报告也是客户反馈信息的重要来源
噪声水平	即客户的不满与抱怨。噪声水平可以被用作直接与客户接触的补充，它提供了客户特殊的反馈信息。许多公司通过开展对雇员不满的调查以及失去客户的最后会谈来鉴定噪声水平。通过调查客户的不满和抱怨，可以改进物流公司的服务水平
同业同行的比较	比较竞争者的水准是补充直接与客户接触的另一条途径。在对比中可以找出差距，寻找工作中的不足，有针对性地进行整改。但它不能全面地帮助确定客户的需求和期望。该方法的不足之处是可能会出现看问题片面的情况。因此，从竞争对手的服务目标出发可能会导致方向错误
与客户共同探索需求和期望	一旦明确客户的最低需求和期望，可以与客户讨论哪一个行为标准是重要的。该信息将帮助区分客户需求和增值服务，如果提供增值服务，而基本的需求却得不到满足，则达不到客户满意，因为在客户情愿支付的价位上要满足所有的客户需求是不可能的。因此理解哪一种服务是最低要求，哪一种服务能超出期望值，是很重要的

2）企业客户服务现状调查分析。该调查分析的主要目的是分析企业的客户服务现状与客户服务需求之间的差距，检查企业实际的客户服务绩效水平，为下一步最佳客户服务策略的制定、最佳客户服务水平的确定提供依据。调查涉及与物流活动相关的所有部门，范围包括：订货处理、存货管理、仓库、运输、客户服务、财务或会计、物料管理、生产、市场营销等。通过企业内外相关人员的评估可以获取企业客户服务的实际水平，发现

存在的问题，以便能够有针对性地采取提高企业客户服务水平的有效措施。

（2）评价当前的服务和服务能力。一旦了解到客户的想法，供应商必须找出它们当前的服务和服务能力与实际要求之间的差距，包括采取什么步骤来提供专门的服务，达到服务目标，这有助于决定哪种服务是每个客户都能预期得到的。如果 EDI 是一项增值的客户服务，并且仅有一个供应商提供，那该供应商就拥有了一项竞争性优势。

（3）解释当前做法与客户要求之间的差距。许多公司都以客户需求与它们提供的服务之间的差距最小为服务宗旨，调查之后，它们就会发现自己曲解了客户需求。例如，对消费品公司客户进行调查，当被问及需求与期望时，一个消费品公司的客户表示，及时送货和无货损送货是评价配送服务的两个最重要的标准，当物流公司检查其提供的服务与客户所需之间的对比情况时，却可能发现它们曲解了客户需求，物流公司通常会在及时送货方面找到差距，但在无货损送货方面关注不够。

（4）满足客户特定需要的针对性服务。为了让尽可能多的客户满意，公司应该按需求和期望的相似性对客户进行分类。许多公司按产业、产品类型、销售量和利润来细分客户群，但现在通行的标准是需求的相近性。如一些客户希望收到的产品以稻草包装，另一些客户可能喜欢以薄纸夹衬。通常调查这些自然而分的客户群，供应商可以更好地提供有针对性的服务。

（5）在客户要求的基础上创造服务。实施客户导向的配送战略，下一步就是在客户要求和期望的基础上创造服务。为了满足客户需求，并超出他们的期望值，供应商不仅必须满足客户的需要，而且应提供增值服务。当竞争者开始把客户满意作为竞争优势时，供应商正着眼于客户对价值的要求，它们把致力于满足客户最低的要求作为客户满意的开端，当供应商提供超出客户最低要求的服务时才会让客户满意，达到增值的目的，促使企业拥有竞争优势。

以顾客为导向制定物流客户服务水平以客户的需求为中心，根据客户的需求来制定企业应当提供的物流服务水平，其在客户重视的方面表现出色，可以获得较高满意度，但是没有考虑成本与收益的配比，可能为低价值客户提供高质量服务。

3. 以成本／收益为导向制定物流客户服务水平

物流客户服务水平是物流活动的结果，这意味着每一客户服务水平都有相应的成本水平。研究表明，客户服务水平与销售收入／经营成本存在一定的正向关系。在客户服务水平比较低的情况下，客户服务的改善会有力地刺激销售，随着客户服务水平的提高，销售收入将继续增长，但增速减缓，呈现明显的边际收益递减趋势。当客户服务达到一个较高水平后，随着服务水平的提高，销售收入基本保持不变。

用物流服务表示物流客户服务水平，用成本表示为了获得相应的物流客户服务水平而付出的成本，两者之间的关系如图 2-3 所示。在服务水平较低阶段，如果追加 X 单位的成本，服务水平将提高 Y，而在服务水平较高阶段，同样追加 X 单位的成本服务水平的提高只有 Y'（$Y' < Y$）。

此外，更多、更完善的客户服务，如更快捷的运输服务、更短的订货周期、更准确的单证等都涉及更多的人员培训、更严格的管理制度，有的还需要额外的设备投入和网络设施的建设，往往会引起相应的服务成本的增加。事实上，根据特定的物流活动组合，对应每一服务水平都有许多物流成本方案。一旦了解销售和成本之间的关系，就可以将成本与服务水平对应起来。

鉴于物流客户服务水平与成本是一种正向的关系，适用于收益递减规律，在收益和成本之间获得最大利益就是确定物流客户服务水平的依据。销售－服务关系中的边际收益递减和成本－服务曲线的递减将导致利润形成如图 2-4 所示的形状。不同服务水平下收入与成本之差就决定了利润水平。利润最大化点一般在水平最低和最高的两个极端点之间。

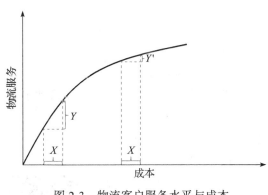

图 2-3　物流客户服务水平与成本

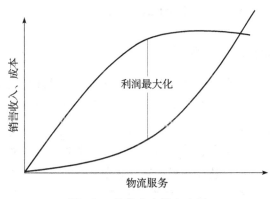

图 2-4　最优客户服务水平

例题

某企业销售－服务曲线为 $R = 0.5\sqrt{\mathrm{SL}}$，其中 SL 是服务水平，表示订货周期为 5 天的订单所占的比重。相应的成本曲线为 $C = 0.000\,55\mathrm{SL}^2$。请问：企业如何选择最优的服务水平？

以成本／收益为导向制定物流客户服务水平从企业的利益出发，将企业能从客户那里得到的收入与企业为其提供各项服务所要支付的成本进行比较，选择利润较大的物流客户服务水平作为最终的服务水平。

以上三种方法可以单独使用，也可以结合使用。

制定客户服务水平后，通过服务质量反馈体系，及时了解客户对物流服务的反应。根据实施一段时间后的效果评价，检查客户有没有索赔，产品有无发生事故、破损等。通过客户意见了解服务水平是否已经达到标准，成本合理化达到何种程度，企业利润是否增加，市场是否扩大，等等。由于物流客户服务水平不是一个静态的标准，而是一个动态的过程，所以要定期核查、变更，以保证物流客户服务的质量。

🌀 本章小结

物流客户服务是物流企业为促进其产品或服务的销售而进行的与客户之间的互动活动。物流客户服务可以体现为一种具体活动、一种执行的标准或绩效水平或者一种经营理念。物流客户服务的要素包括交易前、交易中和交易后要素。其类型包括基本服务、增值服务和应急服务。客户服务水平的制定主要有三种方法：以消费者对缺货的反应制定物流客户服务水平；以客户为导向制定物流客户服务水平；以成本/收益为导向制定物流客户服务水平。

🌀 主要术语

客户服务（customer service）

供应比率（fill rate）

物流客户服务（logistics customer service）

订货完成率（order fill rate）

缺货频率（stock out frequency）

🌀 理论自测

1. 解释客户服务的交易前要素、交易中要素和交易后要素的重要性。

2. 结合导入案例及相关理论，谈谈在竞争激烈的市场应该提供怎样的物流客户服务才能赢得客户。

3. 如果你是某家物流公司的负责人，你如何衡量本公司的客户服务水平？

4. 比较三种制定客户服务水平的方法，举例说明如何组合使用。

5. 给定以下信息，利用以成本/收益为导向制定物流客户服务水平的方法，判断是否应该将在库库存供应的客户服务水平从95%提升到98%：①运输成本将增加135 000元；②库存水平将增加3 200 000元；③仓储成本将增加15 000元；④库存持有成本占库存价值的百分比为40%；⑤目前年销售额为50 000 000元；⑥公司产品的边际贡献平均为销售价格的30%。

扫码阅读2-2
第2章练习题。

🌀 案例分析 2-1

跨越速运服装运输服务

跨越速运集团（以下简称"跨越速运"）成立于2007年，主要提供"限时速运"服务，是一家大型现代化综合物流服务商，拥有AAAAA级物流企业资质。跨越速运非常重视客户服务，有着在服装行业开展物流服务十多年的经验，为多个品牌服装客户提供了优质的物流服务并广受好评。

服装产品具有流行性的特点，其产品生命周期短、品类多，因此服装行业库存管理难度大，这就对服装运输时的精细程度提出高要求。在某种程度上，服装企业运作要高效稳定，很大程度上要依赖物流服务。厂商生产和设计既要考虑换季，又要兼顾时下的流行趋势，这两点就要求物流企业的服务要快，越快越好。只有这样，服装企业在面对换季和流行风向时，才能争取最先出现在消费者的面前，抢占先机，在激烈的市场竞争中获胜。相反，如果物流不及时导致商家供货速度慢，产品大部分时间停留在流通的中间环节，就会错失销售机会，造成库存积压和现金流出现问题，从而给厂家造成巨大的损失。

因此，跨越速运着力解决服装运输时效问题，为服装企业提供跨省最快 8 小时，最慢不超过 12 小时的高效物流服务。在客户服务方面，跨越速运着力提升企业客户的用户体验，持续采用一对一、24 小时专属客户服务，实时响应客户需求。跨越速运的所有企业客户，都可以享受跨越专属客户经理专业高效、实时响应的 VIP 服务。哪怕在凌晨一两点，如果客户遇到突发问题，跨越速运的客服也会第一时间跟进解决。

跨越速运优质和精细化的客户服务，不仅为服装企业大大提升了效益，也为跨越速运赢得了口碑，使得跨越速运可以与众多服装企业建立起持久、互助的合作关系。

资料来源：行动派. 跨越速运助力服装企业物流提速，强势打造高效安心物流，https://www.sohu.com/a/408208443_120221923，2020-07-18.

| 思考 |

1. 根据服装行业特点分析服装制造业对于物流的需求特点。
2. 结合当前跨越速运的实践，分析物流企业还可以为服装企业提供哪些增值服务。

案例分析 2-2

中国外运为某汽车品牌提供全程供应链物流服务

全球某著名汽车品牌于 2012 年 11 月在中国成立合资公司 B，主要生产高端汽车。为拓展中国市场，该公司在江苏省常熟市建立工厂，实施本土化战略。B 公司需要一家物流服务商为其提供高标准全程供应链解决方案和服务。其物流需求是首先要从英国、欧盟、美国的全部海外供应商处提货，然后要将进口件一直送到中国工厂。同时 B 公司要求物流服务必须准确及时，确保整个供应链的持续优化。

中国外运股份有限公司（以下简称"中国外运"）是招商局集团物流业务统一运营平台和统一品牌。2013 年中国外运成功中标 B 公司的全球进口件入厂物流业务。

中国外运运营该项目面临着多方面的挑战。首先，高端汽车市场的定制化需求越来越强烈，紧急订单较多，物流需求变化快。这就要求物流服务商对供应链进行柔性管理以快速响应客户需求。其次，B 公司刚刚成立，需要与客户、海外供货商和物流服务商进行磨合。海外供应商与 B 公司存在严重的时差，因此项目运行初期沟通不畅通、信息传递不及时。

为解决这些问题，中国外运为客户提供了一整套供应链解决方案。

首先，为了保证客户的试制车及量产车顺利上线，中国外运结合其多年在入厂物流领域运营的丰富经验，对作业流程、人力资源、设备设施、IT 系统、安全运营和应急预案等进行了周密安排。同时，中国外运不断优化作业流程，从海外供货商提货、国际清关、商检，到国际运输、中国段的清关、商检，一直到 JIT 或 JIS 送货至生产工厂的整个入厂物流都力求顺畅并节省物流时间。其次，中国外运利用先进的物流信息系统，及时向供应链相关方提供准确的物流信息，帮助客户及供货商及时掌控全程物流进度。最后，针对客户的紧急和柔性化需求，中国外运项目组及时调整原有的运输和配送计划，并在满足客户时限要求的前提下帮助客户优化物流总成本。

　　该项目运营两年多，B公司原料到货准时率达到96%，其生产线正常运转。同时，通过合理优化客户的物流成本，中国外运帮助客户集中精力发展核心业务，从而增强了客户的市场竞争力和发展活力。

　　资料来源：中国外运股份有限公司，http://www.sinotrans.com/col/col2394/index.html，2020-05-13.

| 思考 |

1. 一家汽车组装企业如果从国外进口原材料在国内组装可能需要哪些物流服务？
2. 中国外运为该汽车品牌提供了哪些物流服务支持？

🔗 实训项目

物流客户满意度调查

1. 实训目标

　　能够将物流企业经营中面临的问题转化成具体的调研目标，并结合调研目标设计合理的调研方案。

2. 实训内容

（1）以5~6人组成一组，明确小组成员分工；

（2）每个小组针对某快递企业在本校的服务情况，设计一份用来调查客户满意度的问卷；

（3）各小组在适当范围内发放调查问卷，并收集整理和分析调查结果；

（4）结合调查问卷的分析结果形成对该快递企业在本校物流服务情况的报告；

（5）小组派代表向全班同学展示报告结论，教师点评。

CHAPTER 3

物流需求预测

学习目标

1. 了解预测及物流需求预测的重要性
2. 理解预测及物流需求预测的内涵、特征及分类
3. 熟悉物流需求预测的内容
4. 掌握物流需求预测的步骤
5. 掌握物流需求预测的常用方法

导入案例

疫情后的即时物流需求

2020年新冠疫情对即时物流需求和产品服务的类型都产生了重大影响。即时物流是指完全按照用户突然提出的物流要求进行物流活动的方式。新冠疫情期间即时物流在更大范围内为消费者所认可，疫情后居民对日常生活中的人群聚集地区仍保持谨慎心理，物流需求也呈现新特点。首先，客户的需求类型将更加多样化和个性化。除了对"跑腿""帮买""帮办"类需求的多样性增加外，居民对即时到家类服务的需求也会延伸到其他消费行业，例如"医药到家"服务。医药即时物流作为互联网医疗的补充，可以为居民健康提供保障，在疫情后医药即时物流业将继续保持稳定发展。其次，即时物流与其他物流服务的整合将得到更加广泛的应用，如"即时物流＋快运""即时物流＋仓储"等。例如，中铁与

顺丰合作为医药类企业提供省际待检测血样极速运送的"中铁快运＋顺丰速运＋顺丰同城急送"，顺丰为餐饮企业提供"顺丰冷链＋顺丰同城急送"等综合性解决方案。未来，多元运力模式的融合将成为主流。

资料来源：上海艾瑞市场咨询有限公司，中国即时物流行业研究报告（2020 年）．

思考：

1. 你认为新冠疫情期间即时物流需求增长较快的原因是什么？

2. 你认为未来即时物流快递末端业务前景如何？

3.1 物流需求

3.1.1 物流需求的概念

物流需求（logistics demand）是指各类企事业单位和个体消费者在社会经济活动中所伴随产生的运输、仓储、装卸搬运、配送等物流活动的需求情况。一般来讲，物流需求既包含需求量也包含需求结构。物流需求量或规模是运输、储存、包装等所有物流活动作业量的总和。物流需求结构可以指不同服务内容（如运输、储存、包装、配送等）的需求，也可以指不同形态（有形和无形）的需求。其中，对不同服务内容的需求往往属于有形需求，而无形需求一般指对物流效率、时间及成本等物流服务质量方面的需求。

3.1.2 物流需求的特点

相对于经济社会生活其他方面的需求，物流需求主要有以下几个方面的特点：

（1）派生性。物流需求往往源于人们对特定物的需求，因此具有派生性特征。比如生产制造环节需要原材料等的投入，从而产生了对原材料等生产资料的物流需求。只有了解了物流需求的派生性特点，才可能对物流需求的规模、结构等进行更准确的预测分析。

（2）复杂性。物流需求的变化有一定的规律性，但同时也有一定的随机性。其规律性体现为：物流需求往往会随着经济社会发展水平、居民收入或消费水平的变化发生相应变化。其随机性指的是物流需求还会受到特定时期人们生活方式、消费习惯等变化的影响，重大物流基础设施布局的调整等也会对物流需求产生影响，而这些变化往往缺乏规律性，这也导致了物流需求呈现出一定的复杂性特征。

（3）时效性。物流需求的时效性指的是物流需求会随着时间的推移而变化。从宏观层面看，经济社会发展的不同阶段物流需求的规模、结构会有所不同。从微观层面看，物流需求的规模、结构也会呈现出一定的季节性特征。

（4）地域性。物流一般都发生在特定空间范围内，因此其需求的规模和结构都与空间环境紧密相关。不同空间自然环境、社会环境、经济环境的差异，使得不同的地域会呈现出不同的物流需求特征。把握不同空间的地域特征，是准确预测物流需求的重要保证，更是开展物流设施规划的重要依据。

3.1.3 物流需求的影响因素

（1）国民经济的规模和结构。国民经济规模是影响物流需求总量的决定性因素。国民经济发展规模、发展速度决定了物流需求的发展速度和规模。由于不同部门发展对物流的需求存在差异，因此国民经济的整体结构对物流的需求也会产生一定影响。

（2）物流价格水平。价格和需求量之间往往是一种此消彼长的关系，物流需求也不例外。当市场上存在因规模化运营使得物流服务价格保持在一个较低的水平时，自营物流变得不合时宜。同理，当市场上的物流服务价格持续上涨，并在很大程度上影响到用户预期经济利益时，用户往往选择自营物流方式来降低成本，从而降低社会物流需求水平。

（3）宏观经济政策。宏观经济政策会对国民经济未来的规模和结构产生影响，因而也会对物流需求的未来走势产生影响。相比较而言，物流业相关的政策对物流需求的影响最为直接，非物流领域的宏观经济政策则会通过影响生产和消费进而间接地对物流需求产生影响。例如《国务院办公厅关于进一步推进物流降本增效促进实体经济发展的意见》（国办发〔2017〕73号）和海关总署公告2020年第79号《中华人民共和国海关对海南离岛旅客免税购物监管办法》都会对物流需求产生影响，但前者的影响会更直接。

（4）消费水平和消费理念。不同地区、不同时期、不同年龄的人们消费水平和消费理念往往存在差异，而这些差异会对物流需求产生不同的影响。比如2020年新冠疫情肆虐期间，更多人群倾向于网络消费，从而极大地增加了对快递服务的需求。与此同时，生产经营企业往往也会根据顾客群体消费水平和消费理念的变化相应调整生产布局或销售行为，进而影响到物流的规模、方式和流向等。

（5）相关技术的进步。相关技术的进步也会对物流的需求产生一定的影响，这些技术包括运输、仓储、搬运装卸、包装及流通加工等物流环节中涉及的所有技术，也包括其中的网络和信息通信技术等。比如通过大数据分析技术可以提高运输和配送效率，降低物流成本，提高客户满意度，进而提高物流需求水平。

（6）物流服务水平。物流服务水平是对物流服务人员水平、物流服务流程、物流服务时效、物流服务态度等的综合评判。物流服务水平的提升对吸引社会物流需要更多地转化成市场需求有促进作用，反之亦反。

3.2 预测的概念、分类及原理

3.2.1 预测的概念

预测是人们利用已经掌握的知识和手段，对事物的未来或未知状况做出的预先判断或推测。预测这一行为古已有之，20世纪三四十年代以来，伴随科学技术的不断发展，预测方法和手段更趋科学和多样化，预测逐渐发展成为一门独立的学科，并获得快速发展。

由预测的概念可知，完整的预测一般包含以下5个基本要素：其一，预测者，即实施预测行为的主体；其二，预测对象，即预测的客体，一般指某一特定的事物，如天气、市场需求等；其三，预测信息，指大量跟预测对象有关的各种信息，这是预测者开展准确预测的基础；其四，预测技术或手段，指在实施预测时应用的各种方法，这些方法既包括预测者积累的相关经验，也包括预测过程中应用的统计方法；其五，预测结论，即预测者所做出的预先判断或推测。

3.2.2　预测的分类

1. 根据预测时间的跨度划分

长期预测：时间跨度为 5 年或以上的预测。由于时间跨度长，涉及的不确定因素多，这类预测给出的往往是一个大概的、粗略的或方向性的结论。

中期预测：时间跨度为 1 ～ 5 年的预测。由于时间跨度相对缩短，这类预测的结论往往比长期预测准确。

短期预测：时间跨度在 1 年以内的预测。

2. 根据预测技术或手段的不同划分

定性预测（qualitative forecasting）：以预测者个人积累的相关知识和经验作为主要技术或手段的预测。定性预测方法主要适用于仅对预测对象的性质和状态等进行预先判断或推测的场合。当预测者对预测对象的数据资料掌握不充分，或影响因素较多且无法进行定量描述的时候也会选择定性预测。由于预测者的相关知识和经验直接关系到预测结论的准确性，因此为了提高这类预测的准确性，人们往往选择熟悉预测对象、具有丰富经验且综合分析能力较强的人员或专家来进行预测。

定量预测（quantitative forecasting）：又称数量预测或统计预测，是一种以数学或统计方法作为主要技术或手段的预测。开展定量预测往往需要在掌握预测对象大量过去或现在的相关信息的基础上进行，因此对数据资料的要求较高。此外，相对于定性预测，定量预测的结论较少受到预测者相关知识或经验积累程度的影响，因此相关的判断或推测可能会更加客观、准确。

综合预测：结合预测者积累的相关经验和相关数学或统计方法两种技术或手段开展的预测，即预测过程中同时使用定性方法和定量方法。如果影响预测对象的因素或渠道非常复杂，利用某一种预测技术或手段就难以保证预测的准确性。综合预测可以同时吸收定性方法和定量方法的长处，提高这种情况下预测的准确性，但预测所需花费的工作量也会相应增加。

在实际工作过程中，具体采取哪一种预测方法或几种预测方法的组合，要视预测对象和预测目标的情况而定，没有绝对的优劣之分。

3.2.3　预测的原理

要想获得准确的预测结果，预测者在运用预测方法和手段时必须遵循一定的原理，这些原理主要包括以下几个方面：

1. 惯性原理

惯性原理在物理学中指的是一个不受任何外力的物体将保持静止或匀速直线运动，这里引申为所有事物在发展过程（过去—现在—将来）中都会表现出一定的延续性特征。不同事物的延续性特征也有所不同，其大小主要受事物本身的动力及外界因素制约程度的影响。假如某项预测对象的惯性大，则意味着该对象不易受到外界因素的干扰而发生改变；反之则反。对于那些惯性大的预测对象，根据其过去及现在的状态来判断其将来的发展态势相对简单且更容易接近事实。对于那些惯性较小的预测对象，由于其发展过程较容易受外界因素的干扰，要求在预测时考虑到各种外界因素及其影响的大小，从而增加了预测的难度。惯性原理是趋势外推预测方法的理论依据。

2. 相关原理

由前文可知，事物之所以发生变化是因为除了受惯性作用外，还受到外界各种因素的影响。换句话说，各种外界因素的影响与事物的变化存在相关性，而且很多时候这种相关性表现为因果（原因和结果）关系。找到这些影响因素有哪些、影响的途径及影响的大小，对于准确地预测事物的发展变化至关重要。比如要预测某地特定时期用电需求变化情况，除了要掌握该地区用电量的历史数据之外，还需要知道该地区未来的人口规模变化情况、GDP 变化情况等，才能做出较为准确的判断。

从时间关系看，事物之间的相关性可以分为同步相关和不同步相关两类。同步相关指的是相关因素的变化和预测事物变化之间几乎没有时间间隔，比如某地气温骤降到 0℃ 以下，该地区的居民用电量可能立马上升。不同步相关指的是相关因素的变化和预测事物变化之间存在一定的时间间隔，比如利息率的提高将会明显地导致新建住宅项目的减少。

3. 类推原理

类推原理也称为类推原则，指的是许多特性相近的事物，它们的发展过程也会表现出许多相似之处，因此可以根据已知事物（参照物或先导事物）的特征及其发展规律来判断或推测相似事物未来的发展状态。要开展类推预测，找到已知事物（参照物或先导事物）并准确掌握其特征及发展规律是关键。瑞典经济学家斯戴芬·伯伦斯坦·林德 1961 年在其论文《论贸易和转换》中提出需求偏好相似论，他指出，经济发展水平相近的国家之间（一般用人均 GDP 水平来衡量），需求偏好也往往非常接近，从而在经济发展水平相近国家之间发生产业内贸易，就是典型的类推原理的应用。

根据预测技术或手段的不同，利用类推原理开展的预测活动可以分为定性类推和定量类推。如前文所述，如果已经掌握已知事物（参照物或先导事物）大量的量化数据信息，往往适合开展定量类推预测，若缺乏量化数据则更适合开展定性类推预测。例如，根据军用飞机的最大飞行速度来预测民用客机的最大飞行速度属于定量类推预测。

上述三个基本原理，是人们经过长期研究和实践总结出来的。在具体的预测工作过程中，基于这些原理，人们又创造出来种类繁多的预测方法。这些方法和原理并非相互独立，结合预测对象的具体情况，综合运用这些原理和方法是提高预测结论准确性的重要保障。

3.3 物流需求预测

良好的物流需求预测能够帮助企业及时抓住有利的市场时机，安排销售和生产计划，有效降低库存量，为企业带来巨大的经济利益。

3.3.1 物流需求预测的概念

所谓物流需求预测，就是根据物流市场过去和现在的需求状况，结合物流市场需求影响因素的分析，对物流市场的需求及其发展趋势进行预测，即是以物流市场需求为对象的预测行为。由定义可知，物流市场需求影响因素的变化会影响物流市场需求的变化，如果这些影响因素的变化呈现出一定的规律性，那么相应的物流市场需求的变化也会呈现类似的规律性。例如，作为派生需求，人们对物的需求是物流需求的重要影响因素之一。由于人们对不同物的需求具有季节性、周期性、趋向性或随机性等规律特征，因此相应的物流需求也会呈现出一定的季节性、周期性、趋向性或随机性的特征。比如许多农副产品生产和销售具有季节性特征，相应的农副产品物流需求也往往会呈现出一定的季节性特征。相对而言，那些季节性、周期性和趋向性需求更容易预测，随机性需求则较难预测。准确把握这些规律性对于提高物流需求预测的准确性具有重要意义。

3.3.2 物流需求预测的作用

1. 物流需求预测是物流管理的重要手段

在物流管理活动中，我们如果能通过预测了解和把握市场的未来需求变化，就能采取有效的战略战术。比如，如果预测到下个月某种商品的市场需求量将有大幅度的上扬，我们就可以事先调整库存策略，以免到时因供不应求而失去市场机会。法国的展望与预测中心学者马塞尔·巴扬指出："在任何时候，我们都要先于竞争对手捕捉到未来技术的发展前景和消费者的需求趋势，同时要有足够的勇气利用预测成果做出决策。许多企业家遭遇失败……是因为没有预测或预测错误。"

2. 物流需求预测是制定物流发展战略目标的依据

通过物流需求预测，可以揭示和描述市场需求的变动趋势，勾画未来物流需求发展的轮廓，并对物流需求发展可能出现的种种情况——有利方面和不利方面，以及成功的机会和失败的风险，进行全面、系统的分析和预见，从而为制定物流发展战略目标和方向提供依据，避免决策的片面性和局限性。有了预测作为依据，我们就能"运筹于帷幄之中，决胜于千里之外"。例如，我们可以通过对客户的需求预测了解到采取什么样的经营方针对企业更有利，也可以通过市场预测制定未来的物流发展战略等。

3. 物流需求预测是物流管理的重要环节

从一般意义来说，物流管理就是对物流活动的计划、组织、指挥、协调、控制，就是做决策，或者说运筹。但无论是计划还是决策，首先都要做到对物流发展的各个因素心中有数，而要心中有数就必须依靠预测。因此，一切物流管理活动的开展，都离不开物流需求预测。物流需求预测是物流管理的重要环节，但并不是最终的目的。物流需求预测的作用和真正价值在于指导和调节人们的物流管理活动，以便采取适当的策略和措施，谋求更大的利益。

从物流需求预测工作的内容来看，它具有相对的独立性。但从物流需求预测工作在物流管理活动中的层次地位来看，它必须服从于计划、决策等更高管理活动层次的需要。因此，物流需求预测应按计划、决策的要求，即物流运筹的要求开展工作。

3.3.3　物流需求预测的步骤

一项完整的物流需求预测活动，一般包括以下五个步骤：

（1）确定预测目标并制订计划。一般而言，物流需求预测的总目标是为企业的物流系统规划或是国家或地区的物流发展规划和建设服务，但在具体的物流需求预测中，可能只需要对物流系统中的某一个方面或环节进行预测（例如预测的类型是长期预测还是短期预测；预测的内容是对某一地区某一种产品，还是对某一地区某几种产品进行预测等），因此需要根据具体的计划、决策的需要，确定预测对象、预测内容、时间期限以及预期精度等。

（2）搜集相关的数据资料。需要搜集的相关数据资料主要包括预测对象当前和历史数据，以及物流需求各影响因素当前和历史数据。对数据资料的一般要求是准确、全面、及时、恰当。因此，需要仔细地对所搜集到的数据进行加工整理，以便去伪存真、去粗取精，从而在源头上保证预测结果的可靠性。

（3）选择合适的预测方法。根据预测对象的特征及预测精度的要求，结合相关数据资料的搜集情况，选择合适的预测方法。不同预测方法具有各自的特点及适用场景，但是没有证据显示哪一种方法一定比另一种更好一些，也没有证据显示复杂的预测方法的效果就一定比简单的效果更好。因此对于预测方法的选择应根据具体的问题，从预测对象的适用性、费用、精度等方面进行综合比较分析加以确定。

（4）预测与结果评价。在掌握尽可能翔实的数据资料并选定合适的预测方法的基础上，就可以开展具体的预测工作。一般而言，实际工作中由于物流需求的影响因素较多，如果单纯依靠某一理论或套用某一模型加以预测，得到的结论准确性往往大打折扣。因此需要综合考虑各方面的情况，并借助经验判断、逻辑推理、统计分析等方面的预测判断，以得出更加准确的预测结果。

（5）提交预测报告。预测报告的内容除了预测结论，一般还应介绍预测的整个过程，包括预测的目标、预测对象的影响因素分析、主要数据资料的搜集和处理、预测方法的选择和模型的建立，以及模型预测值的评价和修正等内容。预测报告的提交意味着一项预测活动的正式结束。

3.4 物流需求预测方法

选用合适的预测方法和掌握翔实的数据资料一样，是预测活动得以顺利开展并取得更准确的结论的重要保障。整体上，可以将物流需求预测方法划分为定性预测方法和定量预测方法两大类。

3.4.1 定性预测方法

定性预测方法是指主要依靠预测者的业务知识、实践经验、主观分析以及直觉判断，对有关市场需求指标的变化趋势或未来结果进行预测的一种方法。它的优点是预测所花费的时间较短、成本较低、实际操作比较容易。缺点是预测的结果受主观因素的影响较大。定性预测方法具体包括以下几种方法：

（1）主管人员意见法。主管人员意见法是指将企业各个职能部门的主管人员召集在一起共同讨论，主要适用于新产品开发和长期预测。该方法的优点是主管人员往往对市场具有一定的洞察力，并且集体讨论可以实现集思广益。缺点是个人主观性强，缺乏严格的科学性。因为是集体讨论预测，无人对预测结果的正确性负责，可能会影响预测的客观性。

（2）销售人员意见法。销售人员意见法也称作基层意见汇集法，即将各个地区销售人员对未来需求的判断意见收集起来进行分析，做出预测。该方法的优点是销售人员往往了解具体的市场和用户情况，预测准确性较高。缺点是他们容易受局部和短期销售情况的影响，带有一定的主观偏见，尤其当涉及他们的自身利益时更加明显。

（3）市场调查法。市场调查法是通过信件、电话、问卷或访问等方式对客户或潜在客户进行市场调研，了解他们对某类产品及其相关产品的各种特性的期望，然后对各种信息进行综合处理，得出预测结果。该方法的优点是预测信息直接来自用户的期望，往往能较好地反映市场的真实需求情况。缺点是预测周期较长，费用较高。

（4）**德尔菲法**（Delphi method）。德尔菲法又称专家调查法，是由美国兰德公司于20世纪40年代提出来的。一般包括以下实施步骤：第一，组成包括经销商和其他行业权威人士在内的专家小组，各位专家只和预测人员单独联系，人数多少视具体问题而定，一般不宜过多（40人以内）。第二，提出所要预测的问题，附上有关要求和材料，一并寄送给各位专家。第三，各位专家以书面形式提出、返回自己的预测意见及其依据。第四，汇总各位专家意见后，再次将有关材料分送给各位专家，让他们做出比较，修改自己的判断意见。第五，再次汇总意见，再次分送，让专家们再次修改。重复多次之后，综合专家们的意见，得出可靠的预测值。由于这种方法具有匿名性——专家之间互相不通气，反馈性——对意见要进行3～4轮的充分反馈，收敛性——专家们的意见最后趋向一致，因而具有比较明显的优点。

（5）类比预测法。类比预测法又称比较类推法，即根据经验判断，通过比较类推，得出预测的结论。类比预测法具体又可以分为纵向类推预测方法和横向类推预测方法两种。纵向类推预测主要是利用当前和历史数据资料，类推未来物流市场需求，即通过将当前的物流市场情况和历史上曾经发生过的类似情况进行比较来预测市场未来情况。在使用纵向类推预测进行物流需求预测时，还应结合影响因素的变化情况做出综合判断。横向类推预测是指在同一时期内，参考某一地区的市场情况，对另一地区的物流市场需求进行预测。进行横向类推预测时，选择各方面相当的参照地区至关重要。

3.4.2　定量预测方法

定量预测方法是建立在对数据资料的大量、准确和系统地占有基础之上，然后应用数学模型和统计方法对有关预测指标的变化趋势和未来结果进行预测的方法。它的优点是科学理论性较强，逻辑推理缜密，预测的结果也较有说服力。缺点在于预测的成本较高，且需要较高的理论基础。目前用得最普遍的定量预测方法有时间序列分析方法和因果模型分析方法。前者是以时间为独立变量，把过去的需求和时间的关系作为需求模式来估计未来的需求，是预测惯性原理的具体应用。一次指数平滑法、季节性预测模型等都属于时间序列分析方法。因果模型分析方法则是应用更多的内外变量（影响因素，可以包括时间），并利用过去的资料来揭示变量与需求之间的关系，进而用这种关系预测未来，是预测相关原理的具体应用。回归分析预测法属于典型的因果模型分析方法。

扫码观看3-1
物流需求预测
方法1。

1. 朴素法

朴素法就是预测下一期需求与本期相同。对需求比较稳定的产品，这是一种最廉价也最简单的预测方法。

2. 移动平均法

移动平均法就是从时间序列的第一项数值开始，选取一定的项数求得序列的平均数，这样就可以得到一个下期的预测值。然后逐项移动，边移动边平均，在进行一次新预测时，必须加进一个新数据和剔除一个最早的数据，这样进行下去，就可以得到一个由移动平均数（即各期的预测值）组成的新的时间序列。

移动平均法的使用比较广泛，主要适用于以下几种情况：数值的变化没有明显的上升或下降的趋势，比较平稳；没有受到明显的季节性变化的影响。移动平均法具体又可以分为简单移动平均法和加权移动平均法。

（1）简单移动平均法。以近期数据的算术平均值作为下一期的预测值。一般来讲，移动平均期越长，对随机变动的平滑效果越好，预测的结果就越准确。这种方法可以将原来数据中的随机因素加以过滤，消除数值的起伏波动，并在一定程度上反映市场需求发展变化的趋势。简单移动平均法的计算公式为：

$$MA_{t+1} = \frac{1}{n}\left(A_t + A_{t-1} + A_{t-2} + \cdots + A_{t-n+1}\right)$$

式中　A_i——第 i 期的实际值（$i = t - n + 1$，$\cdots$，$t - 1$，t）；

　　　MA_{t+1}——第 $t+1$ 期预测值；

　　　n——移动平均的时间段数（$n \leqslant t$）。

（2）加权移动平均法。根据实际值距离预测期的远近不同，分别赋予它们不同的权重，以此来提高预测的可靠性。计算公式为：

$$MA_{t+1} = W_t A_t + W_{t-1} A_{t-1} + W_{t-2} A_{t-2} + W_{t-3} A_{t-3} + \cdots + W_{t-n+1} A_{t-n+1}$$

式中　A_i——第 i 期的实际值（$i = t - n + 1$，$\cdots$，$t - 1$，t）；

　　　MA_{t+1}——第 $t+1$ 期预测值；

　　　n——移动平均的时间段数（$n \leqslant t$）；

　　　W_i——各期的权重值，$\sum W_i = 1$ 且 $0 \leqslant W_i \leqslant 1$。

加权移动平均法考虑了不同期实际值对预测期影响程度的不同，一般来讲，距离预测期越近，赋予的权重也越大，这在一定程度上可以弥补简单移动平均法的不足。但如果是季节性需求，用加权移动平均法所得到的预测值可能会出现偏差。

扫码观看3-2
物流需求预测
方法2。

3. 指数平滑法

指数平滑法（exponential smoothing）是利用过去的数据资料，使用平滑指数来进行预测的一种方法，是一种特殊的加权移动平均法。相对于加权移动平均法而言，指数平滑法大大减少了对历史数据存储量的需求。它的计算公式是：

$$F_{t+1} = F_t + \alpha(A_t - F_t) \qquad \text{也可以换算成：} \quad F_{t+1} = \alpha A_t + (1 - \alpha) F_t$$

式中　F_{t+1}——第 $t+1$ 期的预测值；

　　　F_t——第 t 期的预测值；

　　　A_t——t 期的实际值；

　　　α——平滑指数（$0 \leqslant \alpha \leqslant 1$）。

当时间序列变化较小时，α 宜取较小数值（$0.1 \sim 0.3$）；当时间序列变化有迅速而明显的趋势时，α 宜取较大数值（$0.3 \sim 0.6$）；当初始值有疑问时，α 也宜取较大数值（$0.4 \sim 0.7$）。

指数平滑法主要适用于下列情况：①除了随机性的上升或下降外，数据的变化比较平稳；②数据的变化没有明显的上升或下降的趋势；③没有受到明显的季节性变化的影响。

预测数据初始值的确定需要考虑实际数据的数量，如果能找到 A_1 以前的数据，当这些数据较少时可以采用全期平均或移动平均等方法；如果数据较多时可以采用最小二乘法，但不能采用指数平滑法确定初始值。

如果仅有从 A_1 开始的数据，那么确定初始值可以采用两种方法，若实际数据较多可以采用实际数据初始值，若实际数据较少可以采用前三期数据的平均值。

4. 季节性预测模型

对于部分季节性物流需求更适合采用季节性预测模型，即利用季节指数方法来预测未来需求。所谓季节指数是由各个季度或月份需求实际值与由全部历史数据计算出来的季度或月份平均值（预测值）的比值，即由于季节因素偏离预测值的程度。这种预测方法的基本步骤是先用最小二乘法或其他方法求出趋势方程：$Y_t = a + bt$。然后，用求出的趋势方程预测各个季度的历史数据，并将之与实际值进行比较，得出季节指数。最后，利用季节指数对趋势方程进行修正，预测未来的需求量。

5. 回归分析预测法

回归分析预测法是根据事物内部因素变化的因果关系来预测未来的发展趋势的一种定量分析方法。相对来说，时间序列法进行预测（不管是简单平均，还是指数平均），都是对一些表面的数据进行统计分析，而没有体现事物之间的相互关系，其预测准确性往往不高。而回归分析预测法是通过寻找变量之间的因果关系并将其定量化，根据定量关系来预测某一变量的预测值，预测结果往往更接近实际，尤其适合长期预测。该方法的缺点在于需要搜集大量的数据资料，耗时且成本较高。

在实际操作中，回归分析预测的基本步骤是：①分析预测变量的影响因素，并找出主要的影响因素；②利用历史数据建立预测变量与主要影响因素的回归方程：$Y = f(X_1, X_2, \cdots)$，式中 Y 为预测变量，X_1，X_2，$\cdots$ 为主要影响因素；③利用历史数据对模型进行精度检验；④利用预测期各影响因素的指标值，代入回归方程进行预测。

回归分析预测法包括线性回归法、非线性回归法，线性回归分析法又分为一元线性回归法和多元线性回归法。下面介绍这两种线性回归法。

（1）一元线性回归分析法。一元线性回归分析法也叫最小二乘法。一元线性回归分析模型是用于分析一个自变量与一个因变量之间线性关系的数学方程，又称回归方程或回归直线。先根据 X、Y 现有的实际数据和统计资料，把 X、Y 作为已知数，寻找合适的 a、b 回归系数，并根据回归系数来确定回归方程。然后利用已求得的回归方程，得出一条趋势变动直线，并使此直线上的各点到实际数据的对应点之间的距离最小，从而使这条直线最能代表实际数据的变动，作为预测的依据。其一般形式是：

$$Y = a + bX + e_t$$

式中　Y——物流预测量；

a——常数项，且 $a = \dfrac{\sum Y - b \sum X}{n}$；

b——回归系数，且 $b = \dfrac{n(\sum XY) - (\sum X)(\sum Y)}{n(\sum X^2) - (\sum X)^2}$；

X——影响物流量的因素；

e_t——随机误差项。

（2）多元线性回归分析法。顾名思义，多元线性回归分析模型是用于分析一个自变量与多个因变量之间线性关系的数学方程。其思路跟一元线性方程接近。其一般形式是：

$$Y = k_0 + k_1X_1 + k_2X_2 + k_3X_3 + \cdots + k_nX_n$$

式中　　　　　　　　　　Y——物流预测量；

$X_i\,(i=1,2,3,\cdots,n)$——影响物流需求的各个因素；

$k_i\,(i=1,2,3,\cdots,n)$——参数，根据现状资料由最小二乘法确定。

当影响因素复杂，或者没办法得到相关影响因素的数据信息时，回归模型就无能为力了。

3.4.3　物流需求预测误差

预测是要研究事物发展的客观规律，但经过预测得到的规律并不一定是实际的客观规律，它只是事物过去的规律。即便是在此基础上参照现在的情况推断出来的未来，也不是真实的未来。事物总是发展变化的，事物的未来是不确定的，它可能发生，也可能不发生，即使发生了，在范围和程度上也很可能与事先的推断有较大的出入。因此，误差在预测中是不可避免的。在预测中，使预测的结果能够尽量与实际情况相符合，是所有预测方法的根本目的。预测结果与实际情况是否相符合的标志就是通过将预测结果与实际情况相比较，得到两者的偏差结果，分析偏差的多少及产生原因，并作为反馈信号以调整和改进所使用的预测模型，使预测结果与实际情况更相符合。这里的偏差即为预测误差，计算、分析、反馈和调整预测误差的过程，即为误差分析。

1. 物流需求误差的内容

分析预测的误差时要考虑以下两种情况：①理论预测误差，即在选用预测方案之前，利用数学统计模型所估计的理论预测值，与过去同期的实际观察值相比而产生的误差（即理论预测误差），然后分析、改进、选择较为合适的数学统计模型；②实际预测误差，即在选用预测方案之后，追踪、检查预测方案的实施结果是否合乎实际情况，分析预测误差的大小以及造成误差的原因，总结经验教训，进一步改进今后的预测工作。

2. 物流需求误差产生的原因

（1）由于预测的信息与资料引起的误差。物流需求预测的信息与资料是通过市场调查得到的，它是进行预测的基础，其质量对预测的结果有直接的影响。对信息与资料的一般要求是系统、完整且真实可靠，否则会产生预测误差。

（2）预测方法及预测参数引起的误差。预测是对实际过程的近似描述，同时预测中使用的参数仅仅是对真实参数的近似，不同的预测方法或同一预测方法，使用不同的预测参数，其误差大小是不一样的。因此选择适宜的预测方法及预测参数是减少预测误差的关键之一。为了获得较好的预测结果，人们通常采用多种预测方法或多个预测参数进行多次预测计算，然后用综合评价方法找到实际变动线的最佳趋势预测线或确定最佳的预测方法及预测参数。

（3）预测期间的长短引起的误差。预测是根据已知的历史及现实而对未来的描述，但未来是不确定的，影响未来的环境和条件也会与历史及现实有所不同，如果差异很大而预测过程中没有估计到，就必然会产生误差。一般预测的期间越长误差越大，减少误差的办法是重视对事物的未来环境与条件的分析，重视事物的转折点并加强对信息和资料的搜集与分析整理。

（4）预测者的主观判断引起的误差。预测者的知识、经验和判断能力对预测结果也有很大影响，因为无论是预测目标的制定、信息与资料的搜集整理，还是预测方法的选择、预测参数的确定以及对预测结果的分析，都需要有预测者的主观判断。要减少误差就要求预测者具备广泛的知识、丰富的经验、敏锐的观察能力、出色的思考能力以及精确的判断能力。

3.5 物流需求预测实例

3.5.1 简单移动平均法

某百货商店在 2018 年前 3 个月的风扇实际销售量分别 300 台、220 台、230 台，试用移动平均法预测 4 月的销售量。

利用公式：

$$MA_{t+1} = 1/n\,(A_{t-1} + A_{t-2} + A_{t-3} + \cdots + A_{t-n+1})$$

计算 4 月的销售量为：

$$MA_4 = 1/3\,(A_3 + A_2 + A_1)$$
$$= (300 + 220 + 230)/3$$
$$= 250\,（台）$$

利用这种方法，我们以 3 个月为基准（$n=3$），不断引进新数据来消除偶然因素影响，逐月预测的结果见表 3-1。如果改变基准，使 n 值增加，从表中可以看出，误差则相对增大（对干扰的敏感性降低）。

表 3-1 简单移动平均法逐月预测的结果 （单位：台）

月份	实际销售量	预测值（$n=3$）	预测值（$n=4$）
1	300		
2	220		
3	230		
4	220	250	
5	240	223	243
6	260	230	228
7	240	240	238

（续）

月份	实际销售量	预测值（n=3）	预测值（n=4）
8	250	247	240
9	260	250	248
10	270	250	253
11	280	260	255
12	310	270	265

3.5.2　加权移动平均法

沿用上例资料，试用加权移动平均法预测 4 月的销售量。

首先，根据实际值距离预测期的远近不同，分别赋予各月的权数为 0.2、0.3、0.5，根据计算公式得：

$$MA_4 = W_3A_3 + W_2A_2 + W_1A_1$$
$$= 0.5 \times 230 + 0.3 \times 220 + 0.2 \times 300$$
$$= 241（台）$$

以 3 个月为基准，逐月预测的结果见表 3-2。从中不难看出，与简单移动平均法的预测结果相比，这种方法的精确性要相对高一些。值得说明的是，如果权重选择恰当的话，预测精度可以进一步提高。

表 3-2　加权移动平均法逐月预测的结果　　　　　　　　　　（单位：台）

月份	实际销售量	简单移动平均法	加权移动平均法
1	300		
2	220		
3	230		
4	220	250	241
5	240	223	223
6	260	230	232
7	240	240	246
8	250	247	246
9	260	250	249
10	270	250	253
11	280	260	263
12	310	270	273

3.5.3　一次指数平滑法

仍沿用上例资料，试分别用 $\alpha = 0.6$ 与 $\alpha = 0.4$ 进行一次指数平滑法预测。首先求初始预测值：

$$F_1 = \frac{A_1 + A_2 + A_3}{3} = 250 （台）$$

当 $\alpha = 0.4$ 时，$F_2 = \alpha A_1 + (1-\alpha) F_1 = 270$（台）

依次类推可以得到 12 个月的预测值。由于本时间序列值变化有迅速而明显的趋势，α 宜取较大数值（0.3 ~ 0.6），故设平滑指数 $\alpha = 0.6$，计算的结果见表 3-3。从逐月预测的结果可以看出，与加权移动平均法的预测结果相比，这种方法的精确性也要相对高一些。

表 3-3　一次指数平滑法逐月预测的结果　（单位：台）

月份	实际销售量	加权移动平均法	指数平滑法（$\alpha = 0.4$）	指数平滑法（$\alpha = 0.6$）
1	300		250	250
2	220		270	304
3	230		250	271
4	220	241	242	265
5	240	223	233	256
6	260	232	236	265
7	240	246	246	283
8	250	246	243	276
9	260	249	246	281
10	270	253	252	289
11	280	263	259	299
12	310	273	267	310

在实际操作过程中，平滑指数 α 的选择至关重要。从表中可以看出，当平滑指数 $\alpha = 0.4$ 时，其预测精度要低于加权移动平均法的预测，这样就难以发挥出这种方法的优越性。

3.5.4　回归分析预测法

已知某公司不同地区销售量与促销费用的统计数据如表 3-4 所示，试预测第 11 个区域的销售量。

表 3-4　某公司不同地区销售量和促销费用统计数据

地区	促销费用 X	销售量 Y	$Y_i - \bar{Y}$	$X_i - \bar{X}$	$(X_i - \bar{X})^2$	$(X_i - \bar{X})(Y_i - \bar{Y})$	$(Y_i - \bar{Y})^2$
1	150	160	−15	25	625	−375	225
2	160	220	45	35	1 225	1 575	2 025
3	50	140	−35	−75	5 625	2 625	1 225
4	190	190	15	65	4 225	975	225
5	90	130	−45	−35	1 225	1 575	2 025
6	60	160	−15	−65	4 225	975	225
7	140	200	25	15	225	375	625
8	110	150	−25	−15	225	375	625
9	200	210	35	75	5 625	2 625	1 225
10	100	190	15	−25	625	−375	225
11	250	?					

$\bar{Y} = 175$；$\bar{X} = 125$；$\sum (X_i - \bar{X})^2 = 23\ 850$；$\sum (X_i - \bar{X})(Y_i - \bar{Y}) = 10\ 350$；$\sum (Y_i - \bar{Y})^2 = 8\ 650$

根据题意，可以用一元线性回归分析法预测第 11 个区域的销售量。根据公式，可以得出：

$$b = \frac{\sum (X_i - \bar{X})(Y_i - \bar{Y})}{\sum (X_i - \bar{X})^2} = 10\ 350/23\ 850 = 0.433\ 962$$

$$a = \bar{Y} - b\bar{X} = 175 - 0.433\ 962 \times 125 = 120.754\ 75$$

从而得到销售量的估计方程为：

$$Y = 120.755 + 0.434X$$

将第 11 个区域的促销费用代入估计方程，可以得出该地区的预计销售量为 230。

本章小结

物流需求是指各类企事业单位和个体消费者在社会经济活动中所伴随产生的运输、仓储、装卸搬运、配送等物流活动的需求情况。物流需求预测是以物流市场需求为对象的预测行为。做好物流需求预测工作，对于降低供应链库存水平、提高整条供应链的竞争力具有十分重要的意义。物流需求预测方法分为定性预测方法和定量预测方法。物流需求预测误差客观存在，需要进行预测误差分析。

主要术语

物流需求（logistics demand）　　　　　德尔菲法（Delphi method）

定性预测（qualitative forecasting）　　　指数平滑法（exponential smoothing）

定量预测（quantitative forecasting）

理论自测

1. 什么是预测？

2. 为什么物流管理者需要掌握需求的时间性和空间性？

3. 预测工作对于企业的库存管理起着怎样的重要作用？

4. 你所了解的事物，哪些表现出惯性较大，哪些表现出惯性较小？为什么？你认为惯性的大小确实影响到预测方案的实施吗？

5. 为什么当预测者声称预测没有误差时，管理者会感到怀疑？

6. 某企业过去四个月某产品的销售情况如表 3-5 所示：

扫码阅读3-3
第3章练习题。

表 3-5　某企业某产品销售情况

月份	销售量	预售量
7	210	190
8	250	220
9	260	230
10	220	？

　　根据上述信息，分别利用二期、三期的简单移动平均法、加权移动平均法和指数平滑法预测 10 月的销售量。加权移动平均法的权重（近期的权重较大）可分别取 0.4/0.6，0.2/0.3/0.5，平滑指数可取 0.2。

　　7. 你在大学期间曾经预测过自己某门课程的期末成绩吗？你用的是什么方法？你在预测时主要会考虑哪些影响因素？

案例分析

大数据在需求预测中的应用

叮咚买菜

　　近年来，以生鲜电商为代表的在线消费等新兴产业正展现出强大成长潜力，上海本土互联网企业"叮咚买菜"异军突起。叮咚买菜专业的数据团队是公司的核心部门，因为预测精准度决定了日损耗率、缺货率。叮咚买菜内部统计数据显示，公司的大数据分析使其每日滞销损耗平均低于 3%，物流损耗平均为 0.3%。叮咚买菜通过积累用户的消费大数据，分析其对不同品牌、不同规格段、不同价格段产品的偏好，有针对性地根据仓储情况对用户做有效推荐，既能提高用户体验，保证到达用户手中的生鲜产品在最佳食用期，也能减少销售环节损耗。在配送方面，叮咚买菜做到了全流程的数字化，包括系统后台对配送员配送线路的自动调度以及骑行路径规划。在大数据分析的支持下，配送员一个小时可以配送 7 单。

| 思考 |

1. 查阅文献，了解什么是大数据。

2. 叮咚买菜运用大数据预测取得了什么效果？

实训项目

邮政及快递行业需求预测

1. 实训目的

调研物流需求的影响因素并进行定量需求预测。

2. 实训内容

　　表 3-6 为 2020 年 1～8 月我国邮政及快递行业运行情况的相关数据，请以小组为单位查阅文献资料，了解影响邮政及快递行业需求的因素并结合本章中介绍的需求预测方法对 2020 年 9月后的邮政及快递行业发展情况进行预测。

表 3-6　2020 年 1～8 月我国邮政及快递行业运行情况

指标名称	单位	1 月	2 月	3 月	4 月	5 月	6 月	7 月	8 月
一、邮政行业业务收入	亿元	747.5	538.6	906.1	898	951.1	987	881.2	887.3
1. 邮政寄递服务	亿元	38.8	33.7	41.6	33.7	34.2	33.9	29.2	27.5
2. 快递业务	亿元	500.5	364.4	669.1	720.9	771.9	797	723.3	727.4

（续）

指标名称	单位	1月	2月	3月	4月	5月	6月	7月	8月
二、邮政行业业务总量	亿元	1 081.6	840	1 554.3	1 633.4	1 812.5	1 843.5	1 732.6	1 809.8
1.邮政寄递服务	万件	212 106	198 745	231 470	208 550	212 383	210 580	208 461	206 346
2.快递业务	万件	378 097	276 521	598 423	649 726	738 293	746 968	693 601	723 622
其中：同城	万件	66 738	50 260	102 069	107 653	117 452	117 854	105 191	106 931
异地	万件	300 462	218 273	483 238	527 715	606 126	613 819	572 813	599 605
国际/港澳台	万件	10 896	7 988	13 116	14 358	14 715	15 295	15 597	17 087

资料来源：国家邮政局。

PART 2

第二篇

物流系统功能要素

第4章 CHAPTER 4

运输管理

|学习目标|

1. 理解运输的概念和重要性
2. 了解运输的特征、作用和原理
3. 掌握不合理运输的表现形式及其合理化的措施
4. 掌握不同运输方式的技术经济特征
5. 了解运输成本的概念、构成和影响因素
6. 掌握降低运输成本的方法

|导入案例|

交通强国——打造绿色高效的现代物流系统

2019年9月19日，中共中央、国务院印发了《交通强国建设纲要》（以下简称《纲要》），并发出通知，要求各地区各部门结合实际认真贯彻落实。

在物流运输方面，《纲要》提出要打造绿色高效的现代物流系统，发展多式联运。其主要内容首先是优化运输结构。铁路运输方面，加快推进港口集疏运铁路、物流园区及大型工矿企业铁路专用线等"公转铁"重点项目建设。公路货运方面，要发挥"门到门"优势。航空运输方面，要完善物流网络，提升航空货运效率。其次是推进大宗货物及中长距离货物运输向铁路和水运有序转移，从而推动铁水、公铁、公水、空陆等联运发展，推广跨方式快速换装转运标准化设施设备，形成统一的多式联运标准和规则。这些都有利于改变货运物流的运力结构不科学、多种运输方式衔接不畅的问题，引导物流行业升级。最后，《纲要》提出推进电商物流、冷链物流、大件运输、危化品物流等专业化物流发展，促进城际干线运输和城市末端配送有机衔接，鼓励发展集约化配送模式。综合利用多种资源，完善农村配送网络，促进城乡双向流通。落实减税降费政策，优化物流组织模式，提高物流效率，降低物流成本。这表明未来物流公司、仓储公司、冷链公司、智能配送公司等都会迎来更大发展空间。

资料来源：《交通强国建设纲要》发布，哪些物流行业的号角将吹响？新京报，2019-09-20，有改编。

4.1 运输概述

4.1.1 运输的概念

《物流术语》对**运输**（transport）的定义是："利用载运工具、设施设备及人力等运力资源，使货物在较大空间上产生位置移动的活动。"其中包括集货、分配、搬运、中转、装入、卸下、分散等一系列操作。

在物流系统中，运输是最重要的子系统，影响着物流的其他功能。例如，不同的运输工具决定着其配套使用的装卸搬运设备以及接收、发运站台的设计。运输方式的不同决定了装运货物的包装要求。运输量、运输频率直接影响企业的库存水平。由于运输活动相对来讲时间长、距离远、能源和动力消耗多，其成本在物流总成本中的比例往往最大。因此，在物流过程中，做好运输工作，不仅关系到物流的效率和服务质量，还会极大地影响物流整体效益水平。

扫码观看4-1
超大件运输——
三峡大坝机组
运输。

4.1.2 运输的特征与作用

1. 运输的特征

运输不同于其他产业，作为一种特殊的物质生产，有其自身的特点。

（1）运输不生产有形的产品。运输作为一种特殊的物质生产，并不生产有形的产品，只提供无形的服务。作为抽象劳动的运输活动，其创造的新价值会追加到所运输货物的原有使用价值中。

（2）运输对自然条件的依赖性较大。运输不同于工业生产，大部分的运输活动在露天进行，风险较大。运输的场所、设施设备分布分散，流动性强，具有点多、线长、面广的特点，受自然条件的影响较为明显。

（3）运输是资本密集型产业。由于运输不生产有形产品，它不需要为原材料或零部件预付一个原始价值，**运输成本**（transportation cost）仅涉及运输设施设备与运输运营成本两部分。在运输成本中，固定成本所占比例相对较大，运输需要大量的投资，为资本密集型产业。

2. 运输的作用

（1）运输是物流的主要功能要素之一。按物流的概念，物流是"物"的物理性运动，这种运动不但改变了物的时间状态，也改变了物的空间状态。同时，运输再配以搬运、配送等活动，就能圆满完成改变空间状态的全部任务。在现代物流观念诞生之前，甚至就在今天，仍有不少人将运输等同于物流，也是因为物流中很大一部分任务是由运输完成的，是物流的主要部分。

（2）运输可以创造"场所效用"。供给者和需求者所处的空间位置不同，"物"从供给者到需求者之间有一段空间差。"物"所处空间场所不同，其使用价值的实现程度则不同，其效益的实现也不同。通过运输，将"物"运到场所效用最高的地方，就能发挥"物"的潜力，实现资源的优化配置。

（3）运输是"第三利润源"的主要源泉。一方面，运输费用在整个物流费用中占有最高的比例。运输的实现需要借助大量的动力消耗，一般社会物流费用中运输费用占接近50%的比例，有些产品的运输费用甚至会高于生产制造费用。另一方面，运输具有节约空间的作用。运输活动承担的是大跨度的空间位移任务，具有时间长、距离长、消耗大等特点。体制改革、技术革新、**运输合理化**（transport rationalization）可以减少运输的吨公里数，从而使物流成为"第三利润源"。

4.1.3 运输系统的要素

运输系统的要素包括基本要素和其他资源要素。基本要素包括运输对象、运输参与者和运输手段。

1. 运输对象

物流的运输对象统称为货物。根据货物对运输、装卸、储存的环境和技术要求的不同，货物可以分为成件物品、散碎物品、液态物品、危险物品、集装箱物品、易腐物品等大类（见图 4-1）。成件物品是指可以以"件"为装卸、运输、储存单元的，体积适中的物品，例如机电产品、成件的百货商品、袋装或箱装的食品、袋装的水泥、筒装或罐装的液体商品等。散碎物品也称松散物料，是指不能以"件"为运输、装卸、储存单元的，呈颗粒状、碎块状或粉状的物品，例如煤炭、砂石、粮食、水泥等。液态物品是指呈液体状态的物品，例如石油及其液体石油产品等。危险物品是指易燃、易爆、有毒、有害等容易发生事故，造成人员伤害、财产损失或环境污染的物品，例如汽油、炸药、有毒化学物品、放射性物品等。集装箱物品是指以集装箱为单元积载设备而投入运输的物品，例如仪器、玻璃陶瓷、工艺品等。易腐物品是指在物流过程中容易腐烂变质的物品，例如鱼类、肉类和蔬菜生鲜类食品等。

2. 运输参与者

运输参与者是指货主和承担运输任务的人员。他们是运输活动的主体。

.•• 延伸阅读 4-1

公路货物运输

公路运输是我国货运的主要运输方式，占比逐年稳固提升。2010 ～ 2020 年，我国公路总里程和公路密度呈稳定上升趋势。截至 2019 年末，全国公路总里程达 501.3 万公里，公路密度 52.2 公里 / 百平方公里，增速保持稳定。全国高速公路总里程达到 14.96 万公里，位居全球第一。公路建设的发展，总里程的扩大，一定程度上有利于公路货运发展。2020 年，全国公路货运量 342.6 亿吨，货物周转量 60 171.8 亿吨公里。公路运输将长期作为我国货运的主要方式。同时公路运输货运量增速大于合计货运量增速，公路运输将迎来更大的市场空间。

资料来源：交通运输部 http://zs.mot.gov.cn/so.

2. 铁路运输

铁路运输（railway transportation）是使用铁路列车运送客货的一种运输方式。铁路运输主要承担长距离、大数量的货运，在没有水运条件的地区，很大程度上大批量的货物都是依靠铁路，是在干线运输中起主力运输作用的运输形式。

铁路运输具有运量大、运价低、全天候、安全、环保、路网站点分布广等特点。主要缺点是灵活性差，只能在固定线路上实现运输，需要以其他运输手段配合和衔接。铁路运输经济里程一般在 200 公里以上。铁路货运业务方式包括整车运输、集装箱运输、零散快运以及国际铁路联运等，具体见表 4-4。

表 4-4　铁路运输分类

运输方式	特点
整车运输	一批货物的重量、体积或形状需要以一辆以上货车运输的按照整车托运。主要用于煤炭、石油、矿石、钢铁、焦炭、粮食、化肥、化工、水泥等大宗品类物资运输。整车运输是铁路的主要运输方式
集装箱运输	集装箱运输具有标准化程度高、装卸作业快、货物安全性好、交接方便等技术优势，是水铁联运、国际联运、内陆铁公联运等多式联运的主要方式
零散快运	对于一批重量不足 40 吨且体积不足 80 立方米的货物，可按零散快运办理
国际铁路联运	国际铁路联运是指两个或两个以上国家的铁路，按照共同签署的有关协定，联合完成一票货物的全程运输任务

.•• 典型案例 4-1

中铁集装箱运输有限责任公司

中铁集装箱运输有限责任公司（以下简称"中铁集运"）成立于 2003 年 11 月，注册资本 39 亿元人民币，资产规模 129 亿元人民币，隶属中国国家铁路集团有限公司。中铁集运主要经营范围包括集装箱铁路运输；集装箱多式联运；国际货物运输代理业务；无船承运业务；集装箱、集装箱专用车辆、集装箱专用设施、铁路篷布的销售、租赁；货物仓储、装卸、包装、配送服务；与上述业务相关的经济、技术、信息咨询服务。截至2020年7月，中铁集运拥有13个铁路集装箱中心站，分别是昆明、大连、重庆、成都、武汉、郑州、青岛、西安、上海、乌鲁木齐、宁波、天津、钦州。其经营网络不仅遍布中国主要城市，还在哈萨克斯坦、俄罗斯、德国等设有营销服务网点。

资料来源：中铁集装箱运输有限责任公司 http://www.crct.com/.

3. 水路运输

水路运输（waterway transport）是使用船舶运送客货的一种运输方式。水路运输主要承担大数量、长距离的运输，是在干线运输中起主力作用的运输形式。在内河及沿海，船舶也常作为小型运输工具使用，完成补充及衔接大批量干线运输的任务。

水路运输的主要优点是成本低，能进行低成本、大批量、远距离的运输。但是水路运输也有显而易见的缺点，主要是运输速度慢，受港口、水位、季节、气候影响较大，因而一年中中断运输的时间较长。水路运输有四种形式，具体见表4-5。

表4-5　水路运输分类

运输方式	特点
沿海运输	使用船舶通过大陆附近沿海航道运送客货的一种方式，一般使用中、小型船舶
近海运输	使用船舶通过大陆邻近国家海上航道运送客货的一种运输形式，视航程可使用中型船舶，也可使用小型船舶
远洋运输	使用船舶跨大洋的长途运输形式，主要使用运量大的大型船舶
内河运输	使用船舶在陆地内的江、河、湖、川等水道进行运输的一种方式，主要使用中、小型船舶

4. 航空运输

航空运输（air transportation）是使用飞机或其他航空器进行运输的一种形式。航空运输的单位成本很高，因此，主要适合运载的货物有两类：一类是价值高、运费承担能力很强的货物，如贵重设备的零部件、高档产品等；另一类是紧急需要的物资，如救灾抢险物资等。

航空运输的主要优点是速度快、不受地形的限制。在火车、汽车都达不到的地区也可依靠航空运输，因而有其重要意义。

航空运输按形式可以分为普通货物运输、急件运输、航空快递、特种货物运输、定制运输、包机运输等，具体分类见表4-6。

表4-6　航空运输分类

运输方式	特点
普通货物运输	为普通货物提供的标准航空运输服务。适用于无紧急时限要求，并且在地面处理与飞行过程中无特殊操作保障要求的普通货物
急件运输	急件运输是指必须在24小时之内发出，收货人急于得到的货物，急件货物运费率是普通货物运费率的1.5倍，航空公司要优先安排舱位运输急件货物

（续）

运输方式	特点
航空快递	由承运人组织空乘专业人员，负责以最早的航班和最快的方式把快递件送交收货人的货运方式。快递的承运人可以是航空公司、航空货运代理公司或专门的快递公司
特种货物运输	危化品运输、航材运输、活体动物运输、冷链运输、贵重物品运输、电子类运输等
定制运输	根据特殊货物运输需求，为客户单独设计航空运输解决方案。适用于精密仪器、尸体、骨灰、珍贵植物、枪支弹药等特殊货物
包机运输	通过签署包机运输合同，以整架飞机的舱位按约定的条件和运价进行货物运输的系列服务，特别适用于大批量、客机腹舱超限、有特殊操作要求的货物

⦿ 典型案例 4-2

顺丰航空

顺丰航空是顺丰旗下的货运航空公司，是中国首家民营快递航空公司，也是目前国内最大的货运航空公司。顺丰航空于 2009 年成功首航，到 2020 年已经形成自有 60 架全货机的运力规模，并已经建成"触达欧洲、辐射亚洲、覆盖全国"的货运航线网络。

成立之初，顺丰航空主要为顺丰提供安全高效的快件空运服务。顺丰航空全货机运输可以与地面干线网络无缝衔接，因此有助于顺丰形成在时效快件产品递送中的核心竞争力。由于顺丰运力不断扩大、航线结构持续优化，顺丰航空的业务领域也不断扩展。例如，顺丰航空为特色农产品提供定制化包机服务，包括每年夏季的"水果包机"、秋季的"大闸蟹包机"、冬季的"牛羊肉包机"等项目。航空货运的高时效性、高稳定性可以保障生鲜、医药、电子产品等产品的运输时效，提高这些产品的竞争力。

2020 年初，顺丰航空为中国"抗疫"前线提供快速稳定的物流供应链服务。在整个民航系统的大力支持下，顺丰航空在不到 24 小时的时间内完成准备工作，率先开通了国内首个"逆飞"武汉的航班，并且进行了长达数月的防疫物资驰援运输。其后，顺丰航空在支持国内复工复产、国际防疫物资运输中都充分发挥了其全货机运输模式的优势。

资料来源：顺丰航空 http://www.sf-airlines.com/sfa/zh/article_2889.html，2021-01-31.

5. 管道运输

管道运输（pipeline transportation）是利用管道输送气体、液体和粉状固体的一种运输方式。其运输形式是靠物体在管道内顺着压力方向循序移动实现的，和其他运输方式的主要区别在于管道设备是静止不动的。

由于采用密封设备，在运输过程中可避免散失、丢失等损失，管道运输具有大量不间断运送、管理方便、土地占用很少、人员占用较少、运输成本较低、受自然条件影响小等优点，但无法承担多种货物运输，且铺设时需大量钢材。近年来随着固体物料液化技术的发展，管道已开始用于煤炭、矿石等固体物料的运输。

4.2.2 不同运输方式的技术经济评价

各种运输方式的技术性能、对地理环境的适应程度和经济指标存在较大的不同，因而也有其各自适宜的应用范围。无论基于何种角度，对各种运输方式的技术经济特征的评价都需要依据其能否满足"安全、迅速、经济和便利"这4个方面的要求来进行考察，但具体选择分析比较的指标却有所不同。

1. 从运输使用者的角度

当从运输使用者的角度考虑时，通常会考虑诸如送达速度、完整性、准时可靠性、能力、频率、运输费用等服务性能指标。其中，完整性是指某种运输方式线路网络的延伸程度以及需要其他运输方式接入的程度，它是评价运输服务是否便利的指标；准时可靠性，也称准时率，是指不易受线路拥挤或气候等的影响而按预定时间完成某种运输任务的能力；能力是指某种运输方式载运量大小；频率，也称间隔，是指在一定时间内完成货物运输的次数。有关各种运输方式上述服务性能指标的比较如表 4-7 所示。

表 4-7 各种运输方式的服务性能指标的比较

营运特征	铁路运输	公路运输	水路运输	航空运输	管道运输
送达速度	3	2	4	1	5
完整性	2	1	4	3	5
准时可靠性	2	3	4	5	1
能力	2	3	1	4	5
频率	3	1	5	2	4
运输费用	3	4	2	5	1

注：表中数字越小表明该指标越好。

2. 从社会经济系统的角度

当从社会经济系统的角度考虑时，通常选择送达速度、投资、运输成本、能源消耗、运输能力、运输的经常性与机动性、占用土地、安全性、对环境的影响程度等指标进行分析比较。

（1）送达速度。送达速度又称"运送速度"，即客货在运输过程中平均每小时被运送的公里数。技术速度决定运载工具在途运行的时间，但技术速度并不包括途中的停留时间以及始发、终到两端的作业时间。送达速度则包含这两项时间，因此送达速度低于技术速度。技术速度虽然是决定送达速度的基本因素，然而对收货人和发货人而言，具有实际意义的却是送达速度。

在评价某种运输方式的速度指标时，还应适当考虑运输的频率（或间隔时间）和运输经常性对送达速度的影响。

各种运输方式各有其适用的速度范围（或称服务的速度范围）。由于人们对运输的速度要求不但在不同的距离条件下是不同的，而且在相同的距离条件下也有不同层次的要求，因此在选择运输方式时需要进行细致的调查研究。

（2）投资。各种运输方式由于其技术设备的构成不同，不但投资总额大小各异，而且投资期限和初期投资的金额也有相当大的差别。铁路的技术设备（线路、机车车辆、车站、厂段等）需要投入大量的人力和物力，投资额大且工期长，因此投资集约程度高。相对而言，水路运输是利用天然航道进行的，其线路设备的投资远比铁路低，投资主要集中在船舶、码头。公路运输的线路设备介于铁路运输与水路运输之间，但高速公路的线路设备投资也并不低。比较各种运输方式的投资水平，不能仅就线路单位长度和运载工具单位载重量的投资额进行比较，还应该就完成一定运量（或周转量）所需要的投资额进行比较，这就要求考虑运输密度和运载工具利用率的因素。

还应该指出的是，铁路运输和管道运输的线路设备是专用的，而水路运输、公路运输、航空运输的线路设备则是公用的。因此对后 3 种运输方式的运输机构而言，线路设备的投资往往转化为税或费的形式而不计入其投资总额内。但对整个社会来说，在规划综合运输网时，却必须按投资考虑。

（3）运输成本。一般来说，水路运输及管道运输成本最低，其次为铁路运输和公路运输，航空运输成本最高。但是，各种运输方式的成本水平是受各种各样因素影响的。例如，如果与运输无关的固定费用在运输成本中所占的比重较大，则成本水平受运输密度的影响也较大。在这方面铁路运输所受影响最为显著，水路运输、公路运输则较小。又如，运输距离对运输成本也有很大的影响，因为终端作业成本（始发和终到）的比重随着运输距离的增加而下降。运输距离通常对水路运输的影响最大，铁路运输次之，公路运输最小，这是由于各种运输方式适用的运输距离和终端作业成本的相对比重有所不同。再如，运载工具的载重量对运输成本亦有相当的影响，载重量较大的运输工具一般来说其运输成本较低。在大批量的货物运输中，由于铁路和公路运载工具的载重量较低（铁路列车相对水运船舶），因此水路运输在运输成本方面居于有利的地位。考察某种运输方式的运输成本必须根据具体情况进行分析。例如，运输货物的品类不同，运输方向不同，其成本也不同，必须具体情况具体分析。

（4）能源消耗。从能源消耗的角度来看，铁路运输由于可以采用电力牵引，因而具有优势；公路是能源（特别是石油）的消耗大户，而且单位运输量的能耗较大。在世界性能源短缺的状况下，能耗水平的高低是衡量一种运输方式是否有利的重要标志。

（5）运输能力。从运输能力的角度来看，水路运输和铁路运输都处于优势的地位（特别就单个运载工具而言，水路运输的运输能力最大），而公路和航空的运输能力相对较小。

（6）运输的经常性与机动性。从运输的经常性角度来看，铁路运输与管道运输受季节和气候的影响最小，而就运输的机动性而言，则公路运输和航空运输最好。

（7）占用土地。土地是有限的，耕地则更为有限。而交通运输的线路与各种设施要占用大量的土地。一般而言，公路及其附属设施所占用的土地比其他运输方式要多得多，其次是铁路。

（8）安全性。旅客和货主在选择运输方式时，其最基本的要求就是安全。因此，各种运输方式都在努力提高运输的安全性。

（9）对环境的影响程度。人类赖以生存的地球环境已经和正在受到严重的破坏，环境保护和经济的健康可持续发展已经成为人类共同的课题。交通运输无限制的发展是环境恶化的重要原因之一，特别是公路运输中汽车所造成的大气污染、噪声及交通拥挤等，成为交通运输发展中的重要问题。因此，如何改进交通运输工具的性能，降低环境影响系数，是交通运输发展的首要问题。

3. 其他分类标准下运输方式比较

除了按照运输设备及运输工具进行分类外，还可以根据运输的协作程度、运输范畴、运输的作用、运输中途是否换载等标准进行分类。

（1）按运输的协作程度区分，运输分类如表 4-8 所示。

表 4-8　运输按运输协作程度分类

运输方式	特点
一般运输	孤立地采用不同运输工具或采用同类运输工具但没有形成有机协作关系的运输即为一般运输
联合运输	联合运输是使用同一运送凭证，由不同运输方式或不同运输企业进行有机衔接以接运货物，利用每种运输手段的优势以充分发挥不同运输工具效率的一种综合运输形式

（2）按运输范畴的不同，运输分类如表 4-9 所示。

表 4-9　运输按范畴分类

运输方式	特点
干线运输	干线运输是利用铁路、公路干线、大型船舶的固定航线进行的长距离、大载量的运输，是进行距离空间位移的重要运输方式。干线运输一般速度较同种运输工具的其他运输要快，成本也较低。干线运输是运输的主体
支线运输	支线运输是在与运输干线相接的分支线路上的运输。支线运输是干线运输与收、发货地点之间的补充运输形式，路程较短，运输量相对较小。支线的建设水平往往低于干线，运输工具水平也往往低于干线，因而速度较慢
二次运输	二次运输是一种补充性的运输形式，路程较短。干线、支线运输到站后，站与仓库或指定接货地点之间的运输，均属于二次运输。一般运量较小
厂内运输	厂内运输是在工业企业范围内，直接为生产过程服务的运输，一般在车间与车间之间、车间与仓库之间进行。通常将小企业中的这种运输方式以及大企业车间内部、仓库内部的运输称为"搬运"

（3）按运输的作用不同，运输分类如表 4-10 所示。

表 4-10　运输按作用分类

运输方式	特点
集货运输	将分散的货物汇集集中的运输形式，一般是短距离、小批量的运输。货物集中后才能利用干线运输形式进行长距离及大批量运输，因此，集货运输是干线运输的一种补充形式
配送运输	将配送中心已按用户要求配送好的货物分送各个用户的运输。一般是短距离、小批量的运输，也是对干线运输的一种补充和完善

（4）按运输中途是否换载，运输分类如表 4-11 所示。

表 4-11 运输按中途是否换载分类

运输方式	特点
直达运输	货物由发运地到接收地，中途不需要换装和在储存场所停滞的一种运输方式。它可以避免中途换载造成的费时费力及货损增加等不足，从而实现快速高效的运输，降低成本
中转运输	中转运输是在组织货物运输时，在货物送目的地的过程中，在途中的车站、港口、仓库进行转运换载，包括同种运输工具不同运输线路的转运换载，不同运输工具之间的转运换载。 中转运输虽然中途经过一次以上落地并换装，但可将干线、支线运输有效地衔接，可化整为零或集零为整，实现规模经济

4.3 运输成本

随着经济的迅速发展，物流逐渐步入我们现代人的生活当中，其在经济中的重要作用也不容忽视。如何高效地控制企业物流成本，降低企业物流的投入，实现企业利益的最大化，成为物流行业最重视的问题之一，运输对物流总成本的节约具有举足轻重的作用。

4.3.1 运输成本的概念

运输成本是指为两个地理位置间的运输所支付的款项，以及与行政管理和维持运输中的存货有关的费用，包括人工成本、燃油成本、维护成本、管理成本等内容。这些成本有的随运输量的变化而变化，有的在一定运输量范围内保持不变。

运输成本在物流成本中占有很大的比重。运输成本与运输量和运输里程都成正比，运输里程越长，运输量越大，运输的成本也就越高，在整个物流成本中所占的比例也就越大。由于运输总里程长，运输总量是巨大的。从运费方面来看，运费在全部物流费中占最高的比例，有些产品的运费甚至高于产品的生产费。总体来看，我国运输费用占 GDP 的比重约为 10%。

4.3.2 运输成本的影响因素

运输成本的影响因素有很多，尽管这些因素并不是运费表上的组成部分，但在承运人制定运输费率时，必须对每一个因素都加以考虑。

1. 运输特征

（1）运输距离。运输距离是影响运输成本的主要因素。承运人可以选择使用较高的速度来降低单位成本，但在城市里送货会经常发生频繁停车的现象而增加额外的装卸成本。因此，合理地选择运输路线可以提高运输效率、降低运输成本；而调度不当造成的空驶、迂回运输、重复运输等情况，都会加大运输成本。

（2）载重量。运输活动存在规模经济，每单位重量的运输成本随载重量的增加而减少。之所以会产生这种现象，是因为提取和交付活动的固定费用以及行政管理费用可以随载重量的增加而加以分摊。

2.产品特征

在装载货物的时候，还要综合考虑产品的特性。比如，产品密度的增加容易使运输工具达到满载，有时也会造成运输工具容积的闲置。产品的尺寸和特殊装载要求，也会对运输工具空间的充分利用造成困难。因此，在实际工作中，多采用配载的方式来解决这个问题。

产品的装载性能（即产品对运输工具的空间利用程度的影响）对装载货物影响很大。例如，谷物、矿石和散装石油具有良好的装载性能，因为这些货物可以完全填满运输工具。其他货物，比如车辆、机械和牲畜，都不具有良好的装载性能。货物的装载性能由其大小、形状和弹性等物理特性所决定。具有不规则的尺寸和形状，以及超重或超长等特征的产品，通常不能很好地进行装载，因此会浪费运输工具的空间。尽管装载能力的性质和产品密度相类似，但很可能存在这样的情况，即具有相同密度的产品，其装载差异仍很大。

一般来讲，具有规则形状的产品比形状不规则的产品更容易装载。例如，钢块和钢条具有相同的密度，但由于钢条的长度和形状，使其装载起来更加困难。装载能力还受到装运规模的影响，大批量的产品往往能够相互嵌套、便利装载，而小批量的产品则有可能难以装载。例如，整车的垃圾罐有可能实现相互嵌套，而单独一个垃圾罐装载起来就显得较为困难。

延伸阅读 4-2

产品密度对运输成本的影响

产品密度对运输成本具有重要影响。考虑运输成本应该把重量和空间方面的因素结合起来考虑。密度之所以重要，是因为运输成本通常表示为单位重量所花费的金额，如每吨公里金额数或每担金额数等。在重量和空间方面，单独的一辆运货卡车更多的是受到空间限制，而不是受重量限制。即使该产品的重量很轻，车辆一旦装满，就不可能再增加装运数量。既然运输车辆实际消耗的劳动成本和燃料成本主要受重量的影响，那么产品密度高，相对地可以把固定运输成本分摊到增加的重量上去，使这些产品所承担的单位重量的运输成本相对较低。

一般说来，企业物流运输作业人员应设法增加产品密度，以便能更好地利用装载车辆的容积，使车辆能装载更多数量的货物。增加货物包装密度，可以将更多单位的产品装载进具有固定体积的车辆中。当然，在某种情况下，由于车辆已经满载，即使再增加产品的密度也无法再增加利益。例如，从容积的角度来看，像啤酒或纯净水之类的液体货物在装入公路拖车容量的一半时，重量上就已经达到满载了。

3.市场竞争

不同运输模式之间的竞争、同一运输模式的线路竞争以及同种运输方式之间的竞争会造成运输费用的变化。铁路、水路、航空以及海运之间长期以来都存在不同程度的竞争，有时为了赢得市场份额，会提供一些不同的价格策略或优惠策略。例如，相同起讫地的货物可采用两种不同的运输方式进行运输，运输速度较慢的那种运输方式只能实行较低的运价。

4. 运输方式的选择

运输方式的选择是指运力选择是否恰当。各种运输方式的成本特征是决定运输总成本的关键。因此，在特定的条件下，某种运输方式的潜在优势可能会是其他运输方式无法相比的，从而也就给予企业比较选择、优化组合的机会。

4.4　运输合理化

运输合理化是指从物流系统的总体目标出发，按照货物流通规律，运用系统理论和系统工程原理和方法，选择合理的运输路线和运输工具，以最短的路径、最少的环节、最快的速度和最少的劳动消耗，组织好货物的运输与配送，以获取最大的经济效益。运输合理化是实现物流系统优化的关键问题，也是物流系统设计和管理的一项最基本的任务。

扫码观看4-3
物流运输基本
要求及运输合
理化

4.4.1　不合理运输表现形式

不合理运输是在现有条件下可以达到的运输水平而未达到，从而造成了运力浪费、运输时间增加、运费超支等问题的运输形式。不合理运输主要形式有以下几种。

（1）空驶。空车无货载行驶，可以说是不合理运输的最严重形式。在实际运输组织中，有时候必须调运空车，从管理上不能将其看成不合理运输。但是，因调运不当、货源计划不周、不采用运输社会化而形成的空驶，是不合理运输的表现。造成空驶的不合理运输主要有以下几种原因：①能利用社会化的运输体系而不利用，却依靠自备车送货提货，这往往出现单程重车、单程空驶的不合理运输。②由于工作失误或计划不周，造成货源不实，车辆空去空回，形成双程空驶。③由于车辆过分专用，无法搭运回程货，只能单程实车，单程回空周转。

（2）对流运输。对流运输亦称"逆向运输""相向运输"，指同一种货物，或彼此间可以互相代用而又不影响管理、技术及效益的货物，在同一线路上或平行线路上做相对方向的运送，而与对方运程的全部或一部分发生重叠交错的运输称对流运输。已经制定了合理流向图的产品，一般必须按合理流向的方向运输。如果与合理流向图指定的方向相反，也属对流运输。在判断对流运输时需注意，有的对流运输是不明显的隐蔽对流，例如不同时间的相向运输，从发生运输的那个时间看，并无出现对流。

（3）迂回运输。迂回运输是指舍近求远的一种运输。可以选取短距离进行运输而没有选择，却选择路程较长的路线进行运输的一种不合理形式。迂回运输有一定复杂性，只有因计划不周、地理不熟、组织不当而发生的迂回,才属于不合理运输。如果最短距离有交通阻塞、道路情况不好或有对噪声、排气等特殊限制而不能使用时发生的迂回,不能称为不合理运输。

(4)重复运输。本来可以直接将货物运到目的地,但是在未达目的地之处,或目的地之外的其他场所将货卸下,再重复装运送达目的地,这是重复运输的一种形式。另一种形式是,同品种货物在同一地点一面运进,同时又向外运出。重复运输的最大弊端是增加了非必要的中间环节,延缓了流通速度,增加了费用,增大了货损。

(5)倒流运输。倒流运输是指货物从销地或中转地向产地或起运地回流的一种运输现象,其不合理程度要超过对流运输,因为往返两程的运输都是不必要的,形成了双程的浪费。倒流运输也可以看成隐蔽对流的一种特殊形式。

(6)过远运输。过远运输是指调运货物舍近求远,近处有资源不调而从远处调,造成可采取近程运输而未采取,拉长了货物运距的浪费现象。过远运输占用运力时间长,运输工具周转慢,货物占压资金时间长,又易出现货损,增加了费用支出。

(7)运力选择不当。未选择各种运输工具优势而不正确地利用运输工具造成的不合理现象,称为运力选择不当,常见的有以下形式。

1)弃水走陆。在同时可以利用水运及陆运时,不利用成本较低的水运或水陆联运,而选择成本较高的铁路运输或公路运输,使水运优势不能发挥。

2)铁路、大型船舶过近运输。它指不是火车及大型船舶的经济运行里程却利用这些运力进行运输的不合理做法。主要不合理之处在于火车及大型船舶起运及到达目的地的准备、装卸时间长,且机动灵活性不足,在过近距离中利用,发挥不了运量大的优势。相反,由于装卸时间长,反而会延长运输时间。另外,和小型运输设备比较,火车及大型船舶装卸难度大,费用也较高。

3)运输工具承载能力选择不当。不根据承运货物数量及重量选择,而盲目决定运输工具,造成过分超载、损坏车辆及货物不满载、浪费运力的现象,尤其是"大马拉小车"现象发生。由于装货量小,单位货物运输成本必然增加。

(8)托运方式选择不当。对于货主而言,这是一种可以选择最好的托运方式而未选择,造成运力浪费及费用支出加大的不合理运输。例如,应选择整车而未选择,反而采取零担托运,应当直达却选择了中转运输等都属于这一类型的不合理运输。

上述的各种不合理运输形式都是在特定条件下表现出来的,在进行判断时必须注意其不合理的前提条件,否则就容易出现判断失误。例如,如果同一种产品,品牌不同,价格不同,所发生的对流,不能绝对看成不合理,因为其中存在着市场机制引导的竞争,优胜劣汰。如果强调因为表面的对流而不允许运输,就会起到保护落后、阻碍竞争甚至助长地区封锁的作用。

再者,以上对不合理运输的描述,主要是从微观观察得出的结论。在实践中,必须将其放在物流系统中做综合判断,否则,很可能出现"效益背反"现象。单从一种情况来看,避免了不合理,做到了合理,但它的合理却使其他部分出现不合理。只有从系统角度综合进行判断，才能有效避免"效益背反"现象，从而优化全系统。

4.4.2　影响运输合理化的要素

由于运输是物流中最重要的功能要素之一，物流合理化在很大程度上依赖于运输合理化。运输合理化的影响因素很多，起决定性作用的有五方面的因素，称作合理运输的"五要素"，具体见表 4-12。只有对运输距离、运输环节、运输工具、运输时间和运输费用五个方面进行综合考虑，才能取得预期的效果。

表 4-12　合理运输的"五要素"

要素	意义
运输距离	在运输过程中，运输时间、运输费用等一系列技术经济指标都与运输距离有一定的比例关系，运输距离长短是决定运输合理与否的一个最基本的因素
运输环节	每增加一个运输环节，势必要增加运输的附属活动，如装卸、包装等，各项技术经济指标也会因此发生变化
运输工具	各种运输工具都有其优势领域，对运输工具进行优化选择，最大限度地发挥运输工具的优越性和作用，是运输合理化的重要一环
运输时间	在全部物流时间中，运输时间占绝大部分，尤其是远程运输。因此，运输时间的缩短对整个流通时间的缩短有决定性的作用。此外，运输时间缩短还有利于加速运输工具的周转，充分发挥运力效能，提高运输线路通过能力，不同程度地改善不合理运输
运输费用	运输费用在全部物流费用中所占的比例很大，可以说，运费高低在很大程度上决定着整个物流系统的竞争能力。实际上，运费的相对高低无论对货主还是对物流企业都是运输合理化的一个重要标志，同时也是各种合理化措施是否行之有效的最终判断依据之一

运输管理的目标是使最终的总运输成本达到最低，因此也不能只考虑单独的一个因素，要根据实际情况综合考虑多个因素，才能取得好的效果。在物流系统的设计中，必须精确地维持运输成本和服务质量之间的平衡。发掘并管理所期望的低成本、高质量的运输，是物流的一项最基本的任务。

4.4.3　运输合理化措施

1. 提高运输工具实载率

实载率有两个含义：一是单车实际载重和运距的乘积与标定载重和行驶里程的乘积的比率。这一比率在安排单车、单船运输时，是作为判断装载合理与否的重要指标。二是车船的统计指标，即一定时期内车船实际完成的货物周转量（以吨公里计）占车船载重吨位与行驶公里的乘积的百分比。在计算时车船行驶的公里数，不但包括载货行驶里程，也包括空驶里程。

提高实载率可以充分利用运输工具的额定能力，减少车船空驶和不满载行驶的时间，减少浪费，从而求得运输的合理化。比如在铁路运输中，采用整车运输、合装整车、整车分卸及整车零卸等具体措施，都是提高实载率的有效措施，一些具体方法见表 4-13。

表 4-13　提高运输工具实载率的方法

方法	含义
组织轻重配装	把实重货物和轻泡货物组装在一起，既可充分利用车船装载容积，又能充分利用载重吨位，以提高运输工具的使用效率，降低运输成本
实行解体运输	对一些体积大、笨重、不易装卸又容易碰撞致损的货物，如机械等，可将其拆卸装车，分别包装，缩小所占空间，并易于装卸和搬运，以提高运输装载效率，降低单位运输成本
高效的堆码方法	根据车船的货位情况和不同货物的包装形状，采取各种有效的堆码方法，如多层装载、骑缝装载、紧密装载等，以提高运输效率

2. 减少动力投入，增加运输能力

运输的投入主要是能耗和基础设施的建设。在设施建设已定型和完成的情况下，尽量减少能源投入，是少投入的核心。做到了这一点就能大大节约运费，降低单位货物的运输成本，达到合理化的目的。

3. 发展社会化的运输体系

运输社会化的含义是发展运输的大生产优势，实行专业分工，打破一家一户自成运输体系的状况。一家一户的运输小生产，车辆自有，自我服务，不能形成规模。且一家一户运量需求有限，难于自我调剂，因而经常容易出现空驶、运力选择不当（因为运输工具有限，选择范围太窄）、不能满载等浪费现象，且配套的接发货设施、装卸搬运设施也很难有效地运行，所以物流资源浪费颇大。实行运输社会化，可以统一安排运输工具，避免对流、倒流、空驶、运力不当等多种不合理形式，所以发展社会化的运输体系是运输合理化非常重要的措施。

当前火车运输的社会化运输体系已经较为完善，而在公路运输中，小生产的生产方式非常普遍，是建立社会化运输体系的重点。在社会化运输体系中，各种联运体系是其中水平较高的方式。多式联运是依托两种及以上运输方式有效衔接，提供全程一体化组织的货物运输服务，具有产业链条长、资源利用率高、综合效益好等特点，对推动物流业降本增效和交通运输绿色低碳发展，完善现代综合交通运输体系具有积极意义。

4. 发展直达运输

直达运输是追求运输合理化的重要形式，其对合理化的追求要点是通过减少中转和换装，提高运输速度，省却装卸费用，降低中转货损。直达运输的优势，尤其是在一次运输批量和用户一次需求量达到了整车时表现最为突出。此外，在生产资料、生活资料运输中，通过直达运输，建立稳定的产销关系和运输系统，也有利于提高运输的计划水平、技术水平和运输效率。

特别需要一提的是，如同其他合理化措施一样，直达运输的合理性也是在一定条件下才会有所表现，不能绝对认为直达一定优于中转。这要根据用户的要求，从物流总体出发做综合判断。如果从用户需要量看，批量大到一定程度，直达是合理的，批量较小时中转

是合理的。

5. 配载运输

这是充分利用运输工具载重量和容积，合理安排装载的货物及载运方法以求得合理化的一种运输方式。配载运输也是提高运输工具实载率的一种有效形式。

配载运输往往是轻重商品的混合配载。在以重质货物运输为主的情况下，同时搭载一些轻泡货物，如海运矿石、黄沙等重质货物，在上面捎运木材、毛竹等，铁路运矿石、钢材等重物上面搭运轻泡农副产品等。在基本不增加运力投入，同时不减少重质货物运输的情况下，配载运输解决了轻泡货物的搭运，因而效果显著。

6. "四就"直拨运输

"四就"直拨是减少中转运输环节，力求以最少的中转次数完成运输任务的一种形式。一般批量到站或到港的货物，首先要进批发部门或配送部门的仓库，然后再按程序分拨或销售给用户。这样一来，往往会出现不合理运输。"四就"直拨是由管理机构预先筹划，然后就厂或就站（码头）、就库、就车（船）将货物分送给用户，而无须再入库了。

7. 发展特殊运输技术和运输工具

依靠科技进步是运输合理化的重要途径。例如，专用散装罐车，解决了粉状、液状物运输损耗大、安全性差等问题。袋鼠式车皮、大型半挂车解决了大型设备整体运输问题。"滚装船"解决了车载货的运输问题。集装箱船加快了运输速度，增加了运输量等。这些都是通过先进的科学技术来实现合理化。

8. 通过流通加工，使运输合理化

有不少产品，由于产品本身形态及特性问题，很难实现运输的合理化，如果进行适当加工，就能够有效解决合理运输问题。例如，将造纸材在产地预先加工成干纸浆，然后压缩体积运输，就能解决造纸材运输不满载的问题。轻泡产品预先捆紧包装成规定尺寸，装车就容易提高装载量；水产品及肉类预先冷冻，可提高车辆装载率并降低运输损耗，等等。

⊚ 本章小结

在物流系统中，运输是最重要的子系统。物流运输系统的基本要素包括运输对象、运输参与者和运输手段。运输的基本方式包括公路运输、铁路运输、水路运输、航空运输和管道运输等。运输对物流总成本的节约具有举足轻重的作用，运输成本的影响因素包括运输特征、产品特征、市场竞争和运输方式的选择等。运输合理化是实现物流系统优化的关键问题，也是物流系统设计和管理的一项最基本的任务。

🌀 主要术语

运输（transport）

运输合理化（transport rationalization）

运输成本（transportation cost）

公路运输（road transportation）

铁路运输（railway transportation）

水路运输（waterway transportation）

航空运输（air transportation）

管道运输（pipeline transportation）

🌀 理论自测

1. 什么是运输？它具有哪些特征？

2. 请举例说明三个以上运输原理。

3. 请对公路、铁路、水路、航空及管道运输方式分别进行技术经济评价。

4. 你所知的不合理运输现象有哪些？如何避免？

5. 影响运输成本的因素有哪些？

6. 在进行货物运输的过程中，如何降低运输成本？

扫码阅读4-4
第4章练习题。

🌀 案例分析 4-1

德邦快递的赣南脐橙运输方案

近些年来赣南脐橙年产量巨大，然而运输时效和破损问题开始困扰商家和消费者。有些消费者反映，脐橙包装简陋，果品破损严重，售后处理不及时、体验很差。同时商家也面临诸多物流问题，例如赣南脐橙在旺季运力普遍不足、分拨中心往往离产区较远，物流成本高，货损比例较高，易造成果农的损失。

德邦快递以大件快递为核心业务，涉及快运、整车、仓储与供应链服务，致力于为用户提供高效、快捷的货运解决方案。2018年，德邦快递开始与赣南脐橙销售商家合作。德邦快递推出的赣南脐橙运输方案主要包括如下内容：

（1）在揽收环节实现脐橙主产区乡镇全覆盖，保证旺季不限收。

（2）在物流环节增设南康、安远、瑞金三个独立分拨中心，保证从揽收到运输的高效中转。设立14条直发线路，涵盖南昌、顺德、成都、郑州、苏州、济南、武汉、北京等地区及转运中心，9个省份时效提升0.5～1天；设置脐橙专属绿色标签，开通绿色通道优先转派。由于实现了产地直发和直达运输，物流速度大大提升。

（3）在末端派送环节，德邦快递延续其100%送货上楼的服务政策，服务覆盖全国94%的乡镇，提升了消费者满意度。

（4）对于消费者更关注的破损和售后问题，德邦快递积极改进货物包装，力争实现物流全程可视化。

资料来源：德邦物流打造全新脐橙运输方案，助力脐橙"新鲜到家"，http://k.sina.com.cn/article_6017675487_16 6ae70df00100kk08.html，2020-02-17，有修改。

| 思考 |

读完德邦快递针对脐橙推出的全新运输方案，你受到哪些启发？

案例分析 4-2

运输方式的选择

A 行李箱公司（以下简称"A 公司"）生产了一批行李箱，在工厂现场生产成品库存，然后通过承运人将货物送到公司的自有仓库。目前用铁路来运输东海岸工厂和西海岸仓库之间的货物。铁路运输的平均运输时间为 $T = 21$ 天。在每个备货点，平均有 10 万件行李箱，每件行李箱的平均价值是 30 美元。库存持有成本为每单位库存价值的 30%。

A 公司希望采用总成本最低的运输方式。据统计，从目前运输时间是 21 天来看，每减少一天的运输时间，平均库存水平可以减少 1%，这也意味着安全库存的减少。西海岸仓库每年需求量 $D = 70$ 万件。A 公司可以使用表 4-14 所示的几种运输服务：

表 4-14　A 公司可选服务

运输服务	费用 /（0.10 美元 / 单位）	门到门运输天数 / 天	每年的发货次数
铁路	0.10	21	10
公铁联运	0.15	14	20
公路运输	0.20	5	20
航空运输	1.40	2	40

资料来源：墨菲. 物流学（原书第 12 版）[M]. 杨依依，译. 北京：中国人民大学出版社，2019.

| 思考 |
假定采购成本和运输时间的变化可以忽略不计，请为该公司选择合适的运输方式。

实训项目

运输企业或配送中心实际运作调查研究

1. 实训目的

加强学生对各种运输模式（配送模式）的理解，并将所学理论运用到实践当中。

2. 实训内容

（1）学生每 3～5 人为一组，每组选出 1 人为组长。

（2）在组长的组织下，各小组收集运输企业或配送中心相关资料。

（3）小组成员了解该运输企业（配送中心）的性质与经营特点，理解物流运输或配送在企业经营当中的地位与作用，了解运输（配送）商品的品种、数量。

（4）各小组完成调研报告，并派代表按规定时间发言，教师点评。

（5）整理发言资料，完善调研报告，总结学习体会。

采购与仓储管理

CHAPTER 5

|学习目标|

1. 掌握采购的概念、特点与分类
2. 掌握采购的基本流程与原则
3. 了解采购管理的相关内容
4. 掌握仓储的基本概念和分类
5. 了解商品保管与养护的储存保养措施

|导入案例|

中储发展股份有限公司

中储发展股份有限公司（以下简称"中储"）1996 年成立，主要业务涉及大宗商品供应链、期货交割、互联网＋物流、工程物流、消费品物流、金融物流等领域。在 2019 年度中国物流企业 50 强中，中储以 388 亿元营业收入名列排行榜第 6 位。

截至 2020 年，中储已经建成了覆盖全球的仓储物流平台。其仓储网络布局遍及亚洲、欧洲、美洲和世界其他主要经济区域；在国内 20 多个省、自治区和直辖市建成各类物流集散中心、交易中心和配送中心。依托其实体网络布局，中储形成了立足中国、服务世界的仓储物流服务能力，可以为中外企业的全球化经营提供物流支持。

中储旗下各类物流园区总占地面积约为 1 000 万平方米，其中包括约 300 万平方米的露天堆场，约 300 万平方米的库房。同时部分园区设有铁路专用线，可以方便用户实现公铁、公水联合运输。公司根据市场需求，持续完善并升级基础设施，可以提供诸如各类物资商品仓储及运输、线上与线下交易、信息发布、工商税务、餐饮和住宿等服务。

中储积极推动仓储技术的发展，引进和创新智能仓储系统，传统物流中心正在转变为信息中心和数据采集平台。

资料来源：中储发展股份有限公司，http://www.cmstd.com.cn/，2020-10-13.

思考：

1. 仓储在物流业中居于什么地位？

2. 从案例中可以看出，除了保管服务，现代物流业中仓储中心还可以提供哪些增值服务？

5.1　采购管理

5.1.1　采购的基本概念

采购（purchasing）是现代社会中最常见的经济活动。与采购活动类似的概念包括订货或订购（order）、购买（buying）、采买（purchasing，sourcing，procurement）、供应（supply）以及外协或外包（outsourcing）等。采购作为生产和经营活动的初始环节，对企业的生产、供应和营销等各个环节有很大的影响，成为构成企业核心竞争力的重要组成部分。它不仅可以保证企业生产的正常运转，而且可以为企业降低成本、增加利润创造有利条件。

1. 采购的定义

一般认为，采购是指为生产、销售或消费目的而购买商品或服务的单位或个人的交易行为。根据人们获取商品的不同方式和途径，采购可以从狭义和广义两个角度来理解。狭义上的采购通常是指企业根据自身需求提出采购计划、审核计划，选好供应商，然后通过谈判确定交易条件，最后再签订合同并按要求收货付款的全过程。这种以货币换取商品的方式是最常见的采购模式。广义上的采购是指为了达到满足需求的目的，除了通过购买拥有商品之外，还通过其他途径（如租赁、借用和交换等）来获取物品的使用权。

（1）租赁。租赁是指一方通过支付租金的方式获得他人物品的使用权。如个人可以租房、租车，企业可以租写字楼、厂房、设备等。

（2）借用。借用是指一方无须支付任何费用即可使用他人的物品的权利，并在使用完成后将其归还。这种方法通常基于借用双方的友谊和亲密关系，特别是在信任的基础上，无偿使用。

（3）交换。交换是通过物物交换的方式获得物品的所有权和使用权，而不支付物价的全额。换句话说，当双方价值相等时，不需要用金钱来补偿对方；当交易价值不相等时，仅由一方将差额补贴给对方。

延伸阅读 5-1

租赁还是购买

成本效益的核心主题就是投资与所有权问题，或者说，是选择资本支出（CapEx）还是运营支出（OpEx）的问题。美国石油大亨保罗·盖蒂说过："升值买，贬值租。"

21 世纪初期，大多数经营性公司中，资本支出与运营支出的比率在持续下降。比如在 IT 业，2005 年其资本支出占 34%，运营支出占 66%；而到了 2019 年，资本支出占比降到 24%，而运营支出占到了 76%。

因为运营支出有助于企业提高多个方面的灵活性，所以才会出现这种转变。从财务角度看，资本支出需要前期投资，这将限制可利用的现金流；而采用定期付款形式的运营支出却不存在这些问题。此外，运营支出比资本支出具有更大的运营优势，毕竟租赁设备（如计算机和机械）相较于更换最新型号更为方便。

资料来源：IBM 商业价值研究院 https://www.ibm.com/cn-zh/business-operations.

2. 采购的特点

（1）采购是从资源市场获取资源的过程。采购可以提供满足各种生产或生活需要但目前缺乏的资源。这些资源包括物质资源，也包括非物质资源。这些资源的供应商就组成了资源市场。

（2）采购是商流与物流的统一。商流是指物品在流通过程中发生形态变化的过程，物流则是指货物实体发生转移的过程。商流是无形的，但物流是有形且可预见的，二者缺一不可。

（3）采购是一种经济管理活动。首先，采购是一项经济活动，需要进行收益和成本分析。其次，采购是一项管理活动，在采购过程中需要进行计划、组织、协调、指挥和控制等工作。为使采购经济利益最大化，公司就需要用科学的方法不断降低采购成本，并以最少的成本获取最大的收益。

3. 采购的分类

按照采购主体、采购科学化程度、采购范围、采购权限、采购物资的形态、采购时间（供应商与采购商之间交易时间的长短）不同，采购可以进行如表 5-1 所示的分类。

表 5-1 采购的分类

分类标准	分类	含义
采购主体	个人采购	其中，企业采购和政府采购占了全社会采购总额的绝大部分，对社会经济生活影响巨大
	企业采购	
	政府采购	
	事业单位采购	
	军队采购	
	其他社会团体采购	

（续）

分类标准	分类	含义
采购科学化程度	传统采购	也称议价采购，即采购者根据采购品种、数量、质量等方面的要求，货比三家，通过谈判，最后达成一致，得以成交的采购形式
	科学采购	在科学理论的指导下用科学的方法和现代科技手段实施的采购。科学采购根据指导理论和采取的方式方法的不同，可分为订货点采购、JIT 采购、MRP 采购、供应链采购、招标采购和电子商务采购
采购范围	国内采购	以本币购买方式向国内供应商采购所需物资的活动。采购活动指在国内市场采购，但采购的物资并不一定是本国生产的
	国际采购	国内企业直接向国外企业采购。当国外材料价格低、品质高、性能好、综合成本低时可考虑国际采购
采购权限	集中采购	企业的采购部门全权负责企业的采购工作，即企业生产所需的物资都由一个部门负责，其他部门，包括分厂、分公司均无采购职权
	分散采购	按照需要，由单位设立的部门自行组织采购，以满足生产经营的需要
采购物资的形态	有形商品的采购	有形商品包括原材料、能源、辅助材料、零部件、半成品、成品及非生产用的低值易耗品等
	无形商品的采购	无形商品主要指技术和咨询服务
	工程采购	工程指地面上下新建、扩建、改建、修建、拆建、修缮或翻新构造物及其所属设备、自然环境的行为，包括建造房屋、承建交通设施、铺设下水道等项目
采购时间	长期合同采购	供应商和采购商为了在较长期间内维持稳定的供需关系，通过合同的形式，将这种较长期间的供求关系固定下来的采购形式。长期合同的有效时间通常在　年以上
	短期合同采购	采购商和供应商为满足生产经营活动的需要实施的一次性交易的采购

延伸阅读 5-2

深入开展消费扶贫：政府采购为贫困地区滞销农产品打开销路

受疫情影响，脱贫攻坚面临艰巨挑战，也催生了新的动能。国务院办公厅在 2020 年初发布的指导意见中强调，要深入开展消费扶贫，助力打赢脱贫攻坚战。通过政府采购形式优先在贫困地区采购农副产品，是进行扶贫攻坚战的重要举措之一。通过线上线下的结合，形成巨大的国民消费协同效应，推动和鼓励社会各界参与扶贫，共同实现消费扶贫。

例如，"扶贫 832"平台是由财政部、国务院扶贫办、中华全国供销合作总社共同牵头打造的全国性贫困地区农副产品网络销售平台，为缓解疫情期间农产品滞销发挥了积极作用。2020 年初，为响应党中央支持湖北经济社会发展的战略决策，"扶贫 832"平台迅速上线保供给、防滞销湖北专区，以确保湖北物资的及时供应和销售。截至 2020 年 6 月，湖北省贫困县已实现供应商的全覆盖。平台上线商品超过 3 000 款，销售额达 6 000 多万元。

资料来源：央视网 http://news.cctv.com/2020/06/01/ARTI3AN2npv8ACN5sx6Gruoj200601.shtml，2020-09-20.

4. 采购的作用

（1）提高质量。采购作为提供资源的上游环节，采购物料的数量、技术、质量、包装等只有符合生产与客户的要求，才能确保生产顺利进行。企业可以通过不断改进采购过程并加强对供应商的管理以提高采购原材料的质量，从而提高其市场竞争力。

（2）控制成本。采购成本的高低是衡量采购成功与否的重要指标，所以非常有必要对采购成本（其中包括直接采购成本和间接采购成本）进行控制。通过提高采购效率，定期谈判，优化供应商和实施本地化，可以控制和降低直接采购成本。通过缩短供应周期，增加交货频率，减少原材料库存以及回收原材料包装等方法，可以降低间接采购成本。

（3）建立供应配套系统。企业的采购任务包括建立可靠和最优的供应配套体系。企业一方面要减少供应商的数量，并尽可能集中采购，以降低采购成本；另一方面要避免依赖单个供应商，以防供应商借机垄断和抬高价格。

（4）与供应商建立合作关系。企业采购的另一个重要任务就是企业利用供应商的专业优势让其积极参与产品开发或过程开发，以便将供应商纳入企业的整体运营中。

5. 采购的原则

（1）合作性原则。合作性原则是指供应商、制造商、分销商和顾客之间需要建立良好的伙伴关系，保证信息的有效传递，并以此实现各方的互惠共赢。

（2）互惠原则。互惠原则是指通过采购使购销双方的成本最小，并实现各方利益的最大化。

（3）目标一致性原则。目标一致性原则是指参与采购的各方都明确各自的权利和责任，并且在观念上达成一致。如库存放在哪里、何时支付、是否需要管理费等问题都需要去解决，而且要体现在框架协议中。

6. 采购的基本流程

采购流程包括为满足生产需要而选择供应商和购买物料所涉及的全部活动。采购流程运行是否成功将直接影响到企业的生产、最终产品的定价和整个供应链的盈利状况。顺畅的采购流程，是保证高效采购的基础。采购的基本流程如表 5-2 所示。

表 5-2　采购的基本流程

阶段	任务	内容
准备	资料收集分析	企业要收集和分析的资料主要包括环境因素资料、商品供需资料、统计资料和采购商品的特点
	请购	企业有关部门根据库存、销售情况和随时收集的储运和销售人员提出的采购建议，及时填写请购通知单，并上报主管业务部门经理批准
	实施条件准备	实施条件准备是指商品采购过程中人力、物力和财力的组织安排
决策	采购什么商品	确定采购商品的品种规格。为了更加明确采购商品的功能规格和产品技术规范，需要编制采购订单说明书，内容主要包括：采购商品质量标准、交货要求、维修要求、法律和环境要求及编制说明书
	采购多少	确定计划期的采购总量
	向谁采购	选择市场供应渠道和供应单位。在选择供应商时，要经历以下几个步骤：①决定对外转包的方法。②供应商资格的初步认定和确定投标人名单。③确定供应商

（续）

阶段	任务	内容
决策	如何采购	这是解决市场采购的形式和方法问题，如采用现货采购还是远期合同采购；同种商品向一家采购还是向多家采购；定期、定量采购还是随机采购等
	一次采购多少	决定采购批量
	什么时候采购	确定采购时间和进货时间
供需衔接	签订采购合同	企业采购部门根据采购计划与供货单位协商，亦可委托经纪人按照采购要求办理采购手续，签订采购合同
进货准备作业	做好进货准备和进货准备作业各环节的组织工作	进货准备作业组织工作包括采购合同管理、商品的接运或提运、到货商品检验、入库和付款结算等环节

5.1.2　采购管理

1. 采购管理的内涵

采购管理（purchasing management）是指为实现机构的日常管理和战略目标而获取供应商的商品和资源的管理活动。采购管理的目标是保证企业的物资供应，保证在具有适当的质量（right quality）的前提下，能够以适当的价格（right price），在适当的时间（right time）从适当的供应商（right supplier）那里采购到适当数量（right quantity）的物资所采取的一系列管理活动。

（1）适当的供应商。选择供应商是采购管理的首要目标。研究表明，为了达到采购组织的高绩效，选择合适的供应商比选择供应商后建立合作伙伴关系或开发供应商更为重要。选择供应商时主要考察供应商的产能、成本、质量、新产品开发能力、信誉等，以便建立起双方相互信任的长期合作关系，实现采购与供应的"双赢"战略。

（2）适当的质量。采购方采购的根本目标是满足生产的需要。为了确保企业生产产品的高质量，首先应该保证所采购材料的质量能够满足企业生产的质量标准要求。其次应该做到"适当"，过高的品质要求会增加生产成本的负担并造成功能过剩；如果采购材料品质过低，就不能满足企业生产对原材料品质的要求从而影响最终产品质量，甚至会危及人民生命财产安全。另外，品质除了符合采购方品质要求外，还必须维持品质的一致性，也就是说，供应商每次交货的产品品质不能有明显的差异。

（3）适当的时间。采购管理对采购时间有严格的要求，即要选择适当的采购时间。在采购时首先要保证供应不间断，库存合理；其次要避免因过早采购而出现积压、占用过多的仓库面积和加大库存成本等问题。

（4）适当的数量。采购管理的一个重要目标是采购数量决策，即要科学地确定采购数量。在采购过程中，既要防止过量采购也要防止少量采购。如果采购数量过大，会导致流动资金被占用，影响资金周转，货品容易出现积压并增加仓储保管费用；如果采购数量过小，可能出现商品脱销欠货、供应中断，采购频率也会增加，导致采购成本增大。因此，采购数量一定要适当。

（5）适当的价格。采购价格是采购活动关注的焦点，采购价格应该做到"公平、合理"。如果采购价格过高，会增大制造或者销售成本，产品将失去竞争力，供应商也将失去一个稳定的客户；如果采购价格过低，供应商利润空间太小或无利可图，供应商可能会降低产品品质，其服务、维修、保质期、交货期以及供货的长期性等将会受影响。这就要求在实际采购管理过程中，采购经理必须一方面对用户需求主动地做出回应，另一方面还要保持好与供应商之间的互利关系。

2. 采购管理的内容

为了完成采购目标，企业就必须重视和加强企业的采购管理。采购管理的主要任务包括向企业供应所需物资，从市场上获取能够支持企业物资采购和生产经营决策的相关信息，与供应商建立长期友好关系并建立企业稳定的资源供应基地等。因此，采购管理也涉及市场、合同、组织、制度、战略和流程等多方面的内容，具体如表 5-3 所示。

表 5-3 采购管理的内容

内容	要求
采购市场分析	根据采购对象的市场供求分析和供应商分析，再进一步制定价格策略和采购策略
采购制度建设	制定采购管理目标、供应商选择制度、价格管理制度、采购作业制度等，利用制度规范采购程序和采购人员行为，使采购运行机制科学化和合理化
采购组织管理	考虑采购管理职能，考虑采购任务量职能，确定采购管理组织机构，设计管理作业流程，设定岗位，为各个岗位配备合适的人员
采购合同管理	采购合同是需求方向供货厂商采购货品时，按双方达成的协议所签订的具有法律效力的书面文件，它明确了供需双方之间的购销关系、权利义务。管理内容包括合同的核对、合同的整理、合同的汇总、合同的执行台账
采购战略管理	采购品种战略决策、供应商战略决策、采购方式及其选择和跨国采购战略等
采购流程管理	为了使采购流程科学化、合理化和透明化，必须对采购流程实施全程监控管理。例如，企业计划采购流程管理的内容如下：计划采购开始→下达经费预算→编写计划书→审批计划→分类汇总计划→制作标书→发布标书→评估标书→发送中标书→签订合同→验收到货→计划采购完成

3. 现代采购与传统采购的区别和联系

采购管理经历了从传统采购向现代采购发展的过程，传统采购主要有比价采购、询价采购和招标采购等采购模式，现代采购主要指战略采购、电子采购等采购模式。

传统采购的主要特点表现在以下几个方面：

（1）传统采购过程是典型的非信息对称博弈过程。传统采购活动的首要任务是选择供应商。在采购过程中，采购方为了从多个供应商中选择一个最佳供应商往往会保留私有信息。因为给供应商提供的信息越多，供应商的竞争筹码就越大，这样对采购方就会不利。同时，供应商之间由于存在竞争，所以也会选择隐瞒自己的信息。这样供应商和采购方之间就形成了非信息对称的博弈过程。

（2）传统采购过程质量检查难度大。验收检查作为采购部门的重要事

扫码阅读5-1
采购经典案例。

后把关工作，质量控制难度较大。其中，质量和交货时间就是采购方必须考虑的两个重要因素。在传统的采购模式下，只能通过事后把关的方法来有效控制质量和交货期。由于采购方很难参与供应商的生产组织过程和相关质量控制活动，并且采购方和供应商之间的工作并不透明，因此需要根据国际标准或国家标准等标准进行检查验收。缺乏合作的质量控制会增加采购部门对所采购物品的质量控制的难度。

（3）传统采购过程供需关系不是竞争关系。在传统采购模式中，供需关系是临时性、短期的合作，而且竞争多于合作。由于缺乏合作与协调，在采购过程中存在很多投诉，在解决日常问题上也消耗了大量时间，没有更多时间去做长期性的预测和计划工作，增加了许多生产的不确定性。

（4）传统采购过程对用户的需求响应迟缓。由于供应商和采购方之间在信息的沟通交流方面缺乏及时的信息反馈，因此，在市场需求发生变化时，采购方就不能改变供应商已有的订货合同，从而导致在需求减少时出现库存增加，在需求增加时出现供不应求的现象。供需之间对用户需求的响应没有同步进行，缺乏应付需求变化的能力。

传统采购管理与现代采购管理的主要区别如表 5-4 所示。

表 5-4　传统采购管理与现代采购管理的主要区别

	传统采购管理	现代采购管理
供应商 / 采购方关系	相互对立	合作伙伴
合作关系	可变的	长期的
合同期限	短	长
采购数量	大批量	小批量
运输策略	单一品种整车发送	多品种整车发送
质量问题与供应商的信息沟通	检查、再检验	无须入库检验
信息沟通频率	传统媒介	网络
对库存的认识	离散的	连续的
供应商数量	多，越多越好	少，甚至一个
设计流程	先设计产品后询价	供应商参与产品设计
产量	大量	少量
交货安排	每月	每周或每天
供应商地理分布	很广的区域	尽可能靠近
仓库	大	小

延伸阅读 5-3

采购管理发展趋势

采购管理从理念、形式表现、技术发展、采购策略、人才培养等方面呈现出以下 5 个方面的发展趋势。

（1）采购战略从传统企业采购向供应链国家战略转变。2012 年美国发布了《全球供应链国家安全战略》，2017 年中国国务院办公厅发布了《关于积极推进供应链创新与应用的指导意见》，这些都表明各个国家已经将供应链平台竞争作为国家竞争的主要支撑。而采购供应管理是衔接企业供应链上下游的关键环节，将在国家供应链战略、对外贸易中发挥重要作用。

（2）采购内容从实物采购向业务外包、从生产外包向服务采购转变。外包是比采购供应管理更具战略性的概念，通常是指组织将其非核心的业务派给外部的专业公司。未来的采购内容将不仅包括传统实物产品的购买，还包括将企业部分业务流程、相关服务进行外包。

（3）采购形式从传统线下采购向线上采购、智慧采购转变。智慧采购可以帮助企业通过大数据平台的个性化实现"按需采购"，并对接智能化仓库管理和精准营销，从而帮助企业科学地做好采购计划和安排。

（4）采购人员要求从操作型向专业化、职业化转变。采购工作已不再是简单的"持币购物""照方抓药"，而是一项专业性极强的工作，采购经理人员除了需要专业知识、懂管理、熟悉市场，还需要具备信息技术分析能力。

（5）采购管理模式从传统粗放式转向高质量采购。未来供应链环境下的采购管理将更加注重提升国家经济发展质量，实施高质量采购，采购目标设计也要综合考虑绿色化、精益化等综合绩效指标。

资料来源：沈小静，刘若阳，姜旭. 新中国70年采购管理发展历程、阶段特征及未来展望［J］. 管理世界，2019，35（10）：39-49.

5.2 仓储管理

5.2.1 仓储的基本概念

仓储既是商品流通过程的一个重要环节，也是物流活动的重要支柱。仓储业是随着物资储备的产生和发展而产生并逐步发展起来的。在社会分工和专业化生产的条件下，为了保持社会再生产过程的顺利进行，必须存储一定量的物资，以满足一定时期内社会生产和消费的需要。

1. 仓储的概念

根据《物流术语》，**仓储**（warehousing）是指"利用仓库及相关设施设备进行物品的入库、储存、出库的活动"。

仓储的概念和运输概念相对应。运输改变物品的空间状态，而仓储改变物品的时间状态，它通过克服工序之间的时间差异使产品获得更好的效用。所以，在物流系统中，运输和仓储是物流的两个主要的功能要素，是物流的两大支柱。

扫码阅读5-2
仓储发展史

2. 仓储的性质

（1）仓储具有生产性质。仓储的对象既可以是生活资料，也可以是生产资料，但必须是实物。仓储活动与生产活动虽然在内容和形式上不同，但都具有生产性质。

（2）仓储不创造使用价值，但能增加价值。仓储属于流通领域，它不产生新的物资。因此，它不会创造使用价值。然而，物质产品的仓储却能增加物质产品的价值。

（3）仓储发生的场所是特定的。从仓储的定义看，仓储活动必须在仓库或物流中心等特定场所进行。

（4）仓储是物质产品生产过程的延续。生产出的物质产品不可能马上被消费，也就是说物质产品的生产和消费在时间和空间上是存在差距的，这就需要仓储和运输进行衔接。因此，仓储是物质产品生产过程的延续。

（5）仓储具有服务性质。仓储的核心是服务，它为物品提供保管、控制等管理活动。

3. 仓储的分类

仓储的本质是储藏和保管，不同的仓储活动有不同的特征。可以从仓储对象、经营方式、仓储功能和仓储物资的处理方式等方面对仓储进行分类。

按仓储对象分，仓储可以分为普通物品仓储和特殊物品仓储（见表 5-5）。

表 5-5 按仓储对象分类

分类	内容
普通物品仓储	不需要特殊存放条件的物品仓储，如普通生产物资、普通生活用品和普通工具等，这些物品通常就存放在无特殊装备的通用仓库或货场
特殊物品仓储	在保管中有特殊要求且需要满足特殊条件的物品的存放，如危险物品仓储、冷库仓储和粮食仓储等，这些特殊物品就应该存放在适合特殊物品仓储的专用仓库，并根据物品的物理、化学和生物特性以及有关规定进行专门的特殊仓储管理

按经营方式分，仓储可以分为企业自营仓储、**公共仓储**（public storage）、商业营业仓储和战略储备仓储（见表 5-6）。

表 5-6 按经营方式分类

分类	内容
企业自营仓储	分为生产企业的自营仓储和流通企业的自营仓储。生产企业的自营仓储是指生产企业使用自有的仓库设施，存储和保管生产使用的原材料、半成品以及最终产品。流通企业的自营仓储则是指流通企业使用自身拥有的仓储设施对其经营的商品进行仓储和保管的行为
公共仓储	利用公用事业的配套服务设施为车站和码头提供仓储配套服务，其主要目的是支撑和保证车站及码头的货物作业与运输能够顺利进行，具有内部服务的性质，处于从属地位
商业营业仓储	仓库所有者使用自己的仓储设施向社会提供商业性仓储服务。其业务内容包括提供货物仓储服务、场地服务和仓储信息服务等。商业营业仓储的目的是在仓储活动中获得经济回报，追求盈利最大化
战略储备仓储	根据国防安全和社会稳定的需要，由国家对战略物资实行战略储备。因为储备期较长，所以战略储备特别重视储备品的安全性。战略储备物资主要包括粮食、油料、能源和有色金属等。战略储备由国家政府通过立法和行政命令的方式进行控制，并由实施战略物资储备的政府部门或机构运营

按仓储功能划分，仓储可以划分为储存仓储、物流中心仓储、配送仓储、运输转换仓

储和**保税仓储**（bonded warehousing）（见表 5-7）。

表 5-7　按仓储功能分类

分类	内容
储存仓储	指物资需要较长时期存放的仓储
物流中心仓储	以物流管理为目的，对物流的过程、数量和方向进行控制和调节，从而有效实现物流的空间价值和时间价值的一种仓储活动
配送仓储	也称配送中心仓储，是指商品在配送交付给消费者之前所进行的短期仓储，是商品在销售或者供生产使用前的最后储存。物品在这个环节中需要进行拆包、分拣、组配等作业，实现销售或使用前的简单加工与包装等前期处理，主要目的是支持销售和消费
运输转换仓储	指衔接不同运输方式（例如铁路、公路和水路）的仓储，其目的是确保各种运输方式的高效衔接，并减少运输工具的装卸和停留时间
保税仓储	指使用海关核准的保税仓库存放保税货物。保税仓储由海关直接监控，货物由存货人委托保管，保管人对海关负责，入库或者出库单据必须由海关签署

按仓储物资的处理方式分，可以分为保管式仓储、加工式仓储和消费式仓储（见表 5-8）。

表 5-8　按仓储物资的处理方式分类

分类	内容
保管式仓储	也称为纯仓储，旨在保持保管物为原样的仓储。存货人将特定物品交给仓储保管人代为保管，但是保管物所有权则保持不变。当物品保管期满时，保管人将代管物品交还给存货人
加工式仓储	仓储保管人根据存货人的合同要求在物品仓储期内对保管物进行一定加工的仓储方式。在保管期内，仓储保管人为使仓储物品满足委托人所要求达到的变化，根据合同规定的外观、形状、成分构成和尺度等对保管物进行加工或包装
消费式仓储	仓库保管人在接受保管物的同时还要接受保管物的所有权。仓库保管人有权在仓储期间对仓储物行使所有权，只需要在仓储期满之前将相同种类、品种和数量的替代物交还给委托人即可

4. 仓储的地位与作用

高效的仓储不仅可以加快企业的物资流通速度，降低成本，确保生产的顺利进行，还可以实现对资源的有效控制和管理。仓储介于生产和消费两大活动之间，发挥着"蓄水池"和"调节阀"的重要作用。仓储的地位与作用具体体现在以下几个方面：

（1）仓储是社会生产顺利进行的必要条件之一。现代社会劳动生产率高、生产能力大，生产和消费不统一。仓储作为社会再生产的每个环节中"物"的停滞，构成了活动前后衔接的必要条件。只有进行仓储活动，才能避免生产拥堵。例如，在生产过程中，上一道与下一道生产工序之间不可避免地存在一定的时间间隔，为了维持生产的连续性，必须保证必要的最低半成品储备。因此，仓储对于任何一道生产工序来说，都是确保其顺利生产的必要条件。

（2）仓储是市场信息的传感器，可以保证市场稳定。生产者只有把握市场需求才能发展，而分析仓储产品的变化是分析市场需求趋势的有效方法。仓储量的减少和周转量的增加，表明该产品的社会需求旺盛；如果仓储周转量较小，则表明社会需求不大。仓储是市场信息的传感器。尽管通

扫码观看5-3
顺丰仓配服务。

过仓储获得的市场信息滞后于销售部分，但它却更加准确和真实。企业应特别注意仓储环节中的信息反馈，并将其视为决策的重要依据之一。仓储还可以使产品均衡地供向市场。集中生产的产品如果同时推向市场，必然导致短期内产品供过于求。如果生产不足，则会导致供不应求。仓储则可以从中调节，将大量生产的产品储存分批、持续供向市场，在产品需求旺季，则将储存的产品推向市场，填补需求缺口。

（3）仓储可以创造"时间效用"。仓储是保持产品使用价值并创造产品"时间效用"的一种手段。"时间效用"是指由于使用时间不同，同种物品的效用（即使用价值）也不同。仓储可以使物品在最佳使用时间内，将其使用价值的实用限度发挥到最佳水平，从而最大限度地提高投入产出比，实现时间上的优化配置。从这个意义上讲，这相当于通过仓储维持了物资的使用价值。

（4）仓储是提高经济效益的有效途径。在生产系统中，原材料、半成品、产成品的库存过多会导致企业资金周转困难，使生产成本和经营风险增大。有经济学家和企业家甚至提出仓储中的"库存"是企业的"癌症"，因为各种库存费用支出都会影响企业经济效益。对于任何一个企业来讲，仓储作为一种停滞，必然会冲减企业经营利润，但是很多企业经营业务又离不开仓储。企业如果能将库存控制得当，就能大大节约成本。仓储成本的降低便成为物流的一个重要的利润来源。现代化大生产不需要每个企业均设立仓库，其仓储业务可交由第三方物流管理，或者采用供应链管理环境下的供应商管理库存等方式，而这些合作方式的普及，必然会给企业带来经济利润。

（5）仓储是现货交易的场所。如果存货人想要转让存储在仓库中的货物，那么购买人可以到仓库中查验货物，然后双方在仓库进行货物的转让交割。因此，仓储具有为市场交易提供场所的作用。近年来，我国大量发展仓储式商场（见图 5-1），就是仓储与商业密切结合、仓储交易迅速发展的体现。仓储式商场又称为仓库商店、货仓式商场、超级购物中心等，是一种集商品销售与商品储存于一个空间的零售形式。这种商场规模大、投入少、价格低，大多利用闲置的仓库、厂房运行。

图 5-1　仓储式商场

5. 仓储设备

仓储活动在物流领域中起着"物流支柱"的作用，它的基本活动包括储存、**养护**（maintain）和管理。仓储活动离不开仓储设备的支持，仓储设备是指仓库进行生产和辅助生产作业以及保证仓库和作业安全所必需的各种机械设备的总称。同时为了满足仓储管理的需要，仓库必须配置一定的硬件设施。仓储活动中所使用的设备按其用途和特征可以分为装卸搬运设备、保管设备、计量设备、养护检验设备、通风照明设备、消防安全设备、劳动防护设备以及其他用途设备和工具等。现代仓储设备的功能要求及其设备类型如

表 5-9 所示。

表 5-9 现代仓储设备功能要求及其设备类型

功能要求	设备类型
存货、取货	货架、叉车、堆垛机械、起重运输机械等
分拣、配货	分拣机、托盘、搬运车、传输机械等
验货、养护	检验仪器、养护设施等
防火、防盗	温度监视器、防火报警器、监视器、防盗报警设施等
流通加工	所需的作业机械、工具等
控制、管理	计算机及辅助设备等
配套设施	站台、轨道、道路、场地等

现代仓储设备具有搬运要求较高；运动线路较固定；专业化程度高；标准化程度高；机械化、自动化程度高；节能性和经济性要求高；环保性和安全性要求较高等特点。

延伸阅读 5-4

仓储自动化技术

我国的仓储自动化技术正呈现出无人化、高柔性自动化、高密集存储和多场景应用的发展趋势。

我国的仓储自动化技术的发展始于 20 世纪 70 年代；20 世纪 90 年代中期开始，以昆明船舶设备集团有限公司（简称"昆船公司"）等为典型代表的物流装备企业开始进行仓储自动化技术的研究和开发，仓储自动化产业起步；20 世纪 90 年代后期，仓储自动化行业步入快车道，其中烟草行业高端生产制造物流系统的建设最具代表性。

进入 21 世纪后，医药、电子商务、新能源和冷链等行业市场的兴起以及工业 4.0 理念的推行，为我国仓储自动化技术的发展和进步提供了强大动力；大量的社会资本和人才不断涌入，AI、5G 等技术的推广和应用加速了仓储自动化技术的更新和迭代。

目前，我国具有代表性的仓储自动化技术包括以下几类：

1. 立体库技术。 自动化立体仓库（见图 5-2）主要由货架、巷道式堆垛起重机、入（出）库工作台和自动运进（出）及操作控制系统组成。使用的技术主要包括大型 AS/RS 立体库技术、miniload 技术以及密集存储技术等。主要设备及系统包括堆垛机（见图 5-3）、穿梭板系统（穿梭板＋子母车）和托盘四向穿梭车系统等。巷道堆垛机是自动化立体仓库的主要设备，它可以沿货架仓库巷道内的轨道运行，使得堆垛作业高度提高；同时它备货叉伸缩结构，巷道宽度可以做得较窄，这些设计都有利于提高仓库的利用率、仓储作业速度和生产效率。

2. "货到人"拣选技术。 该技术指在物流拣选过程中，拣选人可以在原地不走动，货物被自动输送到拣选人面前。该技术主要用于拆零和拣选作业，在 21 世纪初成为最热的应用技术之一，也因为其快捷、高效和柔性化等特点得到了市场的广泛认可，尤其是 kiva

拣选技术在国内快递、电商物流等领域得到快速应用。"货到人"拣选技术使得拣选速度大幅提升。根据不同的技术与不同的应用场合，与传统的纸单拣选、RF 拣选、电子标签拣选相比，"货到人"拆零拣选效率可提升 3～5 倍，拣选准确性大幅提升，拣选人员劳动强度大幅下降。

图 5-2　自动化立体仓库

图 5-3　堆垛机

3. AGV 技术。AGV（automatic guided vehicle，自动导引车，见图 5-4）主要用于导航系统和路径规划运算。当前广泛采用的导航系统包括条码导航、激光导航、二维码导航和 SLAM 自然导航。

4. 无人仓技术。无人仓技术包括自动码垛和拆垛技术、自动存储技术、自动拣选技术、自动包装技术以及自动集货和装车技术等。

图 5-4　自动导引车

资料来源：物流技术与应用 https://wuliu-56.shangyexinzhi.com/，2020-12-09.

5.2.2　仓储管理

1. 仓储管理的概念

仓储管理（warehousing management）是指对仓储设施布局和设计以及仓储作业所进行的计划、组织、协调与控制。具体来说，仓储管理包括仓储资源的获得、仓库管理、经营决策、商务管理、作业管理、货品保管、安全管理、劳动人事管理以及财务管理等一系列管理工作。仓储管理的目标是要实现仓储合理化。

2. 仓储管理的内容

仓储管理的内容包括仓库管理技术的应用、仓库的作业管理、仓储成本管理、仓库的规划与建设以及机械作业的选择与配置等，具体内容见表 5-10。

表 5-10 仓储管理的内容

内容	具体要求
仓库管理技术的应用	机械、电气、信息技术、通信技术、安全技术、网络技术等都能在仓储业中得到应用和推广
仓库的作业管理	出入库、货物保管与盘点、退货服务与安全维护等
仓储成本管理	选择适用的成本控制方法和手段。不但要考虑材料存储与库内仓储运作过程中各环节的相互协调关系，还要考虑物流过程中各功能间的背反效应，以平衡局部利益和全局利益的最大化的关系
仓库的规划与建设	基于企业的战略计划对配送网络、设备需求及顾客服务进行分析，根据市场供求关系确定仓储的建设规模，依据竞争优势选择仓储地址，以差别产品决定仓储专业化分工和确定仓储功能
机械作业的选择与配置	根据仓库作业特点和储存商品的种类及其理化特性选择机械装备以及应配备的数量和管理方式

3. 仓储管理的原则

（1）保证质量。仓储管理中的一切活动都必须以保证在库物品的质量为中心。没有质量的数量是无效的，甚至是有害的，因为这些物品依然占用资金、产生管理费用、占用仓库空间。因此，为了完成仓储管理的基本任务，仓储活动中的各项作业必须有质量标准，并严格按标准进行作业。

（2）注重效率。仓储成本是物流成本的重要组成部分，因而仓储效率的提高关系到整个物流系统的效率和成本。在仓储管理过程中要充分发挥仓储设施和设备的作用，提高仓储设施和设备的利用率；要充分调动仓库生产人员的积极性，提高劳动生产率；要加速在库物品周转，缩短物品在库时间，提高库存周转率。

（3）讲求效益。仓储活动中所耗费的物化劳动和活劳动的补偿是由社会必要劳动时间决定的。为实现一定的经济效益目标，必须力争以最少的人财物消耗，及时准确地完成最多的储存任务。因此，对仓储生产过程进行计划、控制和评价是仓储管理的主要内容。

（4）确保安全。仓储活动中不安全因素有很多，有的来自库存物，如有些物品具有毒性、腐蚀性、辐射性、易燃易爆性等；有的来自装卸搬运作业过程，如每一种机械的使用都有其操作规程，违反规程就可能会出事故；还有的来自人为破坏。因此要特别加强安全教育，提高认识，制定安全制度，贯彻执行"安全第一，预防为主"的安全生产方式。

扫码阅读5-4
仓库中五金制品
的养护措施。

延伸阅读 5-5

物资的养护

物资在仓储过程中，要特别重视物资损害的预防，从而防止损害事故的发生。对于不同种类的物资，其养护重点不同。

1. 防霉腐

霉菌是一种微生物，如果环境适宜，其繁殖速度非常惊人，同时它对橡胶制品和纤维制品的危害也非常大。但库存物资并非在任何条件下都会发生霉变，水分才是微生物繁殖的必要条件。在工作中，通常把相对湿度 75% 称为物资霉变的临界湿度，当其低于 75% 时，大多数物资不会发生霉变。温度则是微生物生长的另一个重要条件。微生物在 10℃ 以下时不易生存，在 40℃ 以上时则停止活动，当温度达到 80℃ 时大多数微生物就会死亡，在 25～35℃ 时微生物生长得最好。阳光对大多数微生物都有很大影响，阳光直射 1～4 小时，大部分微生物就会死亡。为防止物资发生霉变，主要是采取一些相应的预防措施，具体方法有以下几种。

（1）仓库管理。物资入库时要严格检查有无霉变现象，入库后容易霉变的物资应分库存放，注意通风，降温防湿，把相对湿度控制在 75% 以下。

（2）用药剂防范霉变。把抑制和杀灭微生物的化学药剂放酒在容易霉变的物资上，主要药剂有五氯酚钠、水杨酰苯胺、多聚甲醛等。

（3）气体防霉。用二氧化碳或氮气密封包装和密封库房，物资上的霉菌就失去了生存的条件。

（4）低温防霉。因为低温可以降低生物体内酶的活性，所以低温防霉一般都具有非常好的效果。但是不同的物资对于温度有不同的要求，如鲜鸡蛋的最适宜储存温度为 –1℃，果蔬的最适宜储存温度为 0～10℃，而鱼、肉等采用速冻方法就可以在 –28～–16℃ 的温度条件下保存较长时间。

（5）物资霉变的救治。物资发生霉变后，如果能及时发现和救治，可以大大减少库存损失。救治使用的主要方法有晾晒、高温烘烤、药剂熏蒸和紫外线杀菌等。如果物资已经出现霉腐，应立即采取紧急措施，如进行翻垛拣选，将发霉的物资与正常的物资隔离开，然后根据物资的霉腐情况、物资性质和设备条件等，采取熏蒸、晾晒、烘烤、加热消毒或紫外线灭菌等方式及时进行处理。

2. 防锈蚀

防止金属锈蚀及金属除锈是仓储保管的重要内容。在金属物资中，最容易被锈蚀的是以钢铁为原料的制品。金属锈蚀，可以分为大气锈蚀、海水锈蚀、土壤锈蚀、接触锈蚀等，其根本原因有化学原因、电化学原因，其中以电化学原因最为严重。

（1）金属的防锈。为防止金属物资发生锈蚀，首先要保持库房和金属物资表面干燥，其次要做好物资的"密封包装"工作，也就是在金属物资表面连续均匀地涂封油脂薄膜、油漆、可剥性塑料或使用气相缓蚀剂来隔离空气中的氧气和水，避免其与金属物资直接接触而发生化学反应。

（2）金属的除锈。若金属物资已发生锈蚀，应尽快除锈，以防止物资继续锈蚀而造成更大损失。目前除锈的方法有物理除锈和化学除锈两种。物理除锈方法又可以分为人工除锈和机械除锈两种，化学除锈分为利用无机酸等溶剂溶解锈蚀物的化学除锈和电化学除锈。

3. 防虫

原材料物资防虫方法包括清洁卫生防治法、物理机械防治法、化学药剂防治法等。例如，对于竹、木等产品，可采取沸水烫煮、火烤、汽蒸等方法；对于一些易遭虫蛀的物资，可以采取在其包装或货架上投放药剂的方法，如天然樟脑或合成樟脑等。除此之外，还可以使用各种化学杀虫剂，通过喂毒、触杀或熏蒸等方式杀灭害虫，这也是当前防治仓库害虫的主要措施。

（1）清洁卫生防治法。库内做到保持清洁，孔洞缝隙要密封，库外做到不留杂草、污水和垃圾，并适时喷洒防虫药剂。

（2）物理机械防治法。这是一种以自然或人为的高、低温作用于害虫的方法，但是要注意温度必须超过害虫的生命极限；对于老鼠可以采用捕鼠机械进行防治。

（3）化学药剂防治法。这是一种利用化学药剂预防和杀灭仓库害虫的方法。目前经常用于仓库防治虫害的药剂主要有林丹、敌百虫、磷化铝、磷化锌、马拉硫磷、溴甲烷等。

5.2.3　仓储合理化

仓储合理化是指用经济的方法实现仓储功能。其实质是在确保实现仓储功能的前提下，以最小的投入获得最大的仓储收益。

1. 仓储合理化标志

（1）仓储质量。确保存储物资的质量是实现储存功能的最基本要求。如果在仓储期内，仓储物资出现了质量问题，仓储服务提供者需要承担相应责任。另外，在储存中增加了多少时间价值或者是获得了多少利润，都是以仓储物资质量为前提的。

（2）仓储数量。考虑到能源消耗、人力成本以及物流过程对仓储的要求，仓储系统的仓储数量应有一个合理的控制范围。当仓储数量过多时，虽然有利于增强保证供应、保证生产和保证消费的能力，但是随着仓储数量的进一步增加，其边际效用会逐步减小，而同时，各种仓储成本和费用支出却大幅度增加。仓储数量减少虽有利于降低仓储成本，但必须有一个最低限度，否则会影响仓储各种功能的有效发挥。

（3）储存时间。物品在仓储系统中的储存时间，反映了物品的周转速度，它不但是衡量仓储合理化与否的重要标准，而且对于评估整个物流系统也有重要意义。储存时间延长，虽有利于获得时间效用，但同时也会导致有形和无形的耗损、贬值及跌价等增加。对于绝大多数物品而言，储存时间不宜过长。

（4）储存结构。储存结构是用来评判仓储系统在整个物流过程中的调整、缓冲能力的重要标准。它根据被储存物的不同品种、不同规格和不同花色的储存数量的比例关系对储存的合理性进行判断。在被储存物的品种、规格及花色等方面，如果存在此长彼短或此多彼少的失调现象，就会严重影响仓储的合理化。特别是对于高度相关的各种物资之间的比例关系，则可以更好地反映仓储是否合理。

（5）仓储费用。评判仓储合理与否，从经济的角度而言最终都要归结到仓储的成本和费用上来。通过对仓储投入产出比的分析，尤其是对仓租费、维护费、保管费、损失费和资金占用利息支出等投入的分析，就能从经济效益上判断仓储合理与否。

2. 实现仓储合理化的措施

实现仓储合理化的措施可以归纳为以下几方面。

（1）对被储存物进行 ABC 分析，实施重点管理。ABC 分析是指将库存物资按品种和占用资金的多少，分为特别重要的库存（A 类）、一般重要的库存（B 类）和不重要的库存（C 类）三个等级，对不同等级的物资采用不同的管理方法。这种区别"重要的少数"和"不重要的多数"的方法可以使企业集中精力管理重要的物资，从而减少库存管理成本。

（2）在形成一定社会总规模的前提下，追求经济规模和适度的库存集中。适度集中仓储是合理化的重要内容，它是指利用仓储的规模优势，通过适度集中仓储从而替代分散的小规模仓储的方式来实现合理化，具体做法包括使用单元集装存储和建立快速分拣系统等，这些方法都有利于实现快进快出和大进大出。

（3）采用有效的"先进先出"方式。为了确保库存物资的存储时间不会太长，仓储管理的标准之一就是采用"先进先出"的方式。例如，贯通式货架系统，是一种不以通道分割、连续性的整体货架，采用托盘存取模式；"双仓法"仓储，为每个被储存物准备两个仓位或货位，轮换存取，并要求必须在一个货位取完货物后才可以进行补充；计算机存取系统，即使用计算机管理，在存储时将时间记录输入计算机，再编入一个简单的按时间顺序输出的程序，取货时计算机就能按照时间标志给予指示以确保"先进先出"。

（4）提高仓储密度，提高仓容利用率。减少仓储设施投资，提高单位仓储面积利用率，以降低成本、减少土地占用的方法一般有：①采用高垛方式增加仓储高度；②缩小仓库通道宽度以增加有效仓储面积；③减少仓库中的通道数量以增加有效仓储面积。

（5）采用有效的仓储定位系统。仓储定位就是确定被储存物的位置。仓储定位系统可以采用先进的计算机管理或一般人工管理，有效的方法主要有"四号定位"方式和计算机定位系统。

（6）采用合理的堆码。性质、品种、规格、等级、批次不同的货物和不同客户的货物，分开堆放。货物堆放稳定结实，不偏不斜，必要时采用衬垫物料固定，不压坏底层货物或外包装，不超过库场地坪承载能力。每一货垛的货物数量保持一致，采用固定的长度和宽度，且为整数（如 50 袋成行），每层货数相同或成固定比例递减，能做到过目知数。货垛堆放整齐。尽可能堆高，避免少量货物占用一个货位，节约仓容。选用垛形、尺寸、堆垛方法时，以使于堆垛作业、装卸搬运为宜。

🔘 本章小结

采购作为提供资源的上游环节，采购物料的数量、技术、质量、包装等只有符合生产与客户的要求，才能确保生产顺利进行。采购具有提高质量、控制成本、建立供应配套系统和与供应商建立合作关系的重要作用。采购管理的内容主要涉及市场、合同、组织、制度、战略和流程等几方面内容。仓储在生产和消费两大活动之间起到"蓄水池"和"调节阀"的重要作用。库存物资的保管与养护措施包括验收入库、安排场所、科学堆码等通用方法，也包括仓库温湿度的控制、防霉腐、防锈蚀、防虫等措施。仓储合理化是指用经济的方法实现仓储功能，其实质是在确保实现仓储功能的前提下，以最小的投入获得最大的仓储收益。

🔧 主要术语

采购（purchasing）　　　　　　　　　　　公共仓储（public storage）

采购管理（purchasing management）　　　保税仓储（bonded warehousing）

仓储（warehousing）　　　　　　　　　　养护（maintain）

仓储管理（warehousing management）

🔧 理论自测

1. 什么是采购？
2. 简述采购的流程。
3. 试述采购管理的内容。
4. 仓储的分类有哪些？
5. 仓储的作用是什么？
6. 仓储合理化主要体现在哪几个方面？

扫码阅读5-5
第5章练习题。

🔧 案例分析 5-1

宜家的采购策略

宜家家居创始人坎普拉德曾说："与我们的对手保持明显的价格差异是绝对有必要的，在所有领域，我们要一直成为价格最公道的。"宜家一直表现的是优质低价的市场形象，其经济科学的采购策略是其成功秘诀之一。

宜家在进行供应商选择时，除了要考察供应商的质量和生产能力，还从整体上进行成本把控，从而使总成本降到最低。例如，在计算产品的成本时即考虑产品被运输到宜家中央仓库的总成本，然后再根据每个销售区域的销售量预测去选择相应的供货商。在宜家的总销售额中，欧洲和美国市场占比最高，因此宜家一般只将产品运抵欧洲和美国的配送中心的成本作为决策参考。

宜家供应链系统复杂，在全球有 2 000 家多家供应商（包括宜家自有的工厂）。为了进一步降低物流成本，宜家把全球近 20 家配送中心和中央仓库集中于交通要道和集散重镇，以方便与各门店的物流联系。从门店提供的实时销售记录开始，反馈到产品中心，再到 OEM 商、物流公司、仓储中心，直到转回门店，整个物流链的运转在信息技术的支持下极为顺畅。这种全球大批量的集体采购方式不仅使宜家获得了原材料采购的低价格，同时也挤压了其竞争者的生存空间，提高了市场竞争力。2018 年，宜家零售业务的销售额达到 403 亿欧元。

宜家拥有大量供货厂家，单位生产费用、管理费用较低，且宜家的销售费用、管理费用也不高。同宜家相比，其他竞争者无法以相同的低价获得原材料，同时产品的定价要低于宜家的价格才具有竞争优势，对竞争者而言这就带来了巨大的挑战。

| 思考 |

试分析宜家的成功采购经验。

案例分析 5-2

老板电器智能物流仓储中心

杭州老板电器股份有限公司（以下简称"老板电器"）创立于 1979 年，主要生产吸油烟机、集成油烟机、蒸箱、灶具等家用厨房电器产品。

在"互联网+"时代发展背景下，消费多样化、生产柔性化和流通高效化给传统物流带来巨大挑战。为顺应时代发展要求，2016 年 9 月底，老板电器茅山基地智能物流仓储中心建成。该中心在单体仓储面积、货架高度、托盘规格、作业自动化程度等多个方面创下行业第一。其自动化仓储系统在当时国内家用电器行业具有最大存储量和最高智能化程度。该系统的开发与集成由昆船公司完成。

老板电器智能物流仓储中心由自动化立体库系统、自动码垛系统、传送系统等组成。立体库长 160 米、宽 132 米、高 32.2 米，配备 35 208 个大托盘（2.1 米 ×2 米）货位。中心内有 18台高度为 31.5 米的巷道堆垛机，3 个环形穿梭车系统，31 台环形穿梭车以及近 700 台其他输送设备。中心年物流处理量达到 800 万台各类厨电产品。

在计算机控制方面，老板电器智能物流仓储中心计算机系统由仓储控制系统（warehouse control system，WCS）和仓储管理系统（warehouse management system，WMS）两部分组成。其中 WCS 采用的是昆船公司最新研发的 3.0 版本。WCS 智能调度系统从多条路径中根据 4 台垂直提升机的任务量、优先级、繁忙度等为其规划最近的路线，最终货物通过指定的垂直提升机上到二楼准备进入自动化立体库，或者直接上到三楼进行拆零拣选作业并入库。该系统除了能实现组盘、计划入库，抽检、盘库以及发货单发货等自动化立体仓库常见功能外，还可以完成接收 ERP（企业资源计划）工作订单、绑定生产线和机器人码垛站台以及多区位入库和出库信息的输入与输出。在调度中心可以实时查看发货情况和车辆叫号情况。WMS 进行信息核对并分配货位。计算机系统 3D 立体化展现，实现数据实时图形可视化、场景化及实时交互，通过三维虚拟现实让用户更为便捷地进行数据的理解和空间知识的呈现。

老板电器智能物流仓储系统工艺流程复杂，实现了诸多功能。其系统平台实现的物流运输系统调度与优化、网络化分布式仓储管理、物流实时跟踪和多区位出入库控制的协调运行，可以将老板电器产品从生产车间自动传输到立体仓库，并进行智能堆垛、出入库以及电商配送。该系统大大提升了老板电器在电商物流配送方面的优势，有助于老板电器打造生产供应链管理系统，使公司向数字化、智能化方向迈进。

资料来源：昆明船舶设备集团有限公司 http://www.ksec.com.cn/，2020-01-03.

| 思考 |

1.老板电器与昆船公司共建智能物流仓储中心为双方带来了哪些积极影响？

2.上网查询相关资料，了解今后智能化物流系统的相关知识。

🔩 实训项目

仓储行业调研

1.实训目标

了解仓储业务内容、仓储行业发展情况。

2.实训内容

以所在城市及周围城市的仓储企业为调查对象，熟悉该行业的发展状况，可以从仓储企业的数量、规模、从业人员等信息方面去了解。

（1）学生分组，每组6人左右。

（2）各小组对不同地区的仓储企业进行市场调研，调研如下几项：仓储行业发展状况，仓储企业的数量、规模、从业人员状况，仓储服务需求情况，等等。

（3）各小组应用科学的方法和手段，系统地搜集、整理有关资料，撰写相应的调研报告。

第6章

CHAPTER 6

库存管理

|学习目标|

1. 理解库存的概念与分类
2. 掌握库存决策的类型框架
3. 理解库存相关成本的特点与构成
4. 初步掌握库存控制的方法
5. 了解供应链环境下的管理方法

|导入案例|

服装行业的库存难题

服装行业对流行趋势和供货速度都非常敏感，如果备货不足，一旦产品畅销肯定就会断货，再去补单生产又错过了市场；但一旦备货过量，被潮流淘汰的商品就会形成大量的库存积压。此时，厂家出于处理库存、回笼资金的考虑而降价，往往会引发品牌间的价格战，而甩卖的结果是消费者对品牌的价格体系产生怀疑，导致品牌价值严重受损。因此，我们会看到一些女装和内衣企业越做越大，仓库也越建越大，销售额翻了几番，流动资金却越来越紧张，因为发展过速、库存过大而导致资金链濒临断裂的企业也不鲜见。

随着电子商务的兴起，"小单快反"成为服装行业的新趋势，"每周上新"的商家备受青睐。这种模式通常要求货期为 1～2 周，因为预售时间一旦超过 15 天，顾客的购买需求就会降低，退款退货率明显上升。高频次小单量对服装的需求预测、生产备货、仓储配送等提出了系统性挑战，库存管理难题成为最大的痛点，同时也是企业取得竞争优势的必争之地。

思考：

1. 如何看待企业库存？
2. 互联网背景下企业如何应对库存管理难题？

6.1 库存概述

6.1.1 库存的概念

根据《物流术语》，**库存**（inventory）是指"储存作为今后按预定的目的使用而处于备用或非生产状态的物品"。广义的库存还包括处于制造加工状态和运输状态的物品。无论是在生产企业，还是在流通企业，库存无处不在。库存具有整合需求、维持各项活动顺畅进行的功能。当顾客订货后要求收到货物的时间比企业从采购材料、生产加工到运送至顾客手中的时间要短的情况下，为了填补这个时间差，就必须预先准备一定数量的该商品，也就是说要有一定数量该产品的库存。一般来说，在销售阶段，为了能及时满足顾客的要求，避免发生缺货或延期交货现象，企业需要有一定的成品库存。在采购阶段，为了保证生产过程的平准化和连续性，企业需要有一定的原材料、零部件库存。而库存商品要占用资金、发生库存维持费用，并存在库存积压而产生损失的可能。因此，既要防止缺货，避免库存不足，又要防止库存过量，避免发生大量不必要的库存费用。

6.1.2 库存的分类

库存可从以下几个角度来分类：从生产过程的角度可分为原材料库存、零部件及半成品库存、成品库存；从库存物品所处状态可分为静态库存和动态库存（其中静态库存指长期或暂时处于储存状态的库存，动态库存指处于制造加工状态或运输状态的库存）；从经营过程的角度可将库存分为七种类型，详见表6-1。

表 6-1 库存按经营过程分类

分类	含义
周转库存	企业满足日常生产经营需要而保有的库存。库存量与采购批量直接相关。这种库存随着每日的需要不断减少，当库存降低到某一水平（如订货点）时，就要按一定的规则反复进行订货来补充库存
安全库存	为防止不确定因素的发生而设置的库存。库存量与库存安全系数或者说与库存服务水平相关。由于不确定性的存在，在进行安全库存决策时要比周转库存更难
在制品库存和在途库存	处于加工状态或运输状态以及为了生产需要暂时处于储存状态的零部件、半成品或成品。库存量取决于生产运输时间以及该期间内的平均需求量
季节性库存	为了满足特定季节中出现的特定需要而建立的库存，或是对季节性出产的原材料在出产的季节大量收购所建立的库存
促销库存	为了应对企业的促销活动产生的预期销售增加而建立的库存

（续）

分类	含义
投机库存	为了避免因货物价格上涨造成损失或为了从商品价格上涨中获利而建立的库存
仓耗	有些库存在存储期间会损坏、报废、丢失和被盗，这些库存称为仓耗

6.1.3　库存的价值

1. 协调供求

物资数量、价格和市场政策的变化等，导致供求在时间和空间上出现不平衡。大多数工业产品的供应比较稳定，而需求存在波动（最常见的是季节性波动）；很多农产品的需求比较稳定，而供应却存在波动。企业为了稳定生产和销售，必须准备一定数量的库存以避免市场震荡。

2. 提高服务水平

企业工厂（车间）发出的用料需求和客户发出的订单需求通常都是各种物资的组合。如果这些原料或产品被存放在不同的地点，企业就必须从各个地点分别运货来履行供应和服务的功能，可能会出现运达时间不同、物资弄混等问题。因此，企业可以通过建立混合仓库，用小型交通工具进行集货和交付，并在最佳时间安排这些活动以避免交通阻塞，提高服务水平。客户订货后要求收到物资的时间比企业从采购物资、生产加工到运送产品至客户的时间要短，为了弥补时间差也必须预先储存一定数量的物资。

3. 降低运营成本

（1）平衡流通资金。库存的原材料、在制品及产成品是企业流通资金的主要占用部分，因而库存量的控制实际上也是进行流通资金的平衡。例如，加大订货批量会降低企业的订货费用，保持一定量的在制品库存与原材料会减少生产交换次数，提高工作效率，但这两方面都要寻找最佳控制点。

（2）降低运输成本。由于企业供应商的所在地不同，企业拥有的生产工厂或车间也可能在不同的地点，企业的客户更是遍布各地。因此，企业如果不设立中转仓库，就会出现非常复杂的运输系统，而通过中转仓库，再加上配送这一物流功能，企业可以大大简化运输的复杂性。企业有时会面临原材料和产成品的零担运输问题，长距离零担运输的费用比整车运输要高得多。通过将零担物资运到附近的仓库后再从仓库运出，仓储活动就能够使企业将少量运输结合成大量运输，有效减少运输费用。

4. 应对意外风险

库存可以应对运输延误、零售商缺货、短期工人罢工、自然灾害等意外事件的发生。此外，对于某些产品来说，库存是生产过程中不可或缺的环节，例如白酒、葡萄酒等。

扫码观看6-1
库存计划。

6.2 库存管理概述

6.2.1 库存管理的发展历程

库存在企业经营甚至社会经济中具有重要作用，然而我们却经常看到，在企业管理中充斥着降低库存的呼声，许多项目绩效考核中都会把降低库存的有关数据列为重要指标，似乎消除库存、实现零库存才是成功的库存管理。这又如何解释呢？从**库存管理**（inventory management）的发展历程中我们可以找到答案。

1. 第一阶段：视库存为企业的财富

在大生产时代，特别是重商主义盛行的时代，库存被看作是企业的资产，是企业财富的象征，以大量实物和货币的形式被企业所掌握。因此，企业认为库存越多越好。

2. 第二阶段：视库存为企业的坟墓

随着多品种、小批量生产时代的到来，越来越多的企业认识到，库存虽然是企业的资产，但属于流动性最差的资产。库存会占用企业大量资金，库存材料的成本增加直接增加了产品成本，而相关库存设备、管理人员的增加也加大了企业的管理成本。库存还会掩盖企业的诸多管理问题，如计划不周、采购不力、生产不均衡、产品质量不稳定及市场销售不力等。随着一些企业甚至是大型企业由于库存管理不善而破产，库存曾一度被认为是企业的坟墓。

3. 第三阶段：保有的库存量

企业逐渐认识到，库存的存在理论上的确是一种资源和资金的浪费，而现实中为了能有效地缓解供需矛盾，库存又是难以避免的。因此，在这对矛盾中寻求平衡，保有适当的库存量对任何企业都是必需的。这一时期研究开发了决定经济订货批量的很多方法，基本思路是求出使各项费用之和最小的订货量。"二战"前后，统计理论和作业研究被用于军事上的库存管理，对战争中的"飞机应装载多少炮弹"或"军粮应储藏多少量"等问题进行研究，积极探求平均损失最小化。此间，利用自动控制理论，使用线性规划法的库存生产计划等，相继开发出许多库存管理方法。

4. 第四阶段：供应链环境下的库存管理

随着信息技术、管理工具的进步以及计算机的普及，许多企业开始利用计算机进行库存管理，从而提高了业务处理的速度与精度，提高了订单处理、采购管理、配送过程控制等作业的整合性和同步性。库存管理走向系统化、信息化，并发展到供应链管理环境下的现代库存管理，如联合库存管理、供应商管理库存、协调式供应链库存管理等思想，以及MRP、MRPⅡ、ERP 等系统。

总之，比较客观的认识应该把库存看作企业的杠杆，库存具有两面性，我们可以借助库存在英语里的两种表达方式（inventory 和 stock）来加以理解。inventory 指以支持生产、维护、操作和客户服务为目的而存储的各种物料，包括原材料、半成品和成品等；stock 即为存货、积压。两种表述的差别恰好可以对应前面的两种认识，一般情况下，企业希望保持合理的 inventory 水平而不是浪费资金的 stock。因此，在某一个特定时期，企业的库存不是越多越好，也不是越少越好，而是有一个合理库存的平衡点。不同企业的库存平衡点可能不同，有的企业可以做到尽可能小但并不意味着可以把库存从所有企业中消除。从长期来看，合理库存是一个动态的概念，企业可以采用供应链适时管理的思想，通过减少需求和补货周期的波动性、减少批量、与供应商更紧密地合作等措施来逐步降低合理库存量，这就是通常所说的零库存管理。

延伸阅读

为什么库存不是短缺就是过剩

在供应链上，需求的微小变化，会从零售商到制造商、供应商逐级放大，这种现象就叫牛鞭效应。牛鞭效应根深蒂固，是影响供应链的一个根本性问题，在供应链设计和管理上要特别加以关注。

例如，假定全球消费者对计算机的需求预测轻微增长 2%，联想作为制造商的需求预测可能成了 5%，英特尔作为联想供应商其预测可能是 10%，而到了英特尔的设备商时则可能变为 20%。简言之，越是处于供应链的后端，需求变化幅度越大。这一现象就像西部牛仔挥舞的牛鞭，牛仔轻轻一抖，牛鞭便会大幅度抖动，因而被称为"牛鞭效应"。

市场需求变化是不确定的，供应商的应对策略是要么调整库存，要么调整产能。例如，当市场需求增加时，整个供应链的产能增幅超过市场需求增幅，超出部分就变成库存或产能的形式积压在供应链的各个节点。而这种需求变动越大，整个链条中各成员的产能、库存变动就越大。但无论是增加库存还是增加产能，都会挤占供应链成员的产品流、资金流。一旦需求量小于预测或生产计划值，或者增长放缓，库存积压、产能过剩问题就会暴露出来，大量资金被库存和固定资产占用，导致整个供应链资金周转不良，甚至导致企业倒闭，尤其是处于供应链末端的小企业。

思科公司是全球领先的网络解决方案供应商，2000 年前后互联网经济泡沫破灭，思科公司的路由器库存是客户需求的三倍。以半导体设备制造行业为例，2000 年前后互联网经济泡沫破灭后的大量库存直到 2002 年才处理完。

资料来源：刘宝红. 采购与供应链管理：一个实践者的角度 [M]. 3 版. 北京：机械工业出版社，2019.

6.2.2 库存管理中的一些基本概念

（1）平均库存量。平均库存量是指一个库存的平均数，是存货模式的重要概念，其数量一般是进货量的一半。

（2）安全库存量。仓库经常需要处理各种突发情况，例如发生需求变化、订不到货、运输中断等，因此还要有安全库存量（又称缓冲性库存量）以便应付这些情况。

（3）订货点与订货批量。随着物品的出库，库存会下降到某一点，这时补充活动必须着手进行，否则就会出现脱销或者生产停滞，严重影响公司的正常运营，这个点就称为订货点。当库存达到订货点时，就要着手订货，订货时所订购物品的数量称为订货批量。

（4）订货提前期。一旦库存量降到订货点并安排了订货，即需等待物品到货以补充库存，这种等待时间称为订货提前期，或简称为提前期或交货期。它是从订货开始到收到订货批量为止的一段时间。

（5）定量订货法。定量订货法是指每次货物数量相同，而订货间隔期不一定相同，当库存量下降到订货点时就发出订单的一种订货方法。

（6）定期订货法。定期订货法是每隔一定时间检查一次库存，并发出订单，订货数量等于最大库存量与实际库存量的差额的一种订货方法。

（7）订货费用。订货费用是指为取得物资而订货时所需要的费用。每订货一次就会发生一次费用，如订购的追踪、收货、验收、进库等费用。

（8）保管费用。保管费用是指物资存储期间所需要的费用（如仓储费用），物资积压所发生的利息损失，物资因陈旧、变质、损耗所发生的损失等费用。

6.2.3 库存相关成本

库存管理的重点之一是控制库存成本，同时确定库存相关成本也是库存决策的起点。库存成本主要包括采购成本、库存持有成本和缺货成本。

1. 采购成本

采购成本包括估价、询价、比价、议价、采购、通信联络、检验检疫等费用，不同订货批量下的产品价格或制造成本，生产的启动成本，订单经过财务、采购部门的处理成本，订单传输到供应地的成本，运输和装卸成本，等等。

2. 库存持有成本

（1）资金成本。资金成本指因库存占用资金所引起的该部分资金的报酬率损失。通常在库存持有成本中所占比重最大。

（2）空间成本。空间成本指外租仓库租赁费，或自有仓库的管理、盘点、维护设施（如保安、消防等）的费用。

（3）库存风险成本。库存风险成本指因发生品质变异、破损、报废、价值下跌、滞销等所产生的库存损失，以及为应对风险而产生的库存保险费用和管理费用等。

3. 缺货成本

缺货成本是指库存短缺影响生产和销售进度所引起的成本，如停工待料；库存补充后的加班、计划的变动、商誉的损失、延迟订货及销售损失等。其中，由于缺货所造成的顾客忠诚度或商誉的损失往往是难以估量的。缺货成本一般分为失销成本和延期交货成本。

6.3　库存管理的策略和方法

6.3.1　库存补货策略

扫码观看6-2
库存管理方法。

补货决策是库存决策中的核心决策，而独立需求下的补货决策又是库存决策的基础，以下介绍几种独立需求下的补货策略。独立需求下的库存决策采用的是订货点控制策略，包括以下四种最基本的策略。

1.（Q，R）策略

（Q，R）策略是指连续性检查的固定订货量、固定订货点策略。该策略的基本思想是：对库存进行连续检查，当库存降低到订货点水平 R 时，即发出一个订货，每次的订货量保持不变，都为固定值 Q，如图 6-1 所示。该策略适用于需求量大、缺货费用较高、需求波动性较大的情形。

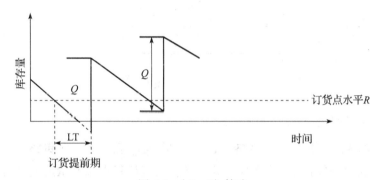

图 6-1　（Q，R）策略

2.（R，S）策略

（R，S）策略是指连续性检查的固定订货点、最大库存策略，该策略和（Q，R）策略一样，都是连续性检查类型的策略，也就是要随时检查库存状态，当发现库存降低到订货点水平 R 时，开始订货，订货后使最大库存保持不变，即为常量 S，若发出订单时库存量为 I，则其订货量为 $S-I$，如图 6-2 所示。该策略和（Q，R）策略的不同之处在于其订货量是按实际库存而定，因而订货量是可变的。

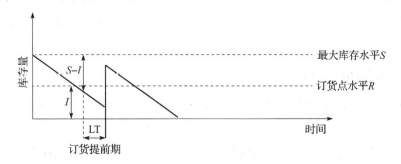

图 6-2　（R，S）策略

3. (t, S) 策略

(t, S) 策略是指周期性检查策略，该策略是每隔一定时期检查一次库存，并发出一次订货，把现有库存补充到最大库存水平 S，如果检查时库存量为 I，则订货量为 $S - I$。经过固定的检查周期 t，发出订货，这时库存量为 I_1，订货量为 $S - I_1$。经过一定的时间（LT——订货提前期，可以为随机变量），库存补充 $S - I_1$，库存到达 A 点。再经过一个固定的检查周期 t，又发出一次订货，订货量为 $S - I_2$，经过一定的时间（LT），库存又达到新的高度 B，如图 6-3 所示。如此周期性检查库存，不断补给。该策略不设订货点，只设固定检查周期和最大库存量。该策略适用于一些不是很重要的或使用量不大的物资。

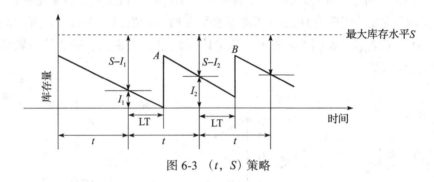

图 6-3 (t, S) 策略

4. (t, R, S) 策略

(t, R, S) 策略，即综合库存策略，是 (t, S) 策略和 (R, S) 策略的综合。这种补给策略有一个固定的检查周期 t、最大库存水平 S、固定订货点水平 R。当经过一定的检查周期 t 后，若库存低于订货点，则发出订货；否则，不订货。订货量的大小等于最大库存量减去检查时的库存量。

6.3.2　库存决策模型

在库存决策理论中，人们一般根据物品需求的重复程度分为单周期库存和多周期库存。单周期库存决策也叫一次性订货决策，多周期库存是指为了满足在足够长的时间内，对某种物品的重复性和连续性的需求而设置的库存，在现实生活中，这种库存比较普遍。多周期库存又分为独立需求库存和相关需求库存两种。常见的独立需求库存决策模型根据其主要的参数，如需求量与提前期是否为确定的，分为确定型库存决策模型和随机型库存决策模型。

1. 确定型库存决策模型

根据检查策略的不同，确定型库存决策模型可分为周期性检查模型和连续性检查模型两种。

（1）周期性检查模型。最常用的模型是不允许缺货、瞬时到货的类型。其最佳订货周期（T）为：

$$T = \sqrt{\frac{2C_R}{HD}} \qquad\qquad (6\text{-}1)$$

式中：C_R 表示单位订货费用；H 表示单位产品库存维持费用；D 表示年需求量。

（2）连续性检查模型。连续性检查模型需要确定订货点和订货量两个参数，也就是解决 (Q, R) 策略的两个参数的设定问题。

1）经典 EOQ 模型。最常见的连续性检查模型是不允许缺货、瞬时到货的类型，通常称为经典经济订货批量（EOQ）模型。

经济订货批量：

$$Q^* = \sqrt{\frac{2DC_R}{H}} \qquad\qquad (6\text{-}2)$$

式中：C_R 表示单位订货费用；H 表示单位产品库存维持费用；D 表示年需求量。

例题 6-1

某企业某材料年需求量为 3 600 千克，单位成本为 10 元，单位年库存持有成本为 2 元，一次订货成本为 25 元，问经济订货批量是多少？年订货次数是多少？订货频率是多少？平均资金占用是多少？

答案： 经济订货批量为 300 千克；年订货次数为 12 次；订货频率为每月一次；平均资金占用为 1 500 元。

2）考虑订货提前期的 EOQ 模型。订货提前期（lead time，LT）是指企业从发出订单到收到货物的时间间隔。再订货点（reorder point，ROP）是指企业发出订货时尚有的库存量。计算公式为：

$$ROP = LT \times d \qquad\qquad (6\text{-}3)$$

式中：d 为需求率。

例题 6-2

某工厂某零件年需求量为 1 260 个，一次订货成本为 50 元，年库存持有成本为零件价值的 25%，每个零件的价值为 35 元，提前期为 10 天，求再订货点 ROP 和经济订货批量 Q^*。

答案： 再订货点为 35 个，经济订货批量为 120 个。

2. 随机型库存决策模型

随机型库存决策模型要解决的问题是：确定经济订货批量或经济订货期；确定安全库存量；确定订货点和订货后的最大库存量。随机型库存决策模型最常见的是"报童问题"。根据离散随机需求和连续随机需求，该问题可分为两个模型：

1）需求为随机离散的模型。

假设：报童每日售报数量是一个随机变量，报童每售出一份报纸赚 k 元，如报纸未售出，每份赔 h 元。每日售出报纸份数 r 的概率 $P(r)$ 根据以往经验是已知的，试确定报童每日准备的最佳报纸份数。这个问题就是确定报童每日报纸的订货量 Q，使赚钱的期望利润 $W(Q)$ 最大。

模型如下：

$$W(Q) = \sum_{r=0}^{Q} k \cdot r \cdot P(r) - \sum_{r=0}^{Q} h(Q-r)P(r) + \sum_{r=Q+1}^{\infty} k \cdot QP(r) \qquad (6\text{-}4)$$

最优订货量 Q 由下式确定：

$$\sum_{r=0}^{Q-1} P(r) < \frac{k}{k+h} \leqslant \sum_{r=0}^{Q} P(r) \qquad (6\text{-}5)$$

为便于运算，随机离散需求常被近似看作连续需求来加以处理。

2）需求是连续的随机变量的模型。

假设：货物单位成本为 K，货物单位售价为 P，单位存储费为 C_1，需求 r 是连续的随机变量，密度函数为 $\phi(r)$，$\phi(r)\mathrm{d}r$ 表示随机变量在 r 和 $r+\mathrm{d}r$ 之间的概率，其分布函数 $F(a) \int_0^a \phi(r)\mathrm{d}r$（$a>0$），生产或订购的数量为 Q，试确定订货量 Q，使赚钱的期望利润 $W(Q)$ 最大。

模型如下：

$$E\big[W(Q)\big] = \int_0^Q P \cdot r\phi(r)\mathrm{d}r + \int_Q^{\infty} PQ\phi(r)\mathrm{d}r - KQ - \int_0^Q C_1(Q-r)\phi(r)\mathrm{d}r \qquad (6\text{-}6)$$

最优订货量 Q 由下式确定：

$$F(Q) = \int_0^Q \phi(r)\mathrm{d}r = \frac{P-K}{C_1+P} \qquad (6\text{-}7)$$

❖ 例题 6-3

某店销售某速食品，日均需求为 100 千克，需求服从正态分布，标准差为 20 千克，单位售价为 5.99 元 / 千克，成本为 2.50 元 / 千克，每日剩余食品只能扔掉。求该店最佳日订货量。已知：$P(X \leqslant 0.21) = 0.583$。

答案：最佳日订货量 104.2 千克。

6.4 供应链环境下的库存管理

6.4.1 从传统库存管理到供应链库存管理

在传统的库存管理中，企业只关心本企业的库存水平，通过保有一定的库存来避免缺货，保证一定的顾客服务水平，使生产顺利地进行，实现成本的最优化。随着市场竞争日趋激烈，企业开始面临降低库存量和提高顾客服务水平的双重压力。但是降低库存量会大大增加原材料缺货的风险，从而降低顾客服务水平。实现这看似矛盾的两个目标成为企业的重要任务，于是供应链库存管理的概念应运而生。

供应链是围绕核心企业，通过对信息流、物流、资金流的控制，从采购原材料开始，制成中间产品以及最终产品，最后由销售网络把产品送到消费者手中的，将供应商、制造商、分销商、零售商直到最终用户连成一个整体的功能网链结构。其中链上的每一次转移所涉及的库存和流程管理对供应链成员之间的沟通与合作都是至关重要的。供应链管理是包括从最终用户一直到初始供应商的向顾客提供增值的产品、服务和信息的业务流程的一体化。

在供应链统一的计划下，所有上游企业的产品能够准确、及时地到达下游企业，使上下游企业可最大限度地减少库存，这样既加快了供应链上的物流速度，又减少了各企业的库存量和资金占用，还可及时地获得最终消费市场的需求信息，使整个供应链能紧跟市场的变化。

供应链库存管理可以降低供应链总成本，降低供应链上的库存水平，增强信息共享水平，改善相互之间的交流，保持战略伙伴相互之间操作的一贯性，产生更大的竞争优势，进而实现供应链节点企业的财务状况、质量、产量、交货、用户满意度以及业绩的改善和提高。市场领先者由于敢于创新它们的供应链，正以极快的速度跑到了竞争者的前面，它们意识到，与合作伙伴的关系越好，就能够比竞争者拥有越大的竞争优势。

供应链库存管理旨在实现物流、信息流、资金流、工作流和组织流的集成，它改变了企业间的合作模式，与传统的企业合作关系模式有着很大的区别（见表6-2）。

表 6-2 供应链库存管理与传统库存管理的比较

比较项目	传统库存管理模式	供应链库存管理模式
稳定性	变化频繁	长期、稳定、互相信任
信息共享度	信息专有	信息共享
质量控制	输入检查控制	质量保证
供应商选择标准	强调价格	多标准评估（质量、准时性、可靠性、服务等）
选择范围	投标评估	广泛评估可增值的供应商
相互交换的主体	物料	物料和服务
合同性质	单一性	长期的开放合同
供应商数量	大量	少（少而精，长期合作）
供应商规模	小	大
供应商定位	区域性	无界限（全球范围）

供应链库存管理的实质就是合作，它使供应商、制造商、分销商、客户多方受益。通过供应链库存管理可以实现：

（1）从功能管理向过程管理转变。企业内部以及企业外部供应链上游、下游各个合作伙伴的业务活动都将实现此转变。

（2）从利润管理向营利性管理转变。营利性建立在"共赢"基础上，只有供应链各方均具有较好的营利性，企业自身的营利性才能得到保证。

（3）从产品管理向顾客管理转变。顾客是供应链上重要的一环，供应链的中心由生产者向消费者倾斜，顾客管理成为供应链管理的重要内容。

（4）从交易管理向关系管理转变。以协调的供应链关系为基础进行交易，实现供应链整体交易成本最小化、收益最大化。

（5）从库存管理向信息管理转变。用信息代替库存，即企业持有的是"虚拟库存"而不是实物库存，在供应链的最后一个环节交付实物库存，大大降低企业持有库存的风险。

6.4.2 供应链环境下库存管理面临的挑战

（1）供应链库存管理的协调。供应链管理的目标是通过贸易伙伴间的密切合作，以最小的成本提供最大的客户价值，这就要求供应链上各成员企业的活动应该是同步进行的。然而，供应链各成员企业以及企业内部各部门都是各自独立的单元，都有自己的库存管理目标和相应的库存管理策略，有些目标与供应链的整体目标是不相干的，更有可能是冲突的，以致单独一个企业或部门的杰出库存绩效可能对整个供应链库存绩效产生负面影响。因而，如何对供应链各成员企业库存管理目标进行必要的整合，以满足供应链运作的同步性要求是供应链库存管理必须解决的问题。

（2）供应链库存管理信息的共享。供应链各成员企业之间的需求预测、库存状态、生产计划等都是供应链库存管理的重要数据，这些数据分布在不同的供应链组织之间，要做到有效地快速响应用户需求，必须准确而实时地传递，为此需要对供应链的信息系统模型做相应的改变，对供应链各成员企业的管理信息系统进行集成。然而，目前许多企业的信息系统相容性很差，无法很好地集成起来，当供应商需要了解用户的需求信息时，常常得到的是延迟的信息和不准确的信息。由于延迟引起误差，影响库存量的精确度，短期生产计划的实施也会遇到困难。因此，如何有效传递供应链库存管理信息是提高供应链库存管理绩效亟待解决的问题。

（3）供应链库存信息传递过程中的扭曲。在供应链管理中，"牛鞭效应"对于供应链系统的运营影响很大，其基本含义是：当供应链的各节点企业只根据来自其相邻下级企业的需求信息进行生产或做出供应决策时，如果最初需求信息不准确或不真实，它们沿着供应链逆流而上，产生逐级放大现象，当这些信息传递给最源头的供应商时，其获得的需求信息和实际消费市场中的顾客需求信息发生了很大的偏差，需求变异系数比批发商和零售商的需求变异系数大得多。受这种需求放大效应的影响，上游供应商往往比下游供应商维持较高的库存水平。如何消除或减轻这种效应是供应链库存管理面临的最大挑战。

（4）供应链库存系统结构越来越复杂。供应链涉及各成员企业（包括供应商、制造商、分销商、零售商、客户等）的供产销全过程，覆盖面广，行业跨度大。一般来说，供应链上游企业的产出即是下游企业的投入，且经过下游企业的生产加工或服务又变成产出，如此一环紧扣一环，衔接紧密，关系复杂，影响面广。与之相对应，供应链库存涉及供应商库存、制造商库存、批发商库存和零售商库存，表现为多级库存系统，有多种网络结构形式，而对这样一个多级库存系统的协调管理要比传统企业库存管理复杂得多，也困难得多。这种结构的复杂性给供应链库存系统的协调管理带来了很大的挑战。

（5）供应链库存管理中的不确定性。供应链库存的形成原因可分为两类：一类是出于生产运作的需要，另一类是由供应链上的不确定因素造成的。物流的运动是在信息的引导下进行的，企业内部这种信息流所体现的是企业的计划，而在企业之间体现的是相互间的合同和约定。不确定因素的作用使物流的运动偏离了信息流的引导，此时库存就产生了。显然，企业的计划无法顾及那些无法预知的因素，例如，市场变化引起的需求波动，供应商的意外变故导致的缺货，以及企业内突发事件引起的生产中断等，这些不确定因素才是形成库存的主要原因。因而，如何研究和追踪这些不确定因素的变化是供应链库存管理面临的又一挑战。

（6）供应链库存管理技术与方法的改进。供应链是由一个或更多的链接组成的，产品只是经原材料产地到顾客各个环节的单向流动。产品流动受控于顾客、分销商、制造商、供应商等之间供需交易信息来回的双向流动。因此，供应链实际由两种基本功能流组成：交易信息流及材料和产品流。传统的供应链解决方案，例如，物料需求计划（MRP）、企业资源计划（ERP）以及库存控制典型地注重实施更快速有效的系统以减少任意供应链库存链接间信息交换的时间和成本，而没有从整个供应链链接角度出发对每一库存项目的材料、成本和工作量的总投资进行优化。因此，需要利用科学的管理技术与方法对供需进行"平衡"，使库存链接中的每一项目都能以最小的总成本、最小的库存水平和最小的工作量满足顾客服务水平目标。

6.4.3　供应链管理环境下的库存控制策略

为了适应供应链管理的要求，解决供应链环境下的库存问题，供应链下的库存控制策略必须做出相应的改变。在国内外企业实践经验及理论研究成果的基础上，出现了几种先进的供应链库存控制技术与方法，包括联合库存管理、供应商管理库存、协同式供应链库存管理等。

1. 联合库存管理

联合库存管理（jointly managed inventory，JMI）是一种风险分担的库存管理模式，体现了战略供应商联盟的新型企业合作关系。联合库存管理是解决供应链系统中由于各节点企业的相互独立库存运作模式导致的需求变异放大现象，提高供应链的同步化程度的一种有效方法。联合库存管理和供应商管理库存不同，它强调双方同时参与，共同制订库存计划，使供应链过程中的每个库存管理者都从相互之间的协调性考虑，保持供应链相邻的各节点之间的库存管理者对需求的预期一致，从而消除了需求变异放大现象。任何相邻节点需求的确定都是供需双方协调的结果，库存管理不再是各自为政的独立运作过程，而是工序连接的纽带和协调中心。

联合库存管理系统把供应链系统管理进一步集成为上游和下游两个协调管理中心，从而部分消除了由于供应链环节之间的不确定性和需求信息扭曲现象导致的供应链的库存波动。通过协调管理中心，供需双方共享需求信息，因而起到了提高供应链的运作稳定性的作用。基于协调管理中心的库存管理和传统的库存管理模式相比的优点和缺点见表6-3。

表 6-3　联合库存管理的优缺点

优点	缺点
①为实现供应链的同步化运作提供了条件和保证 ②减少了供应链中的需求扭曲现象，降低了库存的不确定性，提高了供应链的稳定性 ③库存作为供需双方的信息交流和协调的纽带，可以暴露供应链管理中的缺陷，为改进供应链管理水平提供依据 ④为实现零库存管理、准时采购以及精细供应链管理创造了条件 ⑤进一步体现了供应链管理的资源共享和风险分担的原则	联合库存管理的建立和协调成本较高，在现实过程中双方很难建立一个协调管理中心，即使建立了也很难运作

2. 供应商管理库存

供应商管理库存（vendor-managed inventory，VMI）是一种以用户和供应商双方都获得最低成本为目的，在一个共同的协议下由供应商管理库存，并不断监督协议执行情况，修正协议内容，使库存管理得到持续改进的合作性策略。具体来说，VMI是生产厂家等上游企业对零售商下游企业的流通库存进行管理和控制，生产厂家基于零售商的销售等信息，判断零售商的库存是否需要补充。如果需要补充，则自动向本企业的物流中心发出发货指令，补充零售商的库存。在采用VMI的情况下，虽然零售商的商品库存决策主导权由供应商把握，但是，在店铺的空间安排、商品货架布置等店铺空间管理决策方面，仍然由零售商主导。VMI的理念与零售商自己管理库存（retailer-managed inventory，RMI）的传统库存管理模式完全相反。作为一种全新的库存管理思想，VMI在分销链中的作用尤为重要，正受到越来越多的人的重视。

VMI的主要思想是供应商在用户的允许下设立库存，确定库存水平和补给策略，行使对库存的控制权。精心设计与开发的VMI系统，不仅可以降低供应链的库存水平，而且用户另外可获得高水平的服务，改进资金流，与供应商共享需求变化的透明性和获得更好的用户信任。但VMI最直接的效益是整合制造和配送流程，将预测与补货纳入商品供应策略后，交易伙伴可以共同决定如何适时、适量地将商品送达客户手中，例如，可以由制造工厂直接配送至客户的配送中心，或由工厂直接配送至零售点，或经由工厂配送至行销中心等。

VMI不同于以往任何库存优化模型与方法。以往的库存控制理论与方法都是站在使用者的角度，始终没有跳出这个范围，而VMI是把库存控制的决策权交给了供应商。因此，VMI对供需双方都是一个挑战。分销商和供应商共同建立VMI执行协议框架和运作规程，建立起对双方都有利的库存控制系统，双方都明白各自的责任，观念上达成一致的目标。

（1）供应商管理库存的优点。

VMI还是一种供应链库存管理方案，是以掌握零售商销售资料和库存量作为市场需求预测和库存补货的解决方法，由销售资料得到消费需求信息，供应商可以更有效地计划、更快速地对市场变化和消费者的需求做出反应。因此，VMI 可以用来降低库存量，改善库存周转，进而保持库存水平的最优化，而且供应商与用户分享重要信息，从而双方都可以改善需求预测、补货计划、促销管理和装运计划等。

VMI 在应用供应链的能力管理库存，集成供应与需求，规划整个供应链的库存配置过程中，实现了对供应链的有效运作和管理，以及对市场变化的科学预测和快速反应，从整体意义上优化供应链管理思维，主要表现在以下几个方面：第一，以双赢的态度看待合作伙伴和供应链的相互作用；第二，为供应链成功运作提供持续保证，并共同承担责任；第三，以信息取代库存；第四，实现跨企业、面向团队的供应链。VMI 是供应链管理的一个新模式，它为企业带来低成本优势、高效的供货速度、灵敏的市场反应能力，在提高了整个供应链流程管理的有效性的同时，也带来了流程管理的新理念。

VMI 对处于供应链下游的企业的好处是显而易见的。它克服了下游企业自身技术和信息系统的局限。随着供应链各个节点的企业核心业务的迅猛发展，供应链上游对下游的后勤管理（包括库存管理）也提出了更高的要求。实施 VMI 之后，库存由供应链上游企业管理，下游企业可以放开手脚进行核心业务的开发。VMI 还可以满足下游企业降低成本和提高服务质量的需要。与下游企业自己管理库存相比，供应商在对自身产品的管理方面更有经验、更专业。同时，供应商可以提供包括软件、专业知识、后勤设备和人员培训等在内的一系列服务，供应链中企业的服务水平会因为 VMI 而提高，库存管理成本会降低，下游企业的库存投资也会大幅度减少。

一方面，由供应链管理思想衍生出来的 VMI 本身追求的就是双赢的结局，它也将同时给处于供应链上游的供应商带来许多利益。VMI 允许供应商获得下游企业的必要经营数据，直接接触真正的需求信息（通过电子数据交换来传送）。这些信息帮助供应商消除预期之外的短期产品需求所导致的额外成本，同时，企业对安全库存的需求也大大降低。另一方面，VMI 可以大大缩短供需双方的交易时间，使上游企业更好地控制其生产经营活动，提高整个供应链的柔性。

综合而言，VMI 可以带来以下利益：降低库存；加快项目实施进程；通过集体采购降低采购单价；减少供应商的数目；通过改进供应商之间、供应商与用户之间的流程节约采购时间；提高供应链的持续改进能力；加强供应商的伙伴关系；降低库存过期的风险；与供应商合作改进产品性能，提高产品质量；通过用户对供应商的授权，促进供应商与用户之间的交流；降低采购订单、发票、付款、运输和收货等交易成本等。

（2）供应商管理库存的缺点。

当然，实施供应商管理库存对企业也会有些不利的影响：由于采购的职能转移给供应商，供应商的某些管理费用会上升，甚至会抵消节约的库存成本和管理费用；订货次数的增加为数量折扣的使用设置了一定的障碍；买方会丧失一定的控制权和灵活度；长期稳定的合作伙伴关系也可能会使双方企业失去创新变革的动力。另外，在实施供应商管理库存的最初阶段会由于人员的不熟悉和系统的调整而影响工作效率或造成差错，但总而言之，只要经过细致周密的安排，实施供应商管理库存，就能优化双方企业的运营，提高竞争力。

综上，VMI 的优缺点见表 6-4。

表 6-4　VMI 的优缺点

优点	缺点
供应方通过分享采购方信息，保证产品在采购方零库存或维持最低的库存保证基础上，在适当的时间进入正确的地点。VMI 在本质上是将多级供应链问题变为单级库存管理问题，从而获得管理简单的收益。实施 VMI 可以使供应商和零售商同时受益	缺乏系统集成。对供应商来讲，由于要承担更大的责任，费用会上升

3. 协同式供应链库存管理

随着供应链管理思想在实践中得到越来越多的运用，以及企业信息化水平的不断提高，有些企业已经不再满足于单纯的库存管理合作联盟，而是要求有更广泛层次的合作。为了实现对供应链的有效运作和管理，以及对市场变化的科学预测和快速反应，一种比供应商管理库存更为先进的面向供应链的运营策略——**协同式供应链库存管理**（collaborative planning forecasting and replenishment，CPFR）应运而生，逐渐成为供应链管理中一个热门的研究课题。

CPFR 是一种哲理，它应用一系列的处理技术和模型，提供覆盖整个供应链的合作过程，通过共同管理业务过程和共享信息来改善零售商和供应商的伙伴关系，提高预测的准确度，最终达到提高供应链效率、减少库存和提高消费者满意度的目的。在 CPFR 提出之前，关于供应链伙伴的合作模式主要有集合预测与补给（AFR）、联合库存管理（JMI）和供应商管理库存（VMI）等。CPFR 建立在 JMI 和 VMI 的基础上，同时摒弃了 VMI 的弱点。VMI 从原则上说是一种买方拉动的库存管理模式，虽然从表面上看，供应商承担了管理库存的工作，但是供应商是按照买方的生产计划和销售计划进行库存管理。买方仍然是单独地制订生产计划和销售计划，供应商则根据买方的计划相应地调整自身的计划以配合买方的运营。虽然买方是单独地制订计划，但买方在制订计划的过程中应该考虑到供应上的种种可变因素，因此单独地制订计划可能无法使企业运营达到最优。供应商更接近供应链的上游，比买方更了解原材料市场供给和价格波动的情况，更清楚本身的生产能力和运营情况，这可以使买方在计划过程中得到更准确、更详尽的原材料市场的信息和供应商生产运营信息，因此与供应商合作有助于制订更为有效的运营方案。CPFR 就是这样一种基于双向决策沟通的供应链合作模式，它改进了供应商管理库存的不足之处，通过合作进行计划、预测和补货，进一步提高供应链的效率和竞争实力。

CPFR 建立在供应商管理库存和联合库存管理的最佳分级实践基础上，同时摒弃了二者的主要缺点，同传统的供应链运营模式相比，CPFR 在改善供应链合作关系、提高消费者满意度和供应链整体运作效率方面，无疑是一个重大的进步，具有重要的理论和应用价值。但是，它也存在一定局限：以消费者为中心的思想未能完全实现；CPFR 始于需求预测，终于订单产生，因此合作过程不是十分完善。

📀 本章小结

库存管理是在满足顾客服务要求的前提下通过对企业的库存水平进行控制，力求尽可能降低库存水平，提高物流系统的效率，以强化企业的竞争力。库存管理在企业管理和供应链管理中都具有举足轻重的作用。经过长期的研究和实践，几种典型的库存问题已形成了比较规范的分析模型，但面对供应链中的各种矛盾，必须运用新型的供应链库存管理理念和方法加以解决。本章明确了库存管理的一些基本概念，系统阐述了传统库存管理的相关理论和方法，重点介绍了几种典型的库存决策模型，通过分析供应链环境下传统库存管理的局限，引出供应链库存管理的相关策略，包括联合库存管理、供应商管理库存、协同式供应链库存管理等。

📀 主要术语

库存（inventory）

库存管理（inventory management）

联合库存管理（jointly managed inventory，JMI）

供应商管理库存（vendor-managed inventory，VMI）

协同式供应链库存管理（collaborative planning forecasting and replenishment，CPFR）

📀 理论自测

1. 按经营过程，库存可分为哪几类？

2. 如何认识库存的价值？

3. 库存决策的类型主要有哪些？

4. 相比传统库存管理模式，供应链库存管理策略有哪些优势？

5. JMI、VMI、CPFR 的运作原理是什么？

扫码阅读6-3
第6章练习题。

📀 案例分析 6-1

优衣库的库存管理

库存决策是服装行业的普遍难题。从需求端来看，每次季节变化和服装流行趋势发生变化时，消费者通常会购买不同的服装，但由于不同消费者的年龄、身材、偏好不同，需求的服装款式、尺码等有很大差异，容易出现热销款断货和滞销款积压情况，服装企业很难确定精准产量，售罄率较低且不稳定。另外，服装企业需要在季末降价处理滞销产品，导致商家通常会预估季末促销的损失并转嫁到平常的商品价格中，而商品价格较高会更影响消费。

从生产端来看，服装企业通常要提前一年开始策划，确定流行色、流行素材、季节主题等，开发样品，并且需要提前 3 个月或半年采购原材料然后开始组织生产，因此其生产周期较长；同时纱线、布料、成衣的生产通常在不同企业完成，中间还需要物流与供应链配合的时间，因此传统模式下服装企业需要提前半年甚至一年开展服装销售预测。然而，一方面预测本身容易产生误差，尤其中小服装企业很难主导流行趋势，另一方面大多数服装企业以加盟为主，很难掌控实际销售情况，难以及时调整生产计划。因此大多数传统服装品牌是按季度为周期进行销售，原价销售的时间为当季前 2 个月，最后一个月对滞销商品进行打折促销。

优衣库通过供应链的精细化运营解决库存管理难题。

生产方面，优衣库的商品设计开发较上架提前一年时间，但生产和销售以及成本管理以周为单位，从而实现精细化运营。公司确立了每周一次的例会制度，在例会上汇总各个门店销售数据，发现畅销品和滞销品。公司在每周例会上会对比计划销量和实际销量之间的差距，对所有商品按颜色、尺码来调整促销和生产计划。如果销售超出预期会追加生产，低于预期则停止生产并限期降价来促销，从而提高生产和需求之间的匹配度。

采购方面，优衣库对纱线、坯布、成衣三个阶段进行管理。其中成衣部门制订好周销售计划，按产品种类、颜色、号码下订单开始生产，首次下单量为门店货架上展示的备货量＋下次订货到商品上市这段时间内的可能销售量（防止缺货），此后公司根据各门店的反馈以周为单位追加或减少订单。

销售方面，优衣库根据上一周的销售数据并与计划对比，确定本周的销售和促销计划，通过价格调整等手段刺激消费，减少库存。确定促销内容后，公司会通知各门店对库存进行盘点，调整促销品的上架位置等。

优衣库通过供应链的精细化运营，售罄率相对较高，库存控制水平得到提高，降低了运营成本，进而可以为消费者"让利"，实现了供需双赢。

资料来源：一文详解优衣库供应链，如何将库存周转缩短至7天？https://www.sohu.com/a/333328531_343156, 2020-02-27.

|思考|
比较传统模式下服装企业的库存控制与优衣库的库存控制的区别。

案例分析 6-2

戴尔如何实现零库存

戴尔通过供应链流程的简化，信息反馈速度大幅度提高，库存控制能力加强，与零件供应商的协作关系加强，实现了以"以信息代替库存"的目标。

戴尔采取直销经营，这种营运方式在业界被称为"零库存高周转"。与大多数企业要根据对市场的分析和预测来制订生产计划不同，戴尔的直销模式意味着公司只要按需生产即可。因此，当许多公司按照预测批量制成成品投放市场时，戴尔公司则以接到的订货单为准来生产，按照要求对电脑部件进行组装，成为整机。这样，公司实现定制生产，能保证在极短的时间内生产出真正符合顾客需求的产品。

戴尔利用信息技术实现对生产过程的全面管理。通过互联网，戴尔公司与上游制造商紧密合作，对客户的订单快速准确地做出反应。这也给戴尔公司提出了较高的要求：订单在传到戴尔的控制中心后，控制中心要将订单内容进行及时分解，然后再通过网络将一个个子任务分派给各个独立的配件制造商，开始生产。制造商根据这些电子订单开始生产组装，同时必须确保要按照戴尔控制中心提供的时间表来供货。而戴尔接下来要做的，就是完成最后的组装及系统测试，其他的事情则交给客户中心去处理。

经过优化后，戴尔供应链每20秒钟汇集一次订单。当完成对所有订单的汇总后，供应链系统软件会自动做出反应，分析出所需的原材料。同时，要对公司现有的库存和供应商的库存做出比较，最终产生一份供应商材料清单，这就可以了。

需要注意的是，从准备所需的原材料到将这些材料运送至戴尔的工厂，对戴尔的供应商来说，所需时间仅为 90 分钟。接下来，戴尔卸载货物，需用时 30 分钟，然后要做的就是严格按照制造订单的要求，将原材料放到组装线上。这样，戴尔工厂里产品在库房存放的时间，仅需7 个小时。戴尔能用 7 个小时的时间，完成一般企业可能需要耗时几个月甚至更长时间完成的事情，这是戴尔创造的一项传奇纪录。而能让这一传奇实现的真正原因，就在于戴尔所拥有的雄厚技术基础。

所谓技术基础，即装配线由计算机控制，使用条形码从而让工厂能够对每一个部件和产品进行跟踪。戴尔公司能够保证内部信息的流通极其通畅，因为戴尔公司通常会使用自己开发的信息系统来实现信息流，这样一来，信息流就能与企业的运营过程及资金流达成同步。

资料来源：范晓杰，代安荣. 电脑世界的佼佼者戴尔［M］. 长春：吉林出版集团有限责任公司，2014.

| 思考 |

1. 结合案例内容分析零库存管理能给企业带来的效益。

2. 查询相关资料，分析实现零库存管理的难度，然后结合案例分析戴尔是如何破解这些难题的。

⚙ 实训项目

库存控制模型应用

1. 实训目标

通过实训，学生应了解库存管理的作用，掌握 EOQ（经济订货批量）的运算规则。

2. 实训内容

某公司为了降低库存成本，采用订购点法控制某种产品的库存。该产品的年需求量为1 000 单位，准备或订购成本为每次 10 美元，每年每单位的持有成本为 0.5 美元，试计算该公司每次订购的最佳数量。

第7章

CHAPTER 7

配送与配送中心

|学习目标|

1. 掌握配送的概念、特征及分类
2. 掌握配送的条件和作用
3. 掌握配送中心的概念、分类及功能
4. 了解配送中心的作业流程
5. 熟悉不合理配送的表现形式
6. 理解合理配送的标志和措施
7. 了解配送路线和配送模式的选择

|导入案例|

7-Eleven 的物流配送

7-Eleven 初名为南方公司，1927 年在美国得克萨斯州达拉斯创立。1964 年，公司推出了创新性的服务举措，将其营业时间延长为早上 7 点至晚上 11 点，受到了顾客的青睐。"7-Eleven" 这个名字由此得来。日本零售业经营者伊藤洋华堂于 1974 年将 7-Eleven 引入日本，从 1975 年开始变更为 24 小时全天候营业。1999 年 4 月 28 日，美国南方公司正式改名为 7-Eleven。目前 7-Eleven 是世界最大的连锁便利店集团，业务遍及全球 200 多个国家和地区。截至 2019 年，7-Eleven 拥有 64 000 多个店铺，其中在上海、广州、重庆等多个城市都能见到 7-Eleven 店铺的身影。2021 年 1 月，2020 年全球最具有价值 500 大品牌榜发布，7-Eleven 位列第 215 位。

一家便利店的成功很大程度上取决于其配送系统的支持能力。一家普通的 7-Eleven 连锁店，产品种类极为丰富，每天要提供 23 000 多种食品，这些不同的食品有可能来自不同的供应商，运送和保存的要求也不尽相同。例如，同是牛奶，有多种品牌，供应商也会有多个。另外，7-Eleven 还要根据顾客的不同需要随时调整货物的品种，并且为了满足顾客需求，每一种食品不能短缺或过剩，这就对 7-Eleven 连锁店的物流配送提出了很高的要求。

7-Eleven 认为由供应商分头对便利店进行配送非常没有效率，因此建议把同一地区同类供应商的产品混装在一起实行共同配送。这个想法起初遭到各供应商的强烈反对，因为供应商都不愿意运送其他竞争对手的产品。但人们很快发现这种物流体系的优势明显，共同配送不但减少了每家店面的送货车数量和配送频次，而且大大地提高了送货速度，7-Eleven 的采购效率也大大提升。

为了解决物流问题，7-Eleven 也建立了自己的物流配送中心，分别在不同的区域统一集货、统一配送，同时大力开发计算机网络配送系统，分别与供应商及 7-Eleven 店铺相连，做到商品信息透明化、高效化。具体的流程如下：首先，配送中心的计算机网络配送系统每天会收到来自各店铺的库存报表。配送中心会对这些报表进行数据分析，最终生成对不同供应商的订单。其次，配送中心计算机网络配送系统及时将订单发给供应商，保证供应商能够将货物在预定时间内送到配送中心。同时 7-Eleven 配送中心在收到供应商提供的所有货品后，将各门店所需货品进行包装，等待发货。第二天早上，送货车离开配送中心，前往该地区的商店。7-Eleven 在建立了自己的物流配送中心后，物流配送自主性大大提高，可以随时掌握在途货物和库存货物的数据，以及供应商的相关信息。

7-Eleven 在各个区域设立的共同配送中心采用了 "根据温度管理" 的方法，根据产品的不同特性，分成冷冻型（−20℃），如冰激凌；微冷型（5℃），如牛奶、生菜等；恒温型，如罐头、饮料等；暖温型（20℃），如面包、饭食等四个温度段进行集约化管理。这种温度控制方法大大提高了食品鲜度和产品品质，受到了消费者的欢迎。

资料来源：孙开庆，赵玉国. 连锁企业物流管理［M］. 北京：科学出版社，2009.

思考：

1. 结合案例述说物流配送中心的运作过程。

2. 你认为配送中心给 7-Eleven 带来了什么好处？

7.1 配送概述

7.1.1 配送的概念

《物流术语》将**配送**（distribution）定义为："根据客户要求，对物品进行分类、拣选、集货、包装、组配等作业，并按时送达指定地点的物流活动。" 配送是物流的一个缩影，因而配送环节也是整个物流过程中一种特殊的、综合的活动形式，一般情况下配送只需要将物品送达客户手中。特殊的配送还需要增加一些流通加工活动。在社会再生产过程中，配送与物流其他环节相比，其位置处于更加接近客户端的流通领域。从配送的发展趋势来讲，商流和物流的紧密配合是配送成功的重要保障。要深入理解配送，需要掌握以下几点：

（1）配送从字面上可以划分为"配"和"送"，需要"配"和"送"的有机结合；从流程上看是指完全按照客户要求的时间、数量等完成分拣、配货等工作。配送与一般送货之间有本质的区别，其中差别最大的一点是配送利用有效的分拣、配货等工作，使送货达到一定的规模，以便利用规模优势达到较低的送货成本。

（2）配送属于物流环节，物流又属于服务业，因而配送是按照客户要求进行的一种服务活动，需要以客户要求为出发点，在观念上与服务业保持一致，"客户第一""质量第一"。

（3）配送是物流的最后环节，承担着"门到门"的服务型服务，与一般的供应或供给有本质的区别。

（4）配送是一种现代化的物流形式。配送活动能够同时为供应者和需求者都带来降低物流成本、享受优质服务等直接效益，而且能够为社会做出有益贡献，如节省运输车次、缓解交通压力和减少运输污染等，有利于实现可持续发展。

7.1.2 配送的特征

（1）配送以终端用户为出发点。配送是通过一系列的活动完成最终交付的一种活动，是从最后一个物流节点到用户之间的物品的空间移动过程。这一过程主要是通过配送中心或零售店铺来完成的。

（2）配送是末端运输。从运输角度来看，货物运输分为干线部分的运输和支线部分的配送。这里所说的配送是指在整个物流过程中属于支线、末端的运输，是面对客户的一种短距离的送达服务。配送与运输的主要区别见表7-1。

表 7-1 配送与运输的区别

项目	运输	配送
线路	从工厂仓库到物流中心	从物流中心到终端客户
运输批量	批量大，品种少	小批量，品种多
运输距离	长距离干线运输	短距离支线运输
评价标准	主要看运输效率	主要看服务质量
附属功能	单一	几乎包括了物流的所有功能要素

（3）配送时效性强。配送强调特定时间、特定地点完成交付活动，也就是说按客户要求或双方约定的时间送达，体现配送的时效性。从2008年起逐渐兴起的"即时配"对于时效性要求极高，并且具有广阔的市场前景。"即时配"是指完全按照用户突然提出的时间、数量方面的配送要求，随即进行配送的方式。采用这种方式，客户可以将安全储备降

低为零，以即时配送代替安全储备，实现零库存经营。例如，美团配送是美团平台下的一种先进的实时物流平台，拥有强大的实时配送网络，致力于满足商家和消费者的各种配送需求。截至 2020 年，与美团配送签约的美团骑手日均超过 70 万，日订单量超过 3 000 万，平均每单配送时间仅为 30 分钟。美团配送业务范围已覆盖中国的 2 800 个市县，客户高达 360 多万家。

（4）配送是各种业务的有机结合体。在配送业务中，人们熟知的主要是送货环节，其实在配送整个活动内容中不仅仅包括送货环节，还包括拣选、分货、包装、分割、组配、配货等多项工作，所以说配送是物流的一个缩影。为了高效率地完成任务，配送必须与这些业务活动紧密联系、有机结合。当然在结合的同时必须依赖现代技术和手段，建立和完善整个现代化配送作业系统，例如京东商城[⊖]高速发展的重要原因正是其在配送与售后服务方面的积极推动。

扫码观看7-1
美团超脑即时
配送系统。

在订单处理方面，京东公司为客户提供订单查询、订单提交、订单修改、订单取消、订单拆分、异常订单、订单确认、订单过户评估、非法订单处理、第三方交易纠纷等流程服务。为客户提供优质服务的基础是京东公司电子商务后台强大的配送订单处理能力。

（5）配送追求综合的合理效用。在配送环节，虽然强调"客户第一"的观念，但不能过分强调"按用户要求"，应当在时间、速度、服务水平、成本、数量等多方面寻求最优。因客户要求有时存在不合理现象，在这种情况下，要对客户进行指导，实现双赢。

7.1.3 配送的分类

1. 按经营形式不同分类

（1）销售配送。销售配送指配送企业是销售企业，或销售企业作为销售战略的一个环节所进行的促销型配送。销售配送是企业提升自身销售竞争力的重要手段，各种类型的商店配送一般都属于销售配送。销售配送在某种程度上具有极大的不确定性，通常客户不固定，配送的货物种类和数量也不固定，其配送的经营状况很大程度上取决于市场经营状况，配送物流量的大小也依赖于企业对市场占有情况，因此，配送随机性较强而计划性较差。

（2）供应配送。供应配送指企业为了自己的供应物资（商品）需要所采取的配送形式。供应配送形式在大型企业或企业集团、联合公司中采用得较多。例如，7-Eleven 等大型连锁商店。大型企业、企业集团和联合公司一般由企业自建配送节点，集中组织进行大批量进货，来保证供应水平、提高供应能力、降低供应成本。采用供应配送方式，不仅能达到规模效应，得到价格优惠，而且能通过集中库存来实现内部用户单位零库存，从而降低物资供应成本。

（3）销售 – 供应一体化配送。这种配送方式是指销售企业对于部分固定客户提前采取有计划地供应，保证一定的货源。通常情况下，销售企业能够获得稳定的供应，节约人

⊖ 京东商城是中国最大的综合网络零售商之一。2004 年，京东正式涉足电子商务领域。2019 年 7 月，京东成为中国最大的线上线下零售集团，在《财富》世界 500 强排名第 139 位。

力、物力和财力。这种形式有利于形成稳定的供需关系，有利于供需双方形成良好的合作模式，保持流通渠道的稳定畅通。因此销售－供应一体化的配送方式是配送经营中的重要形式。

（4）代存代供配送。代存代供配送方式是指客户将属于自己的货物委托配送企业代存、代供，有时还委托代订，然后由代理配送企业组织对客户企业配送的方式。这种配送方式与其他配送方式最大的区别是在整个配送过程中不会发生商品所有权转移，配送企业只是暂时充当客户的委托代理人，其商品所有权在配送前后都由客户所有，唯一发生改变的是在代存代供配送过程中商品物理位置发生了转移。配送企业仅能从代存、代送中收取一定的服务费用，而不能获得商品销售的经营权。

2. 按配送企业的业务关系分类

（1）综合配送。综合配送是指配送商品种类较多，不同专业领域的产品在同一配送节点中组织对客户的配送。综合配送有利于最大程度地整合企业内部和外部的物流资源和物流业务流程；有利于实现时间与空间的各个环节的全方位配合，因而成为一种高效运行的物流配送模式。但综合配送也有一定的局限性，在配送过程中，难免会遇到产品性能、形状差别很大的不同产品，与此同时在组织配送过程中配送技术难度大。

（2）专业配送。专业配送是指按产品性能不同适当划分专业领域的配送方式。专业配送一般会制定适应性强的工艺流程，并严格按照划分标准来优选物品进行配送。这种配送有利于大大提高配送各环节的工作效率。在进行专业配送的时候必须注意物品划分并非越精细越好，同一形状、不同类别的产品也是有一定综合性的。

（3）共同配送。**共同配送**（joint distribution）是指几个配送中心联合起来，共同制订计划，由若干个配送企业联合在一起共同完成的对某一地区用户进行的配送，具体执行时需要共同调配和使用配送车辆。共同配送可以合理调配、调度运输工具和综合利用物流设施，发挥配送企业的整体优势。共同配送的收益一般按照一定的比例由各配送企业共同分成。

按配送企业的业务关系分类，其不同的配送类型具有不同的配送范围，见表7-2。

表 7-2　配送企业的配送范围

配送类型	配送范围
综合配送	形状相同或接近的产品
专业配送	①金属材料配送；②中小件杂货配送；③燃料煤配送；④燃料油配送；⑤水泥配送；⑥木材配送；⑦平板玻璃配送；⑧化工产品配送；⑨生鲜食品配送；⑩家具及家庭用具配送
共同配送	①在用户集中区，且该地区较为受限，各用户单独建立接货场地十分困难的情况下，对此多用户联合设立配送的接货场地；②在一个城市或一个地区中有很多个不同的配送企业，为了提高效率，配送企业共同利用配送中心和配送机械等设施，以对不同配送企业的用户实行共同配送

7.1.4　配送的条件

配送是一种现代化的物资流通方式，其实施是一项比较复杂的工作，需要具备一定的条件，主要包括以下几个方面：

（1）稳定的货源保障。货物配送是根据配送协议按照用户的要求进行的。为此，需要按照用户需要的货物品种、数量、规格，在指定的时间及时送到指定的地点，为了达到这个目的就必须有充足、稳定的货源做基础。因为若货源得不到保障，就没有物资可以配送，其结果是会影响用户的生产，甚至会造成停工待料（或脱销），给用户造成一定的经济损失。因此，承担货物配送的流通企业必须多渠道取得稳定的资源，以满足用户的要求。

（2）充足的资金。为保证配送的顺利进行，必须建立一定的物资储备，因而会占用大量的资金。所以企业必须从多方面以多种形式筹措资金，以保证配送活动的顺利进行。

（3）齐备的配送设施和设备。货物配送是一种综合性物流活动，需要硬件设施和软件系统的配合，才能保证配送的顺利开展。为此需要拥有能够开展配送活动的场地和暂时储备中转的仓储地，还需要齐备的物流设施和设备，协同配合配送活动的开展。拥有齐备的配送设施和设备，有利于配送活动的高效运行，节约时间成本，提高配送质量。

（4）高效的信息系统。当今时代是信息化的时代，因而货物配送活动依赖于大数据信息。为了高效率地完成配送任务，首先配送中心需要随时准确把握市场供求情况，并针对市场情况进行物资资源和用户需求预测；其次制订配送计划，根据计划有条理地开展订货、进货、存货、配货等信息处理；最后根据需求变动信息对配送计划执行情况进行分析，经过严密的信息收集和分析，合理确定配送范围，合理选择配送路线等。另外，信息的收集和处理都应通过计算机信息系统来实现。

（5）一支高素质的配送队伍。结构合理、素质高的职工队伍，能够保障货物的优质配送。例如，京东近十万名一线员工全部是正式员工，由京东自主培养、管理，在仓储、配送、客服、售后各个服务环节都有着严格的管理规范和要求，解决了物流配送行业暴力分拣、配送不上门、配送延误、包裹污染受损、配送态度恶劣等不良乱象。因此，货物配送要高度重视配送人才的培养，既要对配送人员在数量和构成上有一定的要求，又要对人员的素质有一定的要求。

7.1.5　配送的作用

完善的配送将提高物流系统质量，促进生产企业和流通企业的发展，促进整个社会效益的提高。

（1）完善运输过程和整个物流系统。配送中采用批量进货、集中发货以及将多个小批量集中起来大批量发货，可以有效节省运力，实现合理经济化运输，降低物流成本。

（2）通过集中库存使企业实现低库存或零库存。一般情况下生产企业为保证生产的持续开展或者销售，会保有一定量的库存来保障生产的正常运行，但库存管理会增加企业运营成本。如果社会供应系统既能承担生产企业的外部供应业务，又能实现内部物资供应，那么生产企业的"零库

扫码观看7-2
配送。

存"就能成为可能。所以说生产企业为实现"零库存",有一个不可缺少的前提条件是高效的配送体系。

（3）提高社会的经济效益。搞好配送服务,实现物资流通社会化、现代化、合理化,使货畅其流、物尽其用,能减少生产企业库存,加速资金周转。高效的配送系统可以发挥规模经济的优势,实施集中库存,降低社会物流成本。与此同时,有效配送是流通社会化、物流产业化的重要内容,可以产生巨大的社会效应。

7.2 配送中心

7.2.1 配送中心的概念

《物流术语》将**配送中心**（distribution center）定义为:"具有完善的配送基础设施和信息网络,可便捷地连接对外交通运输网络,并向末端客户提供短距离、小批量、多批次配送服务的专业化配送场所。"

7.2.2 配送中心的功能

（1）采购功能。配送中心需要根据市场或下游用户的需求情况,采购所要供应配送的商品,为后续的配送活动做好必要的准备,才能及时准确无误地为其用户即生产企业或商业企业供应货物。采购功能的一个重要职责就是要确保配送中心获得的货物符合客户质量标准要求。因此,采购功能既是配送中心向用户提供商品的前提和保障,同时也是配送中心降低进货成本、提高经济效益的重要手段,是配送中心必不可少的功能。

（2）存储功能。配送中心的存储功能一方面解决季节性货物生产计划与销售季节性的时间差问题、进货与销售之间的时间差问题,另一方面有效组织货源,解决生产与消费之间的平衡问题。为了更好、有序地完成向用户配送货物的任务,配送中心通常要组建现代化的仓库设施设备,以便安全高效地存储一定数量的商品。

（3）分拣功能。配送中心作为物流节点,所面对的用户众多,彼此差别很大,不仅各自的性质不同,并且其经营规模也大相径庭。因此为这些不同的用户提供配送服务时,配送中心必须有目的性地采取适当的方式对组织来的货物实施拣选,通过分拣作业,有计划地按照顾客要求分装和配装货物。配送中心的分拣功能是与传统普通仓库最明显的区别之一,体现了配送中心"配"的精髓。

（4）集散功能。配送中心可以将分散在各个生产企业的商品集中到一起,而后经过分拣、装配将商品向多家用户发运。与此同时,配送中心还可以将各用户所需要的多种货物有效地组合在一起,以形成经济、合理的货载批量。集散功能也可以将其他公司的货物放入该配送中心来处理、发运,以提高卡车的满载率,降低费用成本。

（5）加工功能。有些配送中心为了扩大经营范围和提高配送水平,会在配送中心配备一定的加工设备,并按照客户的要求对货物进行加工,在一定程度上满足客户需求。加工功能是现代配送中心服务职能的具体体现，配送中心具体的加工形式见表 7-3。

表 7-3 配送中心的加工功能

加工形式	功能
切割加工	对整件货物通过分割形成等量或等额单元
分装加工	为了便于生产或销售，将货物按要求重新包装成大包装、小包装、运输包装、销售包装等多种包装形式
分选加工	由于购进货物在质量等级、规格、花色上存在一定差异，不利于生产或销售，必须进行有效的、有目的性的人工或机械方式分选，以满足不同需求

（6）信息处理功能。配送中心不仅能有效实现货物流通，而且具有协调物流各个环节，进行信息沟通处理的功能。因而配送中心需要配有相当完善的信息处理系统，保障配送中心的各项工作顺利开展。通过信息处理系统，配送中心能与上下游企业以及客户进行直接的信息交流，也能够更快地得到上下游信息，不仅有利于合理组织货源，控制最佳库存，还有利于把握整个物流过程。

扫码观看7-3
配送中心。

7.2.3 配送中心分类

根据不同的分类方式，配送中心可以分为不同的类别。

1. 根据隶属关系分类

根据隶属关系，配送中心可以分为生产企业配送中心、商业企业配送中心、储运企业配送中心、社会化配送中心。生产企业配送中心一般由规模较大的企业，如跨国公司出资兴建；商业企业配送中心主要可以细分为批发商配送中心和零售商配送中心；储运企业配送中心将仓储企业作为物流的节点；社会化配送中心往往为中小工商企业服务或为物流公司服务。具体信息见表 7-4。

表 7-4 按隶属关系分类的配送中心

属性	目的	举例
生产企业配送中心	为生产的产品进行实体分配	德国林德公司的配送中心，日本的松下、丰田等知名公司，都拥有自己的配送中心和运输工具
商业企业配送中心	从事原材料、燃料、辅助材料的流转	沃尔玛、麦德龙、家乐福等大型零售企业
储运企业配送中心	将配送中心作为物流节点以整理、配载、换载货物，达到扩大功能、节约物流成本的目的	美国 APA 运输公司在纽约的配送中心，运输是主营业务，分拣、保管为延伸业务
社会化配送中心	自身不具备建立配送中心的条件，通过政府出资或由众多企业集资建成，使之能够公共使用的装卸平台、设备、设施	德国不来梅配送中心、西班牙马德里内陆港配送中心

2. 根据作业特点分类

根据作业特点，配送中心可分为流通型配送中心、加工配送型配送中心和批量转换型配送中心。流通型配送中心仅以暂存或随进随出方式进行配货送货；加工配送型配送中心与其他配送中心相比，附加了加工功能；批量转换型配送中心主要在配送中心将单一品种大批量方式转换成小批量的作业形式。其各自特点见表7-5。

表7-5　按作业特点分类的配送中心

分类	特点
流通型配送中心	在配送作业中，大量货物整进，并按一定批量零出，主要依靠大型的分货机。让货物在进货过程中就直接进入分货机传送带，分送到各用户的货位或直接分送到配送汽车上。货物在配送中心仅做短期停留，此配送中心无长期储存功能
加工配送型配送中心	在配送作业中，储存作业和加工作业居主导地位。虽进货量较大，但是分类、分拣工作量并不太大。另外，加工的产品品种较少，不需要单独设立拣选、配货等环节，并且加工完的产品可直接送到用户户头划定的货位区内进而进行包装、配货。如上海六家船厂联建的船板处理配送中心就是这种类型
批量转换型配送中心	批量转换型配送中心主要以随进随出方式进行分拣、配货和送货，产品以单一品种大批量方式进货，在配送中心转换成小批量，商品在配送中心仅短暂停留

3. 根据服务区域分类

根据服务区域，配送中心可以分为城市配送中心和区域配送中心，其各自特点见表7-6。

表7-6　按服务区域分类的配送中心

分类	特点
城市配送中心	以城市区域为配送范围，向城市范围内的众多用户提供配送服务。因城市范围一般处于公路运输的经济里程内，距离相对较近，表现出反应能力较强。这种配送中心可直接配送到最终用户，往往与零售经营相结合。由于运距短、反应能力强，因而从事多品种、少批量、多用户的配送较有优势，也可以开展"门到门"配送。城市配送中心的服务对象多为城市圈里的零售商、连锁店和生产企业，所以一般来说，辐射能力都不太强。在流通实践中，城市配送中心多采取与区域配送中心联网的方式运作，如北京食品配送中心等
区域配送中心	以较强的辐射能力和库存准备，向省、全国乃至国际范围配送。这种配送中心规模较大，设施和设备齐全，并且数量较多，活动能力强；配送批量较大，批次较少；具有较强的辐射能力和库存准备

4. 根据物品流向分类

根据物品流向，配送中心可以分为供应配送中心和销售配送中心，其各自特点见表7-7。

表7-7　按物品流向分类的配送中心

分类	特点
供应配送中心	专门为某个或某些用户组织供应货物，充当供应商角色。如为大型连锁超级市场组织供应的配送中心，代替零件加工厂送货的零件配送中心。由于供应配送中心担负着向多家用户供应商品（其中包括原料、材料和零配件等）的任务，因此，为保证生产和经营活动的正常进行，这种配送中心都建有大型的现代化仓库并储存一定量的商品，占地面积一般都较大
销售配送中心	以销售经营为目的，以开展配送为手段的配送中心。销售配送中心有三种类型：①生产企业或制造商专门为自身产品直接销售及扩大自己的市场份额而设立的配送中心，如美国的加工业配送中心；②专门从事商品销售活动的流通企业为了扩大销售而自建或合作建立起来的销售配送中心，我国一些试点城市所建立或正在建立的生产资料配送中心属于销售配送中心；③流通企业和生产企业联合的协作性配送中心，此种配送中心类似于国外的"公共型"配送中心

5. 根据服务的适应性分类

根据服务的适应性，配送中心可以分为专业配送中心和柔性配送中心，其各自特点见表 7-8。

表 7-8　按服务的适应性分类的配送中心

分类	特点
专业配送中心	专业配送中心有两个含义：一是配送对象、配送技术属于某一专业范畴，在某一专业范畴有一定的综合性，综合这一专业的多种物资进行配送；二是以配送作为专业化职能，基本不从事经营的服务型配送中心
柔性配送中心	柔性配送中心不向固定化、专业化方向发展，而是向能随时变化、对用户要求有很强的适应性、不固定供需关系、不断发展配送用户并改变配送用户的方向发展

6. 根据配送货物种类分类

根据配送货物种类，配送中心可分为食品配送中心、日用品配送中心、电子产品配送中心、服饰产品配送中心、医药品配送中心、化妆品配送中心、书籍产品配送中心、汽车零件配送中心等。

7.2.4　配送中心的作业流程

在配送中心中，从货物的入库一直到配送出货要经过若干作业环节，每一个作业环节包含不同的作业内容，同时各项作业之间又有较为固定的先后顺序，其一般作业流程如图 7-1 所示。

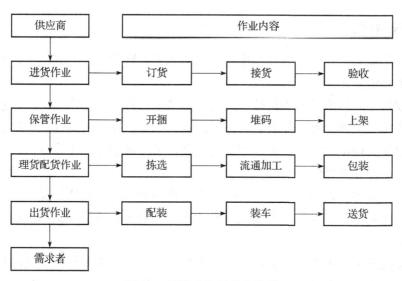

图 7-1　配送中心的作业流程

1. 进货作业

配送中心进货作业是进行各项作业的首要环节，这一环节要在对需求者充分调查的基础上进行，它主要包括订货、接货和验收三个环节。

订货是配送中心收到需求者的订单信息并将其汇总，确定配送货物的种类和数量，然后了解现有库存商品情况，再确定向供应商进货的品种和数量。对于流转速度较快的商品，为使供货及时，配送中心也可先不看客户订单，根据需求情况提前按经济批量组织订货。

供应商根据订单要求的品种和数量组织供货，配送中心则要做好验货和提货准备，有时还需到港口、车站、码头接运到货，签收送货单后就可以进行验收货物，这一环节称为接货。

验收在进货作业中是一项重要的工作，是保证商品以后能及时、准确、安全地发运到目的地的关键一环。在配送中心应由专人对货物进行检查验收，依据合同条款要求和有关质量标准严格把关。

2. 保管作业

对于验收合格的商品，有的要进行开捆、堆码和上架。配送中心为保证货源供应，通常都会保持一定数量的商品库存（安全库存），一部分是为了从事正常的配送活动保有的存货，库存量比较少，另一部分是集中批量采购形成的库存，具有储存的性质。仓库管理员的本职工作需要其经常或定期对仓储物品进行检查和养护，其中对于易变质或存储环境比较特殊的物品，需要特别注意，经常进行检查和养护。仓库管理员的检查工作的主要目的是尽早发现潜在的问题，养护工作主要是以预防为主。在仓库管理过程中，管理人员需要根据储存物品的属性保持适当的温度、湿度，采取适当的防护措施，预防破损、腐烂或失窃等，保证存储物品的安全。

3. 理货配货作业

理货配货作业是配送中心的核心作业，主要基于不同的客户订单要求，进行货物的拣选、流通加工和包装等工作。

拣选是配送中心作业活动中的核心内容。拣选是按订单或出库单上的信息，从储存地选出订单或出库单上的物品，并放置在指定地点的作业。在短时间内高效率、准确地完成上百种甚至更多种商品的拣选，是一项较为复杂、工作难度高的工作。拣选作业的方法分为摘取方式和播种方式两种。

流通加工作业主要包括：按照客户的要求，将一些原材料套裁；辅助加工，如对产品进行简单组装等；深加工，如将蔬菜或水果洗净、切割等。流通加工作业能够使配送物品增值，提高客户满意度。

包装作业是指配送中心将需要配送的货物拣取出来后，为了便于运输和识别不同用户的货物，对其货物进行重新包装或捆扎等作业，同时在包装物上贴上标签。

4. 出货作业

出货作业主要包括确定各物品所要装入的车辆、装车和送货。当确定完运输车辆和运输线路后，配送中心要把在同一时间内出货的不同用户的货物分拣出来进行重新组合配装，同时将同一批次的货物装运在运输车辆上进行运送。按后送先装的原则装车，并按事先设计好的运输路线，把货物最终送达客户手中。出货作业的特点主要有以下几个。

（1）时效性。送货是从客户订货至交货各阶段中的最后阶段，是关乎能否在指定的时间内交货的关键环节。有很多影响因素会引起时间延误，如配送车辆故障、所选择的配送线路不当或者中途客户卸货不及时等。因此，在各种突发情况下必须认真分析如何解决这些突发情况，以便及时有效协调，选择合理的配送线路、配送车辆和送货人员，能够让客户在预定的时间内收到所订购的商品。

（2）可靠性。货物在装卸作业过程中的机械振动和冲击，以及其他意外事故、客户地点及作业环境、送货人员的素质等都可能影响出货的可靠性。要将货物完好无损地送到目的地，必须在配送管理中注意考虑这些因素，提高出货的可靠性。

（3）沟通性。出货作业是配送的末端服务，能够通过送货上门服务直接与客户面对面地交流，可以说是与客户沟通最直接的桥梁，因此这一环节不仅代表着公司的形象和信誉，还在沟通中起着非常重要的作用。所以，配送人员应重视和充分利用与客户沟通的机会，为客户提供更加优质的服务。

（4）便利性。配送以服务为目标，尽可能地给顾客提供一种及时方便的服务。针对这项服务可以通过高弹性的送货系统，如采用加急送货、辅助资源回收等方式，让顾客在真正意义上享受便利的服务。

（5）经济性。配送企业是服务型企业，但其本质是以盈利为目标，希望获得一定的收益。配送企业和合作企业都希望以较低的成本完成配送作业，这就需要双方建立双赢机制、加强合作。与此同时，企业应在满足客户要求的情况下，提供高质量、及时方便的配送服务。

延伸阅读 7-1

众包与即时配送

所谓众包，是把过去由专职员工执行的工作任务，以自由自愿的形式外包给非特定的大众网络的做法。所谓众包物流，是指把原先由企业员工承担的配送工作，转交给企业外的大众群体来完成。达达快送和闪送都是众包物流的代表。

达达快送于 2014 年 6 月成立，是达达集团旗下中国领先的本地即时配送平台，是众包模式下即时配送平台的典型代表，主要服务于外卖、水果、生鲜、私厨、超市便利店等典型的 O2O 场景配送。达达快送为适应时代发展变化的需要，也在不断进行技术迭代升级，基于众包运力网络的灵活性和可扩展性，搭建起一套由落地配、即时配、帮买帮送组成的配送服务体系，希望满足多样化的市场需求，为各类企业和个人提供专业、高效的当地即时送货服务。截至 2021 年第一季度末，达达快送业务已覆盖中国 2 700 多个县、区和市，日均订单量峰值超千万单。据统计，从 2019 年 3 月 31 日到 2020 年 3 月 31 日，达达快送骑手的总订单量超过 8.22 亿，并且达达快送在中国社会化同城配送市场中的份额也创新高，成为中国社会化同城配送的第一。

闪送为北京闪送科技有限公司旗下的同城即时物流服务品牌，是国内唯一一家提供一对一同城速递服务的企业，其服务模式为"一对一急送，拒绝拼单"。该服务模式是指闪送员从发件人那里取件，再快速送到收件人手中。物品递送服务只由一名闪送员处理，且一名闪送员一次只能接收一份订单。闪送员在手中订单结束之前，将不会接其他订单。这一服务模式下闪送员就会对一个订单全权负责，配送时间效率更高。另外，对于保密性和安全性要求较高的物品而言，一对一专送的过程更加安全，避免了传统快递过程中货物中转带来的一系列丢失破损，用户使用起来也更加安心。因而与外卖、跑腿等递送形式相比，闪送有其独特的优势。目前，闪送同城速递服务已经为超过 1 亿用户解决了生活难题。闪送自 2014 年上线服务后，覆盖城市数量已达 222 座，日活跃闪送员超过 80 万名。其配送时效可达到平均 1 分钟响应，10 分钟上门，60 分钟到达全市，日订单量突破 60 万。

资料来源：达达官网 https://www.imdada.cn/，闪送官网 http://www.ishansong.com/news/detail?id=92.

7.3 配送合理化

物流配送属于整个现代物流体系的"末端运输"环节，直接服务于用户，是现代物流体系的关键环节。配送的合理化及专业化程度直接影响到整个物流系统的效益。

7.3.1 合理配送的标志

对于配送合理与否的判断，是配送决策的重要内容，目前国内外尚无统一的技术经济指标体系和判断方法。按一般认识，主要可以参考以下指标。

1. 库存标志

库存标志是判断配送合理与否的重要标志，它包括以下两个具体指标：

（1）库存总量。配送中心的库存总量是指配送中心库存量与各客户库存量之和。一般情况下，各客户会以库存总量为主要判断标准，将实行配送的前后库存量进行比较，判断其配送是否合理。因为客户的生产经营状况是不断变化的，所以库存总量是一个动态的量。如果客户的生产规模扩大，库存总量也会增加，因此对于库存总量指标的运用也要考虑客户的生产经营情况。

（2）库存周转率。库存周转率指某时间段的出库总金额（总数量）与该时间段库存平均金额（或数量）之比。提高库存周转率对于加快资金周转、提高资金利用率和变现能力具有积极的作用。在判断配送是否合理时，各客户会将配送前和配送后的库存周转率进行比较，判断其配送是否合理。

2. 资金标志

有效配送有利于降低资金占用以及实现资金运用的科学化，具体可以从资金总量、资金周转、资金投向的改变以及成本和效益来判断。

（1）资金总量。一般情况下，配送越合理、越有效，所占用的资金就越少。

（2）资金周转。资金周转是指周而复始不断反复的资金循环。资金运用的周期越短，资金周转的时间越快。高效的配送能减少物流运作时间，使同样数量的资金能够在较短时期内达到供应要求，缩短资金周转时间，所以资金周转是否加快是衡量配送合理与否的标志。

（3）资金投向的改变。资金投向的决定，能够直接影响企业投资的效果。资金分散投入还是集中投入是资金调控能力的重要反映。实行配送后，为增加调控力度，资金投向应当从分散投入转化为集中投入。

（4）成本和效益。成本和效益是最直观反映配送是否合理的标志。一方面可以通过财务账本，发现配送中可能存在的问题，另一方面对于不同的配送方式及不同的企业，可以有不同的判断侧重点，比如总效益、宏观效益、微观效益、资源筹措成本。如果企业自己组织配送，配送主要强调保证能力和服务性，因此不必过多顾及配送企业的微观效益，而从总效益、宏观效益来判断。如果是第三方配送，以利润为中心，不仅要看配送的总效益，还要看对社会的宏观效益及企业的微观效益，需要考虑多方利益。

3. 供应保证标志

有效的配送能够保障客户的供应能力。供应保证能力具体可以从缺货次数、配送企业集中库存量、即时配送的能力及进度三个方面来判断。

（1）缺货次数。缺货次数能够反映供应情况，缺货次数越多，说明供应能力越差，还会间接影响客户的生产与运营。配送企业需要运用科学合理的手段减少缺货次数，保障客户的供给。

（2）配送企业集中库存量。从客户角度来说，配送中心的库存量所形成的供应能力高于配送前单个企业保证程度，从供应保证角度来看具有一定的合理性。

（3）即时配送的能力及进度。在客户出现特殊情况时，灵活高效地满足用户的临时需求，解决用户企业担心断供之忧，可以大幅度提高供应保证能力。一般情况下，供应保证能力越强，配送越合理，但值得注意的是配送企业的供应保证能力需要一定的资金投入。如果供应保证能力过高，超过了实际需要，也是一种不合理现象。

4. 社会运力节约标志

绿色低碳发展，改善生态环境，提高资源利用效率，是经济社会可持续发展的重要内容。以节约资源和减少资源消耗为目标，顺应了社会发展需求，也顺应了企业发展需要，是配送合理化的重要标志。在配送过程中，要合理规划配送路线，优化配送系统的流程，致力于解决运能、运力使用不当浪费较大的状况，实现资源的有效利用和社会运输系统的有效衔接。

5. 物流合理化标志

配送是物流的一部分，配送的合理化体现了物流的合理化，可以从物流费用、物流损失、物流速度、实际的物流中转次数、干线运输和末端运输是否有效衔接、各种物流方式是否发挥最优效果以及先进的技术手段采用所占比重等方面来判断。

7.3.2 配送合理化的措施

1. 合理规划配送中心

配送中心的建设是一项投资大、涉及面广的系统工程。所以，在配送中心的规划和建设过程中，要考虑成本、质量和效益等多方面因素，同时必须遵循系统工程原则，价值工程原则，尽量实现工艺、设施设备、管理科学化原则以及发展的原则，根据必要性和可能性的实际情况进行规划和设计。作为负责规划工作的经营者要充分细致地做好事前调查、事后系统分析，做好配送信息和配送作业内容等相关情况的调查，并对配送量、进货与出货条件等进行分析和预测。之后经营者应将上述信息进行汇总和系统分析，再综合考虑内外部基础设施条件，合理规划配送中心的数量、规模与分布。

2. 系统优化配送作业程序

如果将配送中心看作企业经营的硬件基础，则作业程序就是企业管理的软件工具。配送的作业程序涉及的环节多且具有波动性，一个环节的失误会影响下个环节，所以一般为了提高配送作业效率，配送中心首先会有针对性地对作业程序进行优化，以减少采购、库存和日常调度占用的时间。配送经营者在一般情况下会大力推行集中采购与共同配送，以充分挖掘配送的规模效应，同时针对不同商品的不同特性以及不同客户的特殊要求，也会选择实施商物一体或商物分离的配送作业模式，尽量满足所有客户的要求。此外，经营者也会从其他方面入手，如积极采用专业化设备设施，以提高分拣、配货和流通加工的作业效率。

例如，百胜物流为肯德基、必胜客等提供配送服务时，根据线路实际及时调整配送计划。由于连锁餐饮业餐厅的进货时间是事先约定好的，这就需要配送中心就餐厅的需要，制作一个类似列车时刻表的主班表，此表是针对连锁餐饮业餐厅的进货时间和路线详细规划而制定的。餐厅的销售存在季节性波动，因此主班表至少有旺季、淡季两套方案。在主班表确定后，就进入每日运输排程，也就是每天审视各条线路的实际货量，根据实际货量对配送线路进行调整，通过对所有线路逐一进行安排，可以减少某些路线的行驶里程，最终提高车辆利用率。

3. 提高配送工作的可预见性

在整个货物流通过程中，配送企业一直以被动者的身份，积极配合市场的运行，因此很难取得市场主导地位，只能被动地去满足客户和企业提出的要求，容易导致实际业务中无计划配送任务和不必要的配送活动的出现。针对突发性任务，配送企业会被迫采取紧急配送，紧急配送是为满足紧急订货需要而进行的配送。紧急配送时间紧、任务重，大多数情况下只能派专车跟进配送。

面对突发性配送任务，一方面事前无法对其做出详细周密的计划安排，容易造成运输里程的浪费，增加配送成本；另一方面有时会打乱正常的工作秩序，间接地影响其他商品的配送成本。为了减弱突发性配送事件的影响，配送经营者应加强应急运作预案，制定一系列防御措施和流程，提高配送实际业务的可预见性。

4. 积极开展配送增值服务

增值服务是指对具体顾客提供的特殊服务，是超出基本服务范畴的一种个性化延伸。比如，配送电脑、空调等家电商品时，配送企业可以额外提供安装和维护等方面的附加服务；配送钢管等不方便配送的商品时，配送企业可以将钢管切割成不同长度后，再分别配送给不同工厂，这种做法既方便了配送，又提高了满意度。

企业开展增值服务能够通过独特的方式吸引顾客、巩固市场，推动企业的配送合理化进程。为此，配送经营者应适当站在顾客的立场，了解具体顾客的特定要求和各企业的自身特点，积极探索增值服务的形式和方法，拓展增值服务的对象和内容。

扫码观看7-4 亚马逊的无人机配送。

7.3.3　配送路线的选择

配送路线是否合理直接影响配送的速度、成本、效益，因而企业会花大量的时间来确定配送路线是否最优。许多专家采取各种数学方法，以及在数学方法基础上发展和演变而来的经验方法来规划配送路线。虽说方法不尽相同，但配送路线选择的步骤基本相同：第一，确定目标；第二，考虑实现此目标的各种约束条件；第三，确定配送路线的方法并在有约束的条件下寻找最佳方案，实现目标。

1. 确定目标

一般情况下，目标的选择是根据配送的具体要求、配送中心的实力及客观条件而定，基本上希望达到的目标见图 7-2，具体如下。

（1）效益最高。效益是企业整体经营活动的综合反映，一般情况下，企业会用利润来表示。设计科学合理的配送方式、车辆及配送路线，有利于实现企业的整体效益最高。

（2）成本最低。成本和配送路线之间有密切联系，配送路线越合理，配送成本越低，最终效益越高。效益是个综合性指标，计算相对困难，成本计算相对效益计算更加容易、简单方便。要想达到效益最高，就要尽可能降低成本，因而选择成本最低为目标实际上就是选择了以效益最高为目标。

（3）路程最短。当成本与路程相关性较强，而和其他

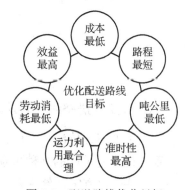

图 7-2　配送路线优化目标

因素相关性较弱的时候，可以追求路程最短为目标。基本情况下，路程越短，路线越优。但在现实生活中，选择配送路线有很多影响因素，如道路条件、道路收费等，因而路程最短的路线，成本不一定最低。

（4）吨公里最低。货物吨公里是一定时期内的货物运送吨数与运送距离的乘积，追求单位车辆货物装载率高，尽量避免空车装载等不合理现象。

（5）准时性最高。物流配送的准时性是满足客户需求的一个必要条件，对客户而言具有重要意义。一般情况下，配送时间越快，越能满足客户需求，但有时存在特殊情况，如需要当面签收的物品，配送过早或过晚都不能完成配送任务。总之，准时性与各用户的时间要求有关，需要协调安排配送路线以及配送发货时间。同时，如若牺牲一定范围内成本来满足准时性要求，是可以接受的，但不能一味地浪费成本来满足准时性要求，配送成本应有一定的限制。

（6）运力利用最合理。当运力和成本效益具有一定的相关因素时，要充分运用现有运力，尽量不需要借助外力和增加新的车辆，可以把运力利用最合理作为目标，确定配送路线。

（7）劳动消耗最低。这种情况一般不会作为主要目标，但在特殊情况下，如供油异常紧张、油价非常高、意外事故引起人员减少等，可能以驾驶员最少、驾驶员工作时间最短等劳动消耗最低为目标。

2. 确定配送路线的约束条件

以上目标在实现过程中或多或少会受到约束，然而必须在满足约束条件的前提下实现效益最高、成本最低或吨公里最低等目标。一般的配送路线的约束条件见图 7-3。

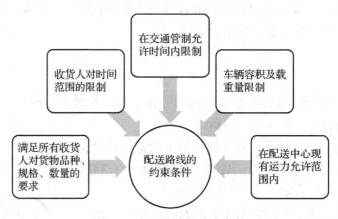

图 7-3 配送路线的约束条件

3. 确定配送路线的方法

（1）方案评价法。一般情况下，影响配送路线的因素较多。在难以用某种确定的数学关系表达或者单纯的某种单项依据评定的情况下，可以用方案评价法对配送路线方案进行综合评估。以方案评价法来确定最优方案的一般步骤见表 7-9。

表 7-9 方案评价法的一般步骤

步骤	内容
拟订方案	首先确定判断依据，以某一项较为突出或者较为明确的要求作为依据。例如，以某几个点的配送准时性或驾驶员习惯行驶路线等拟订出几个不同的方案，其中方案要求提出配送路线出发地、经过地及车型等具体参数
系统分析	对引发的数据进行计算，即对配送距离、配送成本、配送行车时间等数据进行计算，将其具体数据作为评价依据
评价项目	根据具体参数、评价依据、数据决定从哪几方面对配送方案进行评价，如动用车辆数、驾驶员人数、油耗、总成本、行车难易、准时性及装卸车难易等方面，将其作为评价依据
综合评价	对所有方案进行综合评价

（2）数学计算法。高等数学中常常涉及配送路线的选择与计算。比如，应用线性规划模型求解最优配送路线。

（3）节约里程法。节约里程法是选择配送路线的一种常见方法。现实中经常会遇到有多个客户点需要配货，客户点的位置和货物需求状况已知，但是不能够采用一辆车装载所有客户点的货物，这就需要派多辆车来完成配送作业，同样也希望配送成本最低，如配送车辆最少，所有车辆的行驶总路线里程最短。这种问题通常被称为车辆路径问题。解决这种问题常采用节约里程法。

7.3.4 配送模式的选择

配送模式是指企业对配送所采取的基本战略和方法。根据国内外多年的发展经验和我国配送理论的分析以及实践的探讨，配送模式主要包括四种（见表 7-10）。

表 7-10 配送模式

模式	内涵
自营配送模式	自营配送模式指企业物流配送的各个环节由企业自身筹建并组织管理，实现对企业内部及外部货物配送的模式
共同配送模式	共同配送模式是指物流配送企业之间为提高配送效率、实现配送合理化而建立的一种功能互补的配送联合体的模式
互用配送模式	互用配送模式是指几家企业以资源共享形式实现各自利益，通过契约的方式达成某种协议，互用对方配送系统进行配送的模式
第三方配送模式	第三方配送模式是指由物流服务的供方、需方之外的第三方去完成物流服务的物流运作方式

（1）自营配送模式。因为这种模式由企业自身筹建并组织管理，需要拥有雄厚的资金来源，所以一般采取自营配送模式的企业大都是规模较大的集团公司。其中具有代表性的是连锁企业，连锁企业基本上都是自己组建配送系统来完成相应的配送业务。与此同时，相比其他配送模式，这种模式的系统化程度相对较高，具有一定的优势，有利于满足企业内部原材料、半成品及成品的配送需要；有利于企业供应、生产、销售的一体化运作；有利于满足企业对外进行市场拓展的需求。这种模式也具有一定的局限性，比如企业需要投

入大量的资金建立配送体系，然而当面对企业配送规模较小时，其配送的成本和费用并不会降低，成本相对较高。

（2）共同配送模式。这种模式又称为联盟配送模式，与自营配送模式相比不需要投入较多的资金，但需要各联盟企业的配合。良好的联盟关系有利于优化和强化配送的功能，弥补配送功能的不足；有利于实现配送资源的有效配置；有利于企业配送能力的提高和配送规模的扩大；有利于更好地满足客户需求，提高配送效率，降低配送成本，从而实现配送的合理化和系统化。

（3）互用配送模式。这种模式最大的优势在于企业不需要投入较多的资金和人力。前文提到的共同配送模式与互用配送模式具有一定的相似性，但两者之间具有一定的区别（见表7-11）。

表 7-11　共同配送模式与互用配送模式的区别

项目	内容
目的	共同配送模式以社会服务为核心，旨在建立配送联合体，以强化配送功能。而互用配送模式以企业自身服务为核心，旨在提高自己的配送能力
作用	共同配送模式强调联合体的共同作用，相比之下互用配送模式旨在强调企业自身的作用
稳定性	共同配送模式的稳定性较强，而互用配送模式的稳定性较差
合作对象	共同配送模式的合作对象是经营配送业务的企业，而互用配送模式的合作对象范围较广，既可以是经营配送业务的企业，也可以是非经营业务的企业

（4）第三方配送模式。这种模式的第三方是指专门为供方与需方提供部分或全部物流功能的外部服务提供者，是服务于配送的专业化团队。采用第三方配送模式的企业可以更加专注自身优势，减少一定的投资资本，也可以选择性地放弃一定的物流实体，将商品采购、储存和配送都交由第三方完成。

扫码观看7-5
城市配送的最后
一公里现象。

综上，选择配送模式主要依据配送企业的自身条件以及需要实现的目标，要综合考虑企业的配送能力、配送对企业的重要性、市场规模与地理范围以及保证的服务和配送成本。

⚙ 本章小结

本章主要介绍的是配送与配送中心的基础知识。配送是在经济合理区域范围内，根据客户要求，对物品进行分类、拣选、集货、包装、组配等作业，并按时送达指定地点的物流活动。从整体物流流程来说，配送是物流的一个缩影，是物流流程中特殊的、综合的环节。配送中心是从事配送业务的物流场所或组织。配送中心主要担任集货、分货、送货等基本功能。配送过程应追求配送的合理化。物流配送直接服务于用户，配送的合理化及专业化程度直接影响到整个物流系统的效益。

主要术语

配送（distribution）　　　　　　　　配送中心（distribution center）

理论自测

1. 什么是配送？它有哪些特征？

2. 简述配送中心的作业流程。

3. 简述配送中心的功能。

4. 请举出周围不合理配送的一些例子。如何避免？

扫码阅读7-6
第7章练习题。

案例分析 7-1

顺丰医药物流冷链末端配送服务

在互联网药品零售、慢性病用药管理、智能医院端到端模式的快速发展背景下，药品线上下单、线下寄送的需求大幅增加，特别是冷链药品送货上门需要迫切。然而在很长一段时间内，国内医药冷链网络和资源不完善，严重制约了冷藏药品的终端病患物流服务。面对这一局面，多家物流企业争相提高冷链配送水平，顺丰医药也利用自身优势加入这一行列。

在医药领域，根据产品供应规范（good supply practice，GSP）标准的要求，普通药品的存储温度为 2～8℃，特殊药品的存储温度为 −18℃。国际上流通量较大的疫苗、胰岛素的温度控制非常严格。

顺丰医药参考医药 GSP 管理标准，建立了一整套科学的针对设施设备、质量管理体系、人员培训、系统跟踪等的制度标准。顺丰医药还参考商业配送标准，设立了一套安全规范制度，涉及从材料的选择、验证到冷媒预制冷整个配送过程和操作。顺丰医药建立这套标准的目的是确保整个医药末端配送温度可视化、可追溯。同时，为了防止篡改风险，顺丰医药还通过采用安全密钥对配送中的揽件交接、签收交接、开箱验证等重点环节进行管控，保障了在整个流通过程中有效的温度监控，数据不断链。例如在包装密封后，箱内温度数据会实时在电子屏上显示。消费者在签收货物前，可通过外部数据对箱内温度进行确认。

顺丰医药物流冷链末端配送服务模式已经相当成熟，积累了宝贵的操作经验，形成了"线上问诊，线上订药，送药上门"的服务特色。顺丰医药的配送范围已经达到数十家大型医院、慢病防治中心以及多家互联网药品零售平台。针对社会医药冷链物流智能化、信息化和自动化需求越来越迫切的情况，顺丰医药也不断提出新的、具有实际可操作性的解决方案，如匹配医院、连锁药店、线上药房的多端运营模式。

资料来源：中国物流与采购联合会官网 http://www.chinawuliu.com.cn/lhhzq/202002/26/494188.shtml，2020-10-24.

| 思考 |

长期以来由于国内医药冷链网络和资源不够完善，严重制约了冷藏药品终端物流服务，借鉴顺丰医药 C 端配送模式，你认为如何完善我国冷藏药品终端物流服务？

案例分析 7-2

B 公司区域性配送成本评估

B 公司欲成立车队，从 2002 年起自行运作化学品自港口运输至江浙地区客户的业务。根据车辆数据、目的地里程、配送要求等数据，B 公司必须做出投资预估、成本与报价以及效率分析等全面的评估。具体数据如下。

【固定成本】车辆种类：20 吨（车辆规费收费标准）；车辆购置费：299 000 元（含槽罐，抽、卸泵）；最大载重：22 吨；养路费：每年 1 848 元 / 吨；运输管理费：5 200 元 / 年；保险费：13 584 元 / 年；车船使用税：每年 60 元 / 吨。

【变动成本】耗油量（百公里）：53 升；柴油费：6.57 元 / 升；保养数据：小修里程，8 000 公里，小修费用为 2 500 元 / 次；大修里程，70 000 公里，大修费用为 8 000 元 / 次（不含换轮胎）；过路过桥费：平均 2.05 元 / 公里。

【半变动成本】驾驶员工资（年）：35 000 元；驾驶员人数：2 人；长途补助：0.8 元 / 公里。

【营销数据】见表 7-12。

表 7-12 B 公司营销数据

地点	距离 / 公里	2020 年销售量 / 吨	2021 年预估成长率 /%
宁波	420	9 800	15
温州	700	10 200	13
瑞安	754	8 500	25
桐乡	180	8 900	20
张家港	190	9 200	15
扬州	323	9 450	20
苏州	100	10 800	20
无锡	150	11 500	15
常州	207	10 800	18
其他（平均）	336	13 800	18

【其他数据】平均行驶时速：50 公里；装卸标准时间（以平均载货量 21 吨为准）：4 小时；装卸效率系数：75%；年工作日：251 日；管理费用：成本的 10%；利润率：成本的 10%；发票税：（成本＋管理费用＋利润率）的 6.4%。

资料来源：郭世华. 高端物流的价值与实践 [M]. 成都：电子科技大学出版社，2010.

| 思考 |

1. B 公司应该投入多少车辆设备？投入多少现金投资？

2. 按照前述数据的计算，合理的报价是多少（含税）？

3. 如果按照上述预估成长率，车辆年行驶里程数按 25 万公里计算，2021 年这些设备的使用率将是多少？

🌀 实训项目

连锁企业物流配送调研

1. 实训目标

了解连锁企业当前物流配送发展状况，体会配送对连锁经营的重要意义。

2. 实训内容

（1）学生每 3～5 人分为一组，每组选出组长一人；

（2）在组长的组织下，各小组收集资料了解当地某连锁企业当前物流配送发展状况；

（3）各小组成员分析讨论物流配送与连锁经营发展的相互关系以及配送对连锁经营的重要意义；

（4）各小组完成调研报告，并派代表按规定时间发言，教师点评；

（5）整理发言资料，完善调研报告，总结学习体会。

第 8 章

CHAPTER 8

包装、装卸搬运与流通加工

| 学习目标 |

1. 掌握包装、装卸搬运和流通加工的概念
2. 认识包装标志和包装技术
3. 理解装卸搬运的作用与特点
4. 了解装卸搬运的分类与作业方法
5. 了解流通加工的类型
6. 掌握装卸搬运与流通加工的合理化措施

| 导入案例 |

日本的食品"绿色包装"革命

在日本，食品界掀起"绿色包装"革命，一些公司采取了较好的包装做法，取得了积极的成效。日本的食品包装不追求华丽，而是千方百计地节约加工费用、节省材料，最终降低成本。日本 90% 的牛奶都是以有折痕线条的纸盒包装出售，这本身就是一种对使用者的很好的教育，使小孩自小就接触和使用有环保功能的"绿色"产品。这种容易压扁的包装不但生产成本较低，而且能够减少占用的空间，方便回收并可以降低运输成本。日本常见饮料 Yakltt 健康饮品的包装是一种底部可以撕开、进行了特别设计的杯形容器。在撕开底部后，人们能够轻易地把容器压扁，方便回收。日本东京每年都举行包装

设计比赛，获奖的包装设计将被广泛使用。获奖作品中有一种饮料包装设计，后来被普遍使用，这种饮料的包装由 100% 再循环的纸盒和盒子内盛饮料的袋子组成，人们能够较轻易地把纸盒和袋子分开，这样纸盒回收更为方便。另一种开始被消费者接受的新包装设计是立式装。由于开袋子比开瓶子更容易使内部液体溢出，因此袋子的开口都务必进行特别设计，以方便打开。人们利用这类袋装取代塑料瓶子，因为袋装的塑料使用量只有瓶子的 1/5。日本味之素公司设计推出的包装，丝毫没有华丽的外表，而只是用白色单瓦楞纸进行最节省的包装，标贴印刷也朴实无华。日本三得利公司推出的啤酒易拉罐包装，喝完以后只要按其罐体形态提示的方向左右扭曲便可缩小体积，方便回收。日本的"绿色包装"的优秀设计，大多数能减少循环时的困难，更重要的是它们有利于维护人体的健康。

思考：

本案例在包装上体现了一种什么观念？

作为物流辅助功能出现的包装、装卸搬运、流通加工均为现代物流系统的构成要素，与运输、保管和配送有着十分密切的关系。为了提高仓储和运输的效率，保护好物品，需要采用符合国际标准的包装设计、包装技术和包装材料。装卸搬运在整个物流过程中出现的频率高于其他各种物流活动，同时每次装卸搬运都要占用很多的时间和消耗很多的劳动，因此装卸搬运不仅成为决定物流速度的关键，而且是影响物流费用高低的重要因素。流通加工是按照客户的需求，经济而合理地为客户提供服务的物流活动，能更加有效地满足客户的需求，提高物流效率。

8.1　包装

大部分物品在物流过程中需要频繁进行装卸、搬运、运输和堆码等物理性活动，为了保护物品和提高效率，需要适当地采取包装和集装措施。包装不仅有助于防止物品损坏，而且有助于推销商品，使顾客了解产品信息。此外，包装的大小、形状和材料会极大地影响生产劳动效率。

8.1.1　包装的定义与分类

1. 包装的定义

《物流术语》对**包装**（package/packaging）的定义是："为在流通过程中保护产品、方便储运、促进销售，按一定技术方法而采用的容器、材料及辅助物等的总体名称。"产品包装的定义，包括两方面意思：一方面是指盛装产品的容器而言，通常称作包装物，如袋、箱、桶、筐、瓶等，另一方面是指包装产品的过程，如装箱、打包等。简言之，包装是包装物及包装操作的总称。

2. 包装的分类

按不同分类标准，包装可以划分为多个种类。按照包装的功能划分，包装可以分为商业包装和工业包装，具体见表 8-1。

表 8-1　按包装功能分类

分类	特点
商业包装	以促进商品销售为目的的包装。这种包装的特点是：外形美观，有必要的装潢，包装单位应适合顾客购买量和商店设施的要求
工业包装	又称运输包装，是物资运输、保管等物流环节所需求的必要包装。工业包装以强化运输、保护商品、便于储运为主要目的。工业包装要在满足物流要求的基础上使包装费用越低越好。对于普通物资，其工业包装程度适中才会有最佳的经济效果

按照包装层次划分，包装可以分为个包装、中包装和外包装，具体见表 8-2。

表 8-2　按包装层次分类

分类	特点
个包装	一个商品为一个销售单位的包装形式。个包装直接与商品接触，在生产中与商品装配成一个整体。它以销售为主要目的，一般随同商品销售给顾客，因而又称为销售包装或小包装。个包装起着直接保护、美化、宣传和促进商品销售的作用
中包装	若干个单体商品或包装组成一个小的整体包装。它是介于个包装与外包装之间的包装，属于商品的内层包装。中包装在销售过程中，一部分随同商品出售，一部分则在销售中被消耗掉，因而被列为销售包装。在商品流通过程中，中包装起着进一步保护商品、方便使用和销售的作用，方便商品分拨和销售过程中的点数和计量，方便包装组合等
外包装	又称运输包装或大包装，是指商品的最外层包装。在商品流通过程中，外包装起着保护商品以及方便运输、装卸和储存等方面的作用

按照包装容器质地划分，包装可以分为硬包装、半硬包装和软包装，具体见表 8-3。

表 8-3　按包装容器质地分类

分类	特点
硬包装	又称刚性包装，是指充填或取出包装的内装物后，容器形状基本不发生变化，材质坚硬或质地坚固的包装
半硬包装	介于硬包装和软包装之间的包装
软包装	包装内的充填物或内装物取出后，容器形状会发生变化，且材质较软的包装

按照包装使用范围划分，包装可以分为专用包装和通用包装，具体见表 8-4。

表 8-4　按包装使用范围分类

分类	特点
专用包装	专供某种或某类商品使用的一种或一系列的包装
通用包装	一种能盛装多种商品且被广泛使用的包装

按照包装使用次数划分，包装可以分为一次用包装、多次用包装和周转用包装，具体见表 8-5。

表 8-5　按包装使用次数分类

分类	特点
一次用包装	只能使用一次，不再回收复用的包装
多次用包装	回收后经适当地加工整理，仍可重复使用的包装
周转用包装	工厂和商店用于固定周转多次复用的包装

8.1.2　包装形式

在常见的物流活动中，包装的形态可以表现为多种形式，其包装材质和外观有很大不同，如箱状包装、捆状包装、袋状包装等，具体见表 8-6。

表 8-6　物流包装形式

包装形式	特点	图示
箱状包装	一种六面体形状的包装，由天然木板或胶合板或瓦楞纸板等材料构成。箱状包装是最常用的一种包装	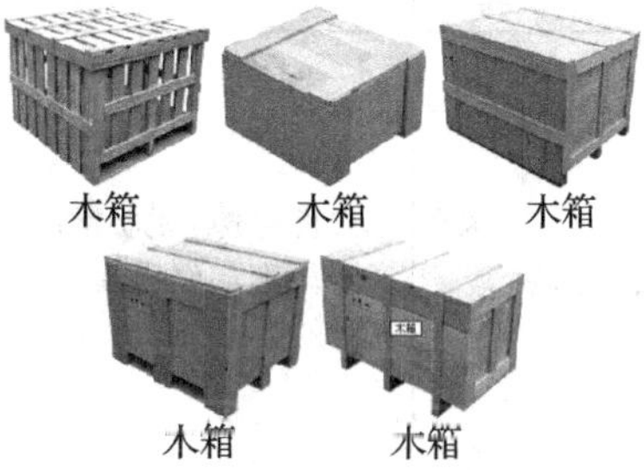
捆状包装	一种直接贴附在货物外表的包装，通常使用棉、麻等织物作为包装，类似护套，要加以捆	
袋状包装	可由多层牛皮纸、麻织料、布料、塑料、化纤织料和人造革等各种材料制成。袋状包装是使用极为广泛的一种包装，适用于盛装粉状、结晶状和颗粒状的货物	
桶状包装	一种圆柱形密封式包装，属于这种包装的有钢制桶、胶合板桶、纸板桶、塑料桶和鼓形木桶	

（续）

包装形式	特点	图示
其他形状包装	上述四种基本包装以外的其他形状的包装，又可分为捆扎状、卷筒状、编筐状、坛瓮罐瓶状等多种	
裸装	不加包装而成件的货物称为裸装货，但实际上有相当数量的裸装货须有必要的简单捆扎。如：将一定数量的钢管或钢条捆扎成一体	
成组包装	按货物成组的标准所构成的包装。这种包装通常附有成组设备（货板、网格等），并符合一定的重量和尺寸要求	

8.1.3 包装标志

包装标志（packaging logo）是用来指明被包装物质的性质和为确保物流活动安全以及理货分运的需要而进行的文字和图像说明。它分为指示标志和危险品标志。主要包装标志的图样如图 8-1 所示。

扫码观看8-1
包装与包装技术。

图 8-1　包装标志图样

（1）指示标志。指示标志是用来指示运输、装卸、保管人员在作业时需要注意的事项，以保证物资安全的标志。这种标志主要表示物资的性质，物资堆放、开启、吊运的方法。

（2）危险品标志。危险品标志是用来表示危险品的物理、化学性质以及危险程度的标志。它可提醒人们在运输、储存、保管、搬运等活动中注意。

8.1.4　包装技术

包装技术（packaging technology）有以下几种。

1. 防震包装技术

所谓防震包装，是指为减缓内装物受到的冲击和震动，保护其免受损坏所采取的具有防护措施的包装。防震包装又称缓冲包装，在各种包装方法中占有重要的地位。产品从生产出来到开始使用要经过一系列的运输、保管、堆码和装卸的过程，置于一定的环境之中。在任何环境中都会有外力作用在产品之上，并使产品发生机械性损坏。为了防止产品遭受损坏，就要设法减小外力的影响。防震包装主要有全面防震包装、局部防震包装和悬浮式防震包装三种形式，其各自特点见表 8-7。

表 8-7　防震包装形式

防震包装形式	特点	图示
全面防震包装	内装物和外包装之间全部用防震材料填满进行防震的包装方法，主要有填充式、模压、裹包和发泡包装	
局部防震包装	对于整体性好的产品和有内装容器的产品，仅在产品或内包装的拐角或局部地方使用防震材料进行衬垫即可。所用包装材料主要有泡沫塑料防震垫、充气型塑料薄膜防震垫和橡胶弹簧等	
悬浮式防震包装	对于某些贵重易损的物品（如化妆品、电子产品等），为了有效地保证其在流通过程中不被损坏，应保证外包装容器比较坚固，然后用绳、带、弹簧、薄膜等将装物悬吊在包装容器内。无论在什么操作环节，内装物都被稳定悬吊而不会与包装容器发生碰撞，从而减少损坏	

2. 防锈包装技术

防锈包装是为了防止金属制品锈蚀而采取一定防护措施的包装。

（1）防锈油防锈蚀包装技术。大气锈蚀是空气中的氧、水蒸气及其他有害气体等作用于金属表面引起化学作用的结果。如果使金属表面与引起大气锈蚀的各种因素隔绝，即将金属表面保护起来，就可以达到防止金属被大气锈蚀的目的。防锈油防锈蚀包装技术就是根据这一原理将金属涂封防止锈蚀的。用防锈油封装金属制品，要求油层要有一定厚度、连续性好，涂层完整，不同类型的防锈油要采用不同的方法进行涂刷。

（2）气相防锈包装技术。气相防锈包装技术就是用气相缓蚀剂（挥发性缓蚀剂），在密封包装容器中对金属制品进行防锈处理的技术（见图8-2）。气相缓蚀剂是一种能减慢或完全停止金属在侵蚀性介质中的破坏过程的物质，其在常温下具有挥发性。在密封包装容器中，在很短的时间内挥发或升华出的缓蚀气体就能充满整个包装容器内的每个角落和缝隙，同时吸附在金属制品的表面，从而起到抑制大气对金属锈蚀的作用。

图8-2 气相防锈袋

3. 防霉腐包装技术

在运输包装内装运食品和其他有机碳水化合物货物时，货物表面可能会生长霉菌。在流通过程中如遇潮湿，霉菌生长繁殖极快，甚至会延伸至货物内部，使其腐烂、发霉、变质，因此要采取特别防护措施。防霉烂变质的包装措施，通常是采用冷冻包装、真空包装或高温灭菌方法。

4. 防虫包装技术

防虫包装技术常用的是驱虫剂，即在包装内放入有一定毒性和臭味的药物，利用药物在包装内挥发的气体来驱除和杀灭各种害虫。常用的驱虫剂有萘、对位二氯化苯、樟脑精等。也可采用真空包装、充气包装、脱氧包装等技术，使害虫无生存环境，从而防止虫害。

5. 危险品包装技术

危险品是有毒、有害、易燃物品等的总称。危险品包装技术就是根据危险品的性质、特点，按照有关法令、标准和规定专门设计的包装技术与方法。危险品的运输包装上必须有标明不同性质、类别的危险货物标志，以及装卸搬运的要求标志。

8.1.5 集装单元化

1. 集装单元

集装单元是把一定的物资整齐地集结成一个便于存放、搬运和运输的单元。集装单元化就是以集装单元为基础组织的装卸、搬运、储存和运输等物流活动的方式。物品搬运不仅要实现单元化，而且要在单元化的基础上实现标准化。标准化是指物品包装与集装单元的尺寸（如托盘的尺寸、包装箱的尺寸等）要符合一定的标准模数。标准化后有利于物流系统中各个环节的协调配合，在易地、中转等作业时不用换装，提高通用性，缩短搬运作业时间，减少物品的散失、损坏，从而节约费用。常见的标准化集装单元可以是托盘、箱、集装袋、筒和集装箱等，其中以集装箱、托盘和集装袋应用最为广泛。

2. 集装箱

《物流术语》的定义，集装箱是"具有足够的强度，可长期反复使用的适于多种运输工具而且容积在 $1m^3$ 以上（含 $1m^3$）的集装单元器具"。集装箱是一种运输设备，应满足下列要求：

（1）具有足够的强度，可长期反复使用；

（2）适用于一种或多种运输方式运送货物，途中转运时，箱内货物不需换装；

（3）具有快速装卸和搬运的装置，特别便于从一种运输方式转移到另一种运输方式；

（4）便于货物的装满和卸空；

（5）具有 $1m^3$ 及以上的内部容积。

国际标准化组织（ISO）对集装箱的尺寸规格及其他参数进行了详细的规定，现行国际标准为第一系列。在第一系列中，所有集装箱主要外部尺寸的宽度均为 8ft[⊖]（2 438mm），高度主要有 8ft（2 438mm）、8.5ft（2 591mm）、9.5ft（2 896mm）三种，长度则有 A、B、C、D、E 五种，分别为 40ft、30ft、20ft、10ft、45ft。按照长度和高度的组合，现行集装箱尺寸类型共有 15 种。为便于统一计算集装箱的营运量，集装箱采用 TEU 为换算单位，即 20ft 集装箱为 1TEU，40ft 集装箱为 2TEU。

为了便于集装箱作业管理，ISO 6346—1995 中规定了集装箱的标记符号，包括必备和自选两种，每一类中又可以分为识别标记与作业标记。在必备的识别标记中，主要标记是箱主代号（4 个大写字母，前 3 位箱主自定，第 4 个字母一律用 U）、顺序号（箱号，6 位数字）、核对号（1 位方框数字），如 KKTU 745263⑧。作业标记有额定质量和自重标记、空陆水联运集装箱标记、登箱顶触电警告标记、超高标记等。集装箱的标记符号通常在箱体显示，如图 8-3 所示。

图 8-3　集装箱

⊖　1ft = 0.304 8m。

3. 集装袋

集装袋又称柔性集装箱，俗称吨袋，是集装单元器具的一种，配以起重机或叉车，就可以实现集装单元化装卸、搬运。它适用于装运大宗散状、粉粒状物料，其特点在于结构简单、自重轻、可以折叠、回空所占空间小、价格低廉。集装袋既可以一次性使用，又可以重复使用。常见的集装袋（见图8-4）多为橡胶、塑料或帆布材质，形状有圆桶形、方形、圆锥形、折叠形，提升重量从0.5t到3t不等，提升方式有顶吊式、侧吊式和底吊式三种。

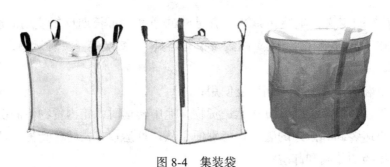

图 8-4 集装袋

4. 托盘

中国国家标准《托盘术语》（GB/T 3716—2000）对托盘的定义为：**托盘**（pallet）是一种用来集结、堆存货物以便于装卸和搬运的水平板。其最低高度应能适应托盘搬运车、叉车和其他适用的装卸设备的搬运要求。托盘作为叉车的一种附属性装卸搬运工具，与叉车配套使用，同时货物带托盘储存的方法，使托盘成为一种储存工具。

为减少转载时码盘拆盘的繁重体力劳动，托盘从在港内、站内、企业内使用，发展到随车船运输，成为一种运输工具。托盘不仅是仓储系统的辅助设备，而且是整个物流系统的集装化工具，是物流合理化的重要条件。

托盘按其结构一般分为平托盘、带有上部结构的托盘（如立柱式托盘、箱式托盘和笼式托盘等）两种。在通用托盘中，平托盘是一种基本型托盘，其应用最为广泛，其他各种结构的托盘都是由平托盘发展而来的。平托盘是在承载面和支撑面间夹以纵梁，构成可集装物料，可使用叉车或搬运车等进行作业的货盘。平托盘按使用面可分为单面托盘、双面托盘、双向进叉托盘、四向进叉托盘、局部进叉托盘、局部四向进叉托盘、自由叉孔托盘、周底托盘等。平托盘如图8-5所示。

图 8-5 平托盘

托盘主要参数有五个，即长度、宽度、总高度、叉孔高和插口高。其中总高度一般为

100 ～ 150mm，单面为 140mm，双面为 150mm；叉孔高为 70mm，叉孔宽度为 95 ～ 127mm；自由叉孔（插口）则专门为托盘搬运车插腿插入所用，高度为 100mm。托盘尺寸在上述三个参数上基本统一，但托盘的长度和宽度的尺寸世界各国都不相同，而这两个关键尺寸与货架、搬运设备、运输工具等密切相关，因此对托盘尺寸进行标准化至关重要。目前主要的托盘规格尺寸有 800mm×1 200mm（欧式托盘）、1 000mm×1 200mm（通用标准托盘）、1 016mm×1 219mm（美式托盘）、1 140mm×1 140mm（日、韩采用的日式托盘）等几种。国际标准择优采用 800mm×1 200mm 和 1 000mm×1 200mm 两种尺寸。鉴于我国现有托盘的规格、种类较多，2008 年 3 月发布实施的国家标准《联运通用平托盘主要尺寸及公差》（GB/T 2934—2007）明确以 1 200mm×1 000mm 和 1 100mm×1 100mm 两种规格作为标准托盘，并优先推荐 1 200mm×1 000mm。

扫码观看8-2托盘与托盘堆垛机。

8.1.6　包装合理化

　　物流包装要确保产品在流通全过程中的安全，产品包装应该具有一定的强度、刚度，且牢固、坚实、耐用。对于不同的运输方式和运输工具，还应当有选择地利用相应的包装容器和技术。总之，整个包装应当适应流通领域中的仓储运输条件和强度要求，既要有利于销售，又要提高包装的经济效益，实现包装合理化。采取包装的轻薄化、标准化等措施，可以实现包装的合理化。包装合理化措施详见表 8-8。

表 8-8　包装合理化措施

措施	要求
包装轻薄化	因为包装仅仅是保护性的，不具备产品使用价值，所以在同等的强度、寿命及费用下，使用更轻、更薄、更小的包装有助于提高装卸搬运的效率，同时轻薄、短小的包装更便宜，还有利于节约资源
包装单纯化	包装材料及规格应尽量单纯化，包装形状和种类也应单纯化。包装材料品种少了，可以使管理方便，并减少浪费；包装形状和规格单一，有利于提高作业效率，实现机械作业
集装单元化和标准化	包装的规格尺寸相一致，要与托盘、集装箱相匹配，要与运输车辆和搬运机械相匹配
机械化与自动化	开发和应用各种包装机械，降低手工包装作业的强度
注意与其他环节的配合	包装要便于运输、保管和装卸搬运，要便于堆码、摆放、陈列、提取、携带
包装绿色化	包装材料最好可反复多次使用，并能回收再生利用；在包装材料的选择上，还要考虑对人体健康不造成损害，对环境不造成污染，即选择所谓的"绿色包装"

8.2　装卸搬运

8.2.1　装卸搬运的概念、作用及特点

1. 装卸搬运的概念

　　根据《物流术语》，**装卸**（loading and unloading）是指"在运输工具间或运输工具与存放场地（仓库）间，以人力或机械方式对物品进行载上载入或卸下卸出的作业过程"。装

卸是改变物的存放、支撑状态的活动，主要指物体上下方向的移动。**搬运**（handling）是指"在同一场所内，以人力或机械方式对物品进行空间移动的作业过程"。搬运是改变物的空间位置的活动，主要指物体横向或斜向的移动。

装卸搬运是指在一定地域范围内（如车站、工厂、仓库内部等），以改变物的存放状态和空间位置为主要内容和目的的活动，具体包括装上、卸下、移送、拣选、分类、堆垛、入库、出库等活动。

2. 装卸搬运的作用

装卸搬运的基本功能是改变物品的存放状态和空间位置。无论是在生产领域还是在流通领域，装卸搬运都是影响物流速度和物流费用的重要因素，影响着物流过程的正常进行，决定着物流系统的整体功能和效益。

装卸搬运在物流过程中的作用表现在以下几方面。

（1）附属作用。装卸搬运是伴随着生产过程和流通过程各环节所发生的活动，是不可缺少的组成部分，是整个物流过程的关键所在。例如，流通过程中的"汽车运输"，就实际包含了附属的装卸搬运；仓储中的保管活动，也包含了装卸搬运活动。所以，如果没有附属性的装卸搬运活动，运输、保管等物流活动都无法完成。

（2）支持作用。装卸搬运也是保障生产过程和流通过程各环节得以顺利进行的重要条件。装卸搬运质量的好坏、效率的高低都会对生产和流通等其他各环节产生很大的影响，进而影响生产过程的正常进行。例如，车、船的装卸不当，会导致运输途中货损增加，甚至造成翻车翻船等重大事故。

（3）衔接作用。装卸搬运又是衔接生产过程和物流过程各环节的桥梁，是物流活动各功能之间形成有机联系和紧密衔接的关键。一旦忽视了装卸搬运，无论是在生产领域还是在流通领域，轻则造成生产、流通秩序的混乱，重则造成生产、流通活动的停顿。

由此可见，改善装卸搬运作业，不断提高装卸搬运合理化程度，对提高物流系统整体功能有着极其重要的作用。

3. 装卸搬运的特点

（1）装卸搬运是伴生性活动。装卸搬运活动是物流各项活动中出现频率最高的一项作业活动。物流过程中每一项活动开始及结束时必然发生的活动就是装卸搬运，它是进行其他操作时不可缺少的组成部分。

（2）装卸搬运是支持服务性活动。装卸搬运对其他物流活动具有一定的支持服务性，会影响其他物流活动的质量和速度。例如，装运不当会造成运输过程中的额外损失；卸货不当也会引起货物转换到下一环节的困难。物流活动只有在有效的装卸搬运支持下才能实现高水平和高效率运作。

（3）装卸搬运是衔接性的活动。在任何其他物流活动互相过渡时，都是以装卸搬运来衔接的，因而，装卸搬运往往成为整个物流的"瓶颈"，它是物流各功能之间形成有机联系和紧密衔接的关键活动。能否建立一个高效的物流系统，关键看"装卸搬运"这一衔接环节是否有效。

（4）装卸搬运是增加物流成本的活动。尤其对于传统物流而言，物流过程中多次的装卸搬运活动，不仅延长了物流时间，而且要投入大量的活劳动和物化劳动，这些劳动不能给物流对象带来附加价值，只是增加了物流的成本。

延伸阅读 8-1

海运中的装卸搬运成本

据统计资料分析表明，中等运距的海运成本中，两端港口的费用占三分之二，即两端港口及其之间的运输共三个环节，每一环节的费用各占三分之一。虽然港口费用不只包括装卸费用，但装卸费用仍然是港口费用的主要部分。所以，提高港口装卸效率一直是物流企业追求的目标之一。改善港口装卸效率和降低装卸成本的主要途径是成组化和集装化。

8.2.2　装卸搬运的分类及作业方法

1. 装卸搬运的分类

装卸搬运是附属于货物的运输和保管的物流作业活动，在货物运输过程中，要伴随着向货车等运输设备的装货、卸货等作业活动，在货物保管过程中要伴随着向仓库和货场等储存设施的入库、出库等作业活动。一般说来，从不同角度，装卸搬运可以有不同的分类。

（1）按物流设施属性分类，可以分为自用物流设施装卸和公用物流设施装卸。其各自特点具体见表 8-9。

表 8-9　按物流设施属性分类

分类	特点
自用物流设施装卸	在工厂、自用仓库和配送中心等商品的发货、进货设施场所中进行的装卸搬运
公用物流设施装卸	在仓库、车站、铁路、港口及机场等进行的装卸搬运，分别称为仓库装卸、车站装卸、铁路装卸、港口装卸和航空港装卸等

（2）按装卸搬运的物流设施或设备分类，可以分为仓库装卸、汽车装卸、铁路装卸、港口装卸和飞机装卸等，其具体特点见表 8-10。

表 8-10　按物流设施或设备分类

分类	特点
仓库装卸	在仓库、堆场、物流中心等场所进行的装卸搬运，配合货物的入库、出库维护保养等活动进行，并且以堆垛、拆垛、上架、拣货、挪动移送等操作为主
汽车装卸	对汽车进行的装卸搬运作业，其特点一般是单次装卸批量不大。由于汽车具有灵活性，可以减少搬运活动，从而直接利用卸作业实现车与物流设施之间货物的过渡

（续）

分类	特点
铁路装卸	在铁路车站对火车车皮中货物的装进及卸出，其特点是一次作业就实现一个车皮的装进或卸出。铁路装卸包括汽车在铁路货物站旁的装卸作业，铁路仓库和理货场的堆码、拆散、分拣、配货、中转作业，铁路车辆在货场及站台的装卸作业等
港口装卸	在港口进行的各种装卸搬运作业，包括码头前沿的装卸船作业，也包括各方的支持性装卸搬运作业，如前方与后方间的搬运作业、港口仓库的堆码拆垛作业、后方的铁路车辆和汽车的装卸作业等
飞机装卸	在机场对飞机进行的装卸作业

（3）按装卸搬运作业对象分类，可以分为成件物品、集装货物、超大超重物品、散货、液体货和危险品的装卸搬运。其各自特点见表 8-11。

表 8-11　按作业对象分类

分类	特点
成件物品	对为了装卸搬运方便，已临时捆扎或装箱，从而形成装卸搬运单元的货物进行的装卸搬运
集装货物	先将货物集零为整，形成集合包装或托盘、集装箱等集装货物，再进行装卸搬运。其特点是有利于机械操作，可以提高装卸搬运效率，减少装卸搬运损失，节省包装费用，提高顾客服务水平，便于达到储存、装卸搬运、运输、包装一体化，实现物流作业机械化、标准化
超大超重物品	对单件物品的重量超过 50 千克或单件物品体积超过 0.5 立方米的货物进行的装卸搬运
散货	对煤炭、水泥、粮食、化肥等散装货物进行连续装卸搬运，或运用装卸搬运单元技术（如装袋等）进行装卸搬运。其特点是一般从装点直到卸点，中间不再落地，物品直接向运输设备、商品装运设备或储存设备装卸与出入库，是集装卸、搬运于一体的装卸搬运作业
液体货	对气态或液态物品被盛放在一定的容器内（如瓶、桶等），形成成件包装物品后，再进行装卸搬运，或采取罐装车形式，再进行相应的装卸搬运
危险品	对化工产品、压缩气体、易燃易爆物品之类的危险品，按特殊的安全要求进行装卸搬运。其作业过程中必须按照特殊要求，严格操作程序，确保装卸搬运作业的安全

（4）按装卸搬运作业内容分类，可分为堆垛作业、拆垛作业、分拣作业、配货作业、搬送作业、移送作业等。其各自特点见表 8-12。

表 8-12　按作业内容分类

分类	特点
堆垛作业	把货物从预先放置的场所，移动到卡车等运输工具或仓库等保管设施的指定场所，再按要求的位置和形状，将货物整齐规则地摆放成货垛的作业活动
拆垛作业	堆垛作业的逆向作业
分拣作业	在堆垛、拆垛作业前后或配货作业之前发生的作业，是把货物按品种、出入库先后顺序进行分拣分类整理，再分别放到规定位置的作业活动
配货作业	将拣取分类完成的货品经过配货检验过程后，装入容器和做好标识，再运到配货准备区，等待装车后发运
搬送作业	为了进行装卸分拣配送活动而发生的货物移动的作业，包括水平、垂直、斜向搬送以及几种组合的搬送
移送作业	用传送带对货物进行水平运送的作业

（5）按装卸搬运作业机械分类，可以分为"吊上吊下""叉上叉下""滚上滚下""移上移下""散装散卸"等。其各自特点见表 8-13。除此之外，装卸搬运还可按装卸机械分为传

送带装卸、吊车装卸、叉车装卸、各种装载机装卸等。

表 8-13　按作业机械分类

分类	特点	图示
"吊上吊下"	采用各种起重机械从货物上部起吊，依靠起吊装置的垂直移动实现装卸，并在吊车运行的范围内或回转的范围内实现搬运和依靠搬运车辆实现搬运。由于吊起及放下是垂直运动，因此这种装卸属于垂直装卸	
"叉上叉下"	采用叉车从货物底部托起货物，并依靠叉车的运动进行货物位移，搬运完全靠叉车本身，货物可不经中途落地直接放置到目的地。这种方式垂直运动不大且主要是水平运动，因此这种装卸属于水平装卸	
"滚上滚下"	港口装卸的一种水平装卸方式。利用叉车或半挂车、汽车承载货物，连同车辆一起开上船，到达目的地后再从船上开下，称"滚上滚下"方式。利用叉车的滚上滚下方式，在船上卸货后，叉车必须离船；如果利用半挂车、平车或汽车，那么拖车先将半挂车、平车拖拉至船上，拖车开下船后载货车辆连同货物一起送到目的地，然后原车开下或拖车上船拖拉半挂车、平车开下	
"移上移下"	两车之间（例如火车和汽车）进行靠接，然后利用各种方式，不使货物垂直运动，而靠水平移动从一个车辆上推移到另一车辆上。该方式需要使两种车辆水平靠接，因此，站台或车辆货台需要配合移动工具实现这种装卸	
"散装散卸"	从装点将货物直接输送到卸点，中间不再落地，这是集装卸、搬运于一体的装卸方式。这种装卸常采用一些特殊的装卸搬运设备，如皮带输送机、气力输送装置、螺旋输送机和斗式提升机等，利用机械、气力等原理对煤炭、粮食、化肥、水泥等散装货物进行作业	

2. 装卸搬运的作业方法

装卸搬运的基本作业方法，可以分别从装卸作业对象、装卸作业手段和组织水平、装卸作业特点、装卸作业方式的角度进行划分。

（1）按装卸作业对象分类，可以分为单件作业法、集装作业法、散装作业法等，各种作业法特点见表8-14。其中，散装作业法是指对煤炭、建材、矿石等大宗货物，以及水泥、化肥、粮食、原盐等货物采用的散装装卸的方法，目的是提高装卸效率，降低装卸成本。其作业方法又分为重力作业法、倾翻作业法、机械作业法和气力输送法等。

表 8-14　按装卸作业对象分类

分类	特点	图示
单件作业法	单件作业法是指将货物单件、逐件进行装卸搬运的方法，这是人工装卸搬运阶段的主导方法。主要适用于：一是单件货物本身具有特定的安全属性；二是装卸搬运场合没有或不适宜采用机械装卸；三是货物形状特殊、体积过大，不便于采用集装化作业等	
集装作业法	将货物集零为整（集装化）后，再对集装件（箱、网、袋等）进行装卸搬运的方法。这种方法又可按集装化方式的不同，分为集装箱作业法、托盘作业法、货捆作业法和滑板作业法等	
散装作业法	①重力作业法。重力作业法是利用货物的势能来完成装卸作业的方法。比如，重力法卸车是指底开门车或漏斗车在高架线或卸车坑道上自动开启车门，煤炭或矿石等散装货物依靠重力自行流出的卸车方法	
	②倾翻作业法。倾翻作业法是将运载工具的载货部分倾翻，从而将货物卸出的方法。比如，自卸汽车靠液压油缸顶起货厢实现货物卸载	
	③机械作业法。机械作业法是指采用各种装卸搬运机械（如带式输送机、链斗装车机、单斗装载机、抓斗机、挖掘机等），通过舀、抓、铲等作业方式，达到装卸搬运的目的	
	④气力输送法。气力输送法是利用风机在气力输送机的管内形成单向气流，依靠气体的流动或气压差来输送货物的方法	

（2）按装卸作业手段和组织水平分，可以分为人工作业法、机械化作业法、综合机械化作业法。其各自作业特点见表 8-15。

表 8-15　按装卸作业手段和组织水平分类

分类	特点
人工作业法	完全依靠人力，使用无动力器械来完成装卸搬运
机械化作业法	以各种装卸搬运机械，采用多种操作方法来完成货物的装卸搬运作业的方法。机械化作业法是目前装卸搬运作业的主流
综合机械化作业法	综合机械化作业法要求作业机械设备与作业设施、作业环境的理想配合，要求对装卸搬运系统进行全面的组织、管理、协调，并采用自动化控制手段（如电子计算机控制与信息传递），以完成高效率、高水平的装卸搬运作业。这是代表装卸搬运作业发展方向的作业方法

（3）按装卸作业特点分，可以分为间歇作业法和连续作业法。其各自作业特点见表 8-16。

表 8-16　按装卸作业特点分类

分类	特点
间歇作业法	以间歇运动完成对货物装卸搬运的作业方法，即在两次作业中存在一个空程准备过程的作业方法。间歇作业法的特点是有较强的机动性，装卸地点可在较大范围内变动，主要适用于货流不固定的各种货物，尤其适用于包装货物、大件货物，散装货物也可采用这种方法
连续作业法	通过连续输送机械进行连续不断的装卸作业的方法，如带式输送机、链斗装车机作业。连续作业法的特点是作业线路固定、动作单一、输送均匀、中间无停顿、货间无间隔，便于实现自动控制。在装卸量较大、装卸对象固定、货物对象不易形成大包装的情况下，适宜采用这种方法

扫码观看8.3
自动化装卸
搬运。

（4）按装卸作业方式分，可以分为垂直装卸法和水平装卸法。其各自作业特点见表 8-17。

表 8-17　按装卸作业方式分类

分类	特点
垂直装卸法（吊装吊卸法）	采取提升和降落的方式对货物进行装卸搬运的方法。这是采用比较多的一种装卸方法，其所用的装卸设备通用性较强，应用领域较广，如起重机、叉车、提升机等，但这种装卸方法消耗的能量较大
水平装卸法（滚装滚卸法）	采取平移的方式对货物进行装卸搬运的方法。这种装卸搬运方法不改变被装卸货物的势能，比较省力，但需要有专门的设施，如能和汽车水平接靠的适高站台、汽车和火车之间的平移工具等

8.2.3　装卸搬运设备

1. 搬运车辆

（1）叉车。叉车是用于单位商品的装卸、运输和堆放的车辆，具有适用性强、灵活性高和效率高的优点。根据功率，叉车可分为内燃式叉车和蓄电池式叉车。内燃式包括汽油内燃式（载重量 1～3t）和柴油内燃式（载重量 3t 以上）。蓄电池式叉车载重量通常低于

2t。根据结构特点，叉车可分为平衡重式叉车、前移式叉车、插腿式叉车、侧面叉车等，特点详见表 8-18。

表 8-18　叉车分类

叉车类型	特点	图示
平衡重式叉车	使用最广泛的叉车类型之一，适用于室外或室内操作。平衡重式叉车的特点是：叉架位于前轮中心线之外，尾部装有配重以防止倾覆；充气轮胎运行快，爬坡能力强。多级桅杆可以提升高度，并且可以向前和向后倾斜，便于取货且稳定	
前移式叉车	指其桅杆（或剪叉）可以向前和向后移动的叉车。其特点是：提货时，货叉与桅杆一起向前移动超过前轮（或使剪刀叉伸出）；行走时，门架向后移动（或使剪刀叉缩回），从而使货物的重心向后移动。在前后轮之间，稳定的操作不需要平衡重，车身轻便小巧，适合在车间和仓库中使用。前移式叉车按操作可分为立式和座式。它们由电池供电，不会污染周围的空气，并具有一定的平衡作用；仓库的工作场地条件良好，一般使用实心轮胎，车轮直径小	
插腿式叉车	一种结构紧凑的堆垛叉车。货叉在两个支腿之间，并且在装载、卸载和行走期间保持平稳。插腿式叉车尺寸小，转弯半径小，在仓库里工作更方便。但是，在架子或容器的底部必须有一定的高度，以允许插入叉车的两个支腿。插腿式叉车可分为三种：手动机械式、手动液压式和电动液压式。它们适用于工厂车间和仓库对效率要求不高，但需要一定的堆叠和装卸高度的场合	
侧面叉车	主要用于长条形货物的运输。它的特点是：有一个放置货物的平台，桅杆和货叉在车身中央；侧面叉车可横向延伸以拾取货物，缩进车身并将货物放置在平台上即可行走；驾驶员视野良好，所需的通道宽度也较小	

（2）托盘搬运车。托盘搬运车是一种轻巧的装卸设备。它有两个叉状插腿，可以插入托盘的空闲叉孔中（见图 8-6）。托盘搬运车被广泛用于装卸接收站和调度站，或用于处理不需要在车间中的各程序之间进行堆叠的操作。托盘搬运车可以分为两种：手动型和电动型。电动型可以分为步行型、踏板驱动型或侧坐型。

（3）自动导引车。自动导引车（automated guided vehicle，AGV）是指具有电磁或光学导引装置的运输车辆，如图 8-7 所示。它能够按照预定的导引路线行走，具有小车运行和停车装置、安全保护装置以及各种转移功能。自动导引车最广泛使用的领域是装配操作，尤其是汽车装配操作。在重型机械行业中，自动导引车的主要目的是运输模具和原材料。由于运输的货物重量较大，自动导引车需要配备功能强大的转移装置。自动导引车还广泛用于其他行业，例如邮政业、仓储业、纺织业和电子业。

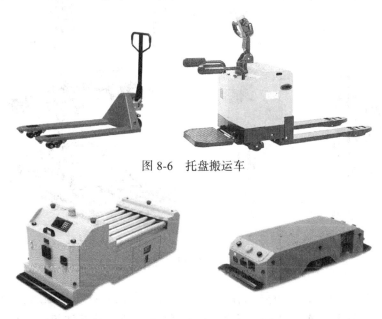

图 8-6　托盘搬运车

图 8-7　自动导引车

自动导引车根据导引方法的不同，可以分为固定路径导引式、自由路径导引式等；根据移载方式的不同，可分为侧叉式移载、叉车移载、推拉移载和滚筒输送机转移；根据充电方式的不同，可以分为交换电池型和自动充电型；根据转向方式的不同，可分为前轮转向式、差速转向式和独立多轮转向式。

2. 起重机械

起重机械是一种用于在间歇操作中提升、降低和水平移动物料的装卸设备，其操作周期包括拾取、提升、平移、降低和卸载。起重机械广泛用于工业、运输业、建筑业、商业和农业。起重机械至少具有完成物体的升降功能的升降结构，并且可以分为简单起重机械、通用起重机械和特种起重机械。简单起重机械只能完成单个起吊动作，例如滑车、葫芦、升降机和电梯。通用起重机械除了可以起吊之外还可以完成多种动作，通常可以用钩子完成水平或旋转运动。

（1）简单起重机械。简单起重机械一般只做升降运动或向一个直线方向移动，只具备一个运动结构。简单起重机械起升货物重量不大，作业速度及效率较低。常见的简单起重机械有手拉葫芦（用于手动梁式起重机或架空运输）、手扳葫芦（手柄扳动钢丝绳或链条）、钢丝绳电动葫芦、升降机，如图 8-8 所示。

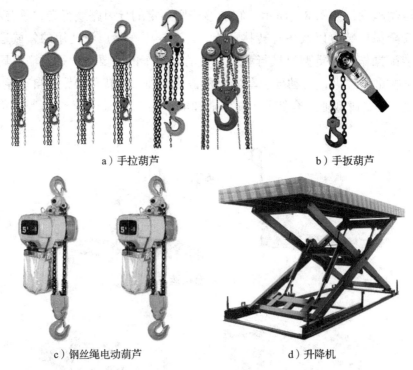

a) 手拉葫芦   b) 手扳葫芦

c) 钢丝绳电动葫芦   d) 升降机

图 8-8 简单起重机械

（2）通用起重机械。起重机是指在一定范围内垂直提升和水平搬运重物，做循环间歇运动的机械设备，又称吊车。通用起重机械有两种，分别是臂架类起重机和桥式起重机。

臂架类起重机（见图 8-9）包括塔式起重机、门座式起重机、汽车起重机、轮胎式起重机、必履带式起重机、浮式起重机、铁路起重机等，适用于码头、货场、工场等场所。桥式起重机包括悬挂梁式起重机、通用桥式起重机、龙门式起重机、装卸桥等（见图 8-10）。桥式起重机的特点是可以使挂在吊钩或其他取物装置上的重物在空间上实现垂直升降或水平运移，广泛地应用在室内外仓库、厂房、码头和露天贮料场等处。

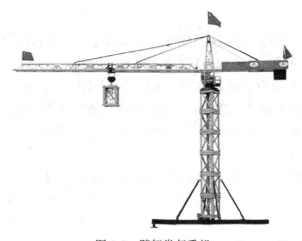

图 8-9 臂架类起重机

a）悬挂梁式起重机

b）通用桥式起重机

c）龙门式起重机

d）装卸桥

图 8-10　桥式起重机

（3）特种起重机械。为完成某种特定任务而研制的专用起重机械，如为机械化部队实施战术技术保障用的、装在越野汽车或装甲车上的起重轮救车，为处理交通事故用的公路清障车等，均属此类。

3. 连续输送机械

连续输送机械是指在同一条线上沿相同方向连续输送物料而在装卸过程中不停机的输送机械。连续输送机械主要完成物体的水平输送，并具有一定的垂直或倾斜输送能力。输送对象主要是小块和散装物品。连续输送机械具有输送量大、输送距离长、结构简单和生产率高的特点，在输送过程中同时完成多项工艺操作，得到了广泛的应用。连续输送机械可以进行水平、倾斜和垂直输送，也可以形成通常固定的空间输送线。常见的连续输送机械包括倍速链输送机、斜槽输送机、皮带输送机、网链输送机和辊筒输送机，如图 8-11 所示。

图 8-11　连续输送机械

8.2.4 装卸搬运合理化

为了实现装卸搬运的合理化，在满足装卸搬运作业要求的前提下，装卸搬运要尽量实现装卸搬运的距离短、时间少、质量高、费用省的目标。因此要实现装卸搬运合理化，首先必须坚持装卸搬运的基本原则；其次是按照合理化的需求进行装卸搬运作业。

1. 不合理的装卸搬运

对于装卸搬运的合理化，很难有一个绝对的标准，但是，在装卸搬运作业时，必须避免由于不合理的装卸搬运而造成的损失。不合理的装卸搬运，具体表现见表 8-19。

表 8-19　不合理的装卸搬运

内容	危害
过多的装卸搬运次数	在整个物流过程中，装卸搬运是反复进行、发生频率最高的活动，又是发生货损的主要环节，所以，过多的不必要的装卸搬运必然导致损失增加。此外，过多的装卸搬运次数，还会大大减缓整个物流的速度，影响物流效率
过大包装的装卸搬运	包装过大过重，在装卸搬运作业中，实际上就会反复在包装上消耗过多不必要的劳动，因而形成无效装卸，造成损失
无效物质的装卸搬运	进入物流过程的货物，有时混杂着没有使用价值或对用户来讲使用价值不大的各种掺杂物，无效物质的装卸搬运，增加了装卸搬运成本，增加了货物损耗，降低了物流速度。如能防止和减少无效物质的装卸搬运，则可节省装卸劳动，提高装卸效率，使装卸搬运合理化

2. 装卸搬运合理化的原则

装卸搬运合理化的主要目标是节省时间、节约劳动力、降低装卸成本。为此，装卸搬运合理化需要遵循以下几条原则。

（1）防止无效的装卸搬运。无效的装卸搬运是不合理的装卸搬运，应当尽可能采取各种措施予以避免。例如，尽量减少装卸次数，尽量缩短装卸距离，以减少人力和物力的浪费以及货物损坏的可能性；提高包装的轻便性、简便性和实用性，避免过度包装并减少无效载荷；提高装卸货物的纯度，仅装卸必要的货物，在装卸某些货物之前清除杂质；充分发挥装卸机械的能力和装卸空间，空心物体在运输前可以装满其他物体，提高装卸效率；采用集装箱化方式进行多式联运，避免对于单件货物的反复装卸搬运处理等。

（2）提高装卸搬运活性。装卸搬运活性是指把货物从静止状态转变为装卸搬运运动状态的难易程度，提高装卸搬运活性是装卸搬运合理化的一项重要内容。

货物所处的状态不同，装卸搬运的难易程度也不一样，活性也就不同。如果很容易转变为下一步的装卸搬运而不需要做过多装卸搬运前的准备工作，则活性就高；反之，则活性低。为了区别活性的不同程度，可用"活性指数"来表示。"活性指数"从 0～4 共分 5 个等级，分别表示活性程度从低到高。装卸搬运活性指数见表 8-20。

表 8-20 装卸搬运活性指数

货物状态	散放态	集放态	集装态	装载态	运动态
货物支撑情况	直接置地	置于容器	置于托盘	置于车内	置于传送带
货物移动机动性	移动时需逐个用人力搬运	可以人工一次搬运	可方便地使用机械搬运	不需借助其他机械便可搬运	货物已处于移动状态
动作移动数	4	3	2	1	0
动作取消数	0	1	2	3	4
活性指数（活度）	0	1	2	3	4
搬运难度	大				➡小
消耗劳动	多				➡少
活性	小				➡大

表 8-20 列出了货物的 5 个基本可运输状态，即散放态、集放态、集装态、装载态和运动态。移动任何一批货物只需要进行 4 个动作，即集中，整理，提起和移动，以及搬运的每个基本动作，货物可运输状态的活动就会提升一个等级。在表中，取消动作的次数定义为活性指数（或称活度），它是对货物活动的定量描述。货物的活性指数越大，装卸搬运就越容易。因此，提高装卸搬运活性是合理化装卸的重要组成部分。在组织装卸搬运作业时，应灵活运用各种装卸搬运机械设备，合理设计作业程序。后续操作应考虑先前的操作，货物的放置应有利于下次装卸操作的持续改进。例如，装在容器中并放在地面上的货物比散落在地面上的货物更易于搬运；装货时，应易于卸下；存放时，应易于卸下。简而言之，有必要改善装卸活动，以使装卸作业合理化，节省劳力，减少消耗，提高效率。

（3）集装单元化。所谓集装单元化是指将货物集中到一个操作单元进行装卸搬运。集装单元化是实现装卸搬运合理化、降低物流成本的重要手段。为了提高装卸搬运效率，提高机械化、自动化和管理水平，应尽可能扩大货物的物流单位（例如，使用托盘、集装箱等），这对装卸搬运的改善是至关重要的原则。集装单元化，不仅有利于实现装卸机械化和规范化，而且可以提高装卸搬运效率，提高物流运输的质量，防止物流过程中货物的损坏和丢失，并便于进行计数工作。例如，托盘重量轻、强度高，适用于各种产品的物流周转，是运输过程中重要的装卸周转搬运工具，和叉车配合使用，可以极大地提高物品的周转搬运效率。以集装箱这种大型容器为载体，将货物集合组装成集装单元，运用大型装卸机械和大型载运车辆进行装卸、搬运作业并完成运输任务，已成为国际上常用的重要的装卸运输方式。

（4）合理选择装卸机械、方式和方法。①装卸搬运机械化是提高装卸效率的重要组成部分。首先，必须根据货物的装卸搬运的性质来确定装卸搬运机械的选择。对于箱装、袋装或集装箱中的货物，可以使用叉车、起重机和货车进行装卸；对于散装粉状和颗粒状货物，可使用传送带进行装卸；对于散装液体货物，可以将其装载并直接带到运输设备或存储设备。其次，有必要通过各种集装箱装卸方式，形成最合理的机械设备装卸能力，使所选装卸机械能充分发挥自身的效率，达到最佳效率，实现大规模装卸搬运。②在装卸搬运过程中，必须根据货物的种类、性质、形状和重量确定装卸货物的方式。通常有三种类型的处理方式：分块处理、散装处理和单元组合处理。③合理地分解装卸搬运作业对改善装卸作业的各种操作、提高装卸效率具有重要意义。应尽可能采用排队论、网络技术和人机交互系统等现代管理方法和技术，以改进操作方法，从而实现装卸的连贯、顺畅、平衡以及装卸的合理化和高效化。

（5）利用或减少重力影响。在装卸搬运作业中，货物的重力影响是不可避免的。所以，首先应尽量利用货物的重量进行有一定落差的装卸，以节省人工和能源消耗，这是装卸搬运合理化的重要方式。其次，应尽可能消除货物重力的不利影响，这也可以减少装卸劳力的消耗。另外，在确保货物装卸、搬运和储存安全的前提下，尽可能减少附加工具的重量和货物包装的重量也是减少货物重力影响的重要方面。

（6）保持物流平衡和畅通。装卸搬运是整个物流过程中必不可少的重要环节。最理想的情况是保持连续的装卸搬运作业，使货物畅通无阻，并有序地连接运输、仓储、包装和流通加工等物流活动，以维持整个物流过程的平衡和畅通。但是，从某种意义上说，装卸也是运输和仓储活动的辅助活动。它受到其他环节（例如运输）的制约，其节奏不能独立确定，必须根据各种因素进行适当安排，以使物流量尽可能平衡。

❖ 典型案例 8-1

苏宁南京云仓装卸搬运智能化

南京苏宁超级云仓于 2016 年 11 月投产，建筑面积为 20 万平方米，相当于 28 个标准足球场大小，可存储 2 000 万件商品，是亚洲最大的智慧物流基地。苏宁云仓日处理包裹可达到 181 万件，是行业同类仓库处理能力的 4.5 倍以上。2019 年 8 月，苏宁云仓再次迭代成新一代无人仓。无人仓整合了无人叉车、AGV 机器人、机械臂、自动包装机等众多"黑科技"，可以实现整件商品从收货上架到存储、补货、拣货、包装、贴标，再到最后分拣的全流程的无人化。

苏宁南京云仓的 AS/RS 自动码垛设备工作效率是传统高位叉车的 4～5 倍。工作中无需人工即可实现整个托盘的自动装卸。对机械设备的投资不仅大大减少了人力需求，而且降低了人力成本和管理难度。

8.3 流通加工

8.3.1 流通加工的概念与分类

1. 流通加工的概念

根据《物流术语》，**流通加工**（distribution processing）是指"根据顾客的需要，在流通过程中对产品实施的简单加工作业活动的总称"。这里的简单加工作业活动包括包装、分割、计量、分拣、刷标志、拴标签、组装、组配等。

2. 流通加工的分类

根据不同的目的，流通加工一般可分为以下几种类型。

（1）以弥补生产领域中的不足的流通加工。由于存在诸多限制因素，有很多产品只能在生产现场实现一定程度的粗加工，而不能完全实现最终加工。例如，对钢材卷板的舒展、剪切加工；平板玻璃按需要规格的开片加工；木材改制成枕木、板材、方材等加工。

延伸阅读 8-2

钢材的流通加工

钢材生产企业为了实现规模化生产，其生产的各种钢材（钢板、型钢、线材等）的长度、规格有时不完全适用于客户，如热轧厚钢板等板材最大交货长度可达 12 米，有的是成卷交货。对于钢板需求方来说，采用单独剪板、下料方式，设备闲置时间长、人员浪费大，这时流通加工企业采用集中剪板、集中下料方式，就可以避免单独剪板、下料的部分弊病，提高材料利用率。剪板加工（见图 8-12）是在固定地点设置剪板机进行下料加工或设置种种切割设备将大规格钢板裁小，或裁切成毛坯，降低销售起点，便利用户。同样，薄板的切断、型钢的熔断、厚钢板的切割、线材切断等集中下料、线材冷拉加工等，都可以采用类似的方法。中国物流企业 20 世纪 80 年代开始这项流通加工业务。汽车、冰箱、冰柜、洗衣机等生产制造企业，委托这类企业对每天需要的钢板进行流通加工，解决用料高峰和低谷的差异所引起的设备忙闲不均和人员浪费问题。

图 8-12　钢材剪板加工

（2）为方便消费、省力进行的流通加工。生产部门的高效率和大量生产通常不能完全满足客户的多样化需求。为了满足客户的需求，在确保社会上的高效率批量生产的同时，所生产的单一产品的多样化重组和加工是流通加工中的一种重要加工形式。例如，根据需要将钢材定尺、定型，按要求下料；将木材制成可直接投入使用的各种型材；将水泥制成混凝土拌合料，使用时只需稍加搅拌即可使用，等等。

（3）保护产品的流通加工。目的是确保可以平稳地实现产品的使用价值，并防止产品在运输、存储、装卸和搬运过程中遭受损失。例如，水产品、肉类、蛋类的保鲜、保质的冷冻冷藏加工、防腐加工等；丝、麻、棉织品的防虫、防霉加工等；为防止金属材料的锈蚀而进行的喷漆、涂防锈油等措施，运用手工、机械或化学方法除锈；木材的防腐朽、防干裂加工；煤炭的防高温自燃加工；水泥的防潮、防湿加工等。

（4）以提高物流效率、促进物流为目的的流通加工。产品种类繁多，由于形状特殊，难以进行物流操作，效率低下。通过适当的流通加工可以弥补这些产品的物流缺陷，使物流的各个环节容易实现。组装型商品（如自行车等）在运输和存储过程中处于散件状态，出库配送前到达消费区后进行组装和加工。这种加工通常会更改货物的物理状态，但最终仍可以恢复原始的物理属性。

（5）为促进销售的流通加工。这种加工不会改变"物"的主体，而仅执行简单的改装，从而起到促进销售的作用。例如，将大包装或散装商品包装成小包装，以满足消费者对多样化产品的需求；将侧重于保护产品的运输包装转变为侧重于改善产品以促进销售的装饰性包装，提高产品的附加值，以满足消费者的个性化需求；蔬菜和肉类等食品原料经过分选、清洗、切块、包装和加工成半成品，满足消费者的不同需求。

（6）为提高原材料利用率和加工效率的流通加工。流通加工采用集中加工的形式，不仅可以解决单个企业加工效率低的问题，使单个企业简化生产环节，提高生产水平，还可以利用其综合性强、用户众多的特点，采取合理的计划，集中下料，提高原材料利用率。例如，利用水泥加工机械和水泥搅拌车进行水泥流通加工，利用现代科学技术将水泥的使用从小规模分散形式转变为大规模集中处理形式。在组织现代化大规模的生产中，采用准确的测量方法和选择最佳技术进行集中搅拌，可以提高混凝土质量并节省水泥，还可以提高加工效率和搅拌设备的利用率，减少加工基地，实现大量运输，并使水泥物流更加合理。

（7）为便于运输使物流合理化的流通加工。在主干线运输和支线运输的节点处设置流通加工环节，可以有效解决连接生产的大批量、低成本、长距离的干线运输与连接消费的多品种、少批量、多批次的支线运输之间的衔接问题。以流通加工为分界点，流通加工点与大型生产企业之间形成了大批量、高效率的定点运输，在流通加工点与消费者之间形成了运输包装的转换。例如，散装水泥中转仓库把散装水泥装袋、将大规模散装水泥转化为小规模散装水泥的流通加工，就衔接了水泥厂大批量运输和工地小批量装运的需要。

（8）生产–流通一体化的流通加工。依托生产企业与流通企业的结合或生产企业向流通领域的延伸，形成合理分工、合理规划、合理组织和统筹进行的生产与流通加工相结合的统一安排，这是生产–流通一体化的流通加工。它可以促进产品结构和产业结构的调整，充分发挥企业集团的经济技术优势，是目前流通加工领域的一种新形式。

8.3.2 流通加工合理化

流通加工合理化的含义是实现流通加工的最优配置，不仅做到避免各种不合理加工，使流通加工有存在的价值，而且综合考虑流通加工与配送、合理运输、合理商流等的有机结合，做到最优选择。

1. 不合理的流通加工

流通加工是流通领域中生产的辅助性加工。从某种意义上说，这不仅是生产过程的延续，而且是生产本身或流通领域生产过程的延续。流通加工业务是现代物流企业提供的增值服务。它不仅可以提高流通商品的附加值，实现物流企业的经济效益，而且可以为供需双方带来便利和效率。但是，各种不合理的流通加工方法也会产生负面影响，抵消企业的经济效益。不合理的流通加工形式表现为：流通加工地点设置得不合理；流通加工方式选择不当；流通加工作用不大，形成多余环节以及流通加工成本过高、效益不好。不合理的流通加工形式及其危害见表 8-21。

表 8-21　不合理的流通加工形式

内容	危害
流通加工地点设置得不合理	流通加工地点设置（即布局状况）是关系到整个流通加工是否合理、有效的重要因素。一般而言，为衔接单品种大批量生产与多样化需求的流通加工，加工地设置在需求地区，才能实现大批量的干线运输与多品种末端配送的物流优势；否则，会大大增加物流成本
流通加工方式选择不当	流通加工方式包括流通加工对象、流通加工工艺、流通加工技术、流通加工程度等。流通加工方式的正确选择，实际上是指与生产加工的合理分工。分工不合理是指本来应由生产加工完成的，却错误地由流通加工完成，或者本来应由流通加工完成的，却错误地由生产加工去完成等
流通加工作用不大，形成多余环节	有的流通加工过于简单，或对生产及消费者作用都不大，甚至存在流通加工的盲目性，即未能解决品种、规格、质量、包装等问题，反而增加了多余环节
流通加工成本过高、效益不好	流通加工之所以能够有生命力，且发展势头强劲，主要是因为有较大的投入产出比，因而能对生产加工起到有效地补充、完善的作用。如果流通加工成本过高、效益不好，则不能实现以较低投入获得最高回报的目的

2. 合理化的流通加工

实现流通加工合理化，主要考虑以下几个方面：

（1）流通加工与配送相结合。将流通加工设置在配送点，一方面，根据配送的需要进行处理；另一方面，加工是配送业务流程中分货、拣货和配货的一部分。加工后的产品直接进入配货作业。这样，不需要建立单独的加工中间环节，就能使流通加工和中转流通巧妙地结合在一起。此外，由于配送前的流通加工，可以大大提高配送服务水平，这种流通加工与配送相结合的方式已经在煤炭、水泥和其他产品的流通中显示出巨大的优势。但是，如果流通加工地点设置不当，将大大增加物流成本。

典型案例 8-2

鲜易供应链昆山基地"TC+PC"服务解决方案

作为麦德龙中国的冷冻冷藏食品和新鲜食品的集货分拨中心，鲜易供应链昆山基地主要进行温度控制的仓储、冷链运输以及新鲜产品的分类和加工。

昆山基地为超市渠道客户提供"TC+PC"服务。TC（快速分拨中心）用于快速分配，PC（流通加工中心）用于流通加工，进口的新鲜产品进入国内市场并需要二次加工。昆山基地已先后通过 HACCP、GMP、SSOP 等系统认证，创建了流通处理平台。昆山基地可以为连锁零售、餐饮、超市等上下游客户提供 OEM 贴牌生产，ODM 设计代工、分拣、贴标和包装等服务。"TC+PC"综合服务的基础是提供流通加工服务，依靠综合的仓库以及运输和配送服务网络，为客户提供区域配送和城市配送服务。新鲜产品的附加值增长率可以在 20% 以上，周转周期缩短了不少于 15 天。

资料来源：鲜易供应链 https://www.hishop.com.cn/tags/14282.html.

（2）流通加工与配套相结合。"配套"是指与使用相关的耗材集合成套地提供给用户。在对配套要求较高的流通中，配套的主体来自各个生产单位。但是，有时不可能依靠现有的生产单位来完成包装。因此，适当的流通加工可以有效地促进配套，大大提高流通能力，将其作为生产与消费之间的桥梁和纽带。例如，方便食品的配套生产、礼品的拼装包装等。

（3）流通加工与合理运输相结合。流通加工可以有效地将干线运输与支线运输联系起来，促进两种运输方式的合理化。使用流通加工可以减少干线运输与支线运输之间停留的环节和时间，使两者之间的转换更加合理，大大提高了运输水平。

（4）流通加工与合理商流相结合。流通加工，可以有效地促进销售。例如，简单地改变包装以方便购买，或通过组装和加工以消除在用户使用之前组装和调试的困难等。

（5）流通加工与节约相结合。节约能源、节约设备、节约人力和节省消耗是合理化流通加工的重要考虑因素，也是设置流通加工时考虑其合理化的一种常见形式。合理化流通加工不但要考察其是否增加了企业的经济效益，也要看它实现的社会效益。

🌀 本章小结

包装、装卸搬运和流通加工是物流的基本功能，是整个物流不可或缺的重要环节。包装不仅具有保护商品的功能，还能起到便利和促销功能。装卸搬运虽然不能产生新的价值和效用，却是物流各项活动中出现频率最高的一项作业活动，在物流系统中具有举足轻重的地位。流通加工是一项物流增值服务，它并不改变商品的基本形态和功能，但它可以满足消费者多样化的需求，还可以提高物流效率，降低物流成本，促进物流合理化。

🌀 主要术语

包装（package/packaging）　　　　　装卸（loading and unloading）

包装标志（packaging logo）　　　　　搬运（handling）

包装技术（packaging technology）　　　流通加工（distribution processing）

托盘（pallet）

🌀 理论自测

1. 包装合理化的措施主要有哪些？

2. 什么是装卸搬运？它具有哪些特点？

3. 装卸搬运常见的分类及作业方法有哪些？

扫码阅读8-4
第8章练习题

4.如何做到装卸搬运的合理化？

5.什么是流通加工？流通加工的分类有哪些？

6.如何做到流通加工的合理化？

案例分析 8-1

包装标识不清引发争议

H是一家农副产品进出口公司，P是一家综合物流服务商。2008年7月，H拟出口黄麻到印度尼西亚。H将包装完好的货物交付P，由P为H提供仓储和运输等服务。黄麻为易燃物，储存和运输的环境条件不得超过常温15℃。H因听说P曾多次承运黄麻，即未将此情况书面通知P，也未在货物外包装上做警示标志。2008年8月19日，P将货物运至其仓库，准备联运，但旺季仓库储物拥挤，室温达到18℃。8月20日，货物忽然起火，因救助不及，导致货物损失惨重。经调查，起火原因是仓库温度较高导致货物自燃。双方发生争议。

资料来源：汪传雷. 物流案例教程［M］. 合肥：安徽大学出版社，2009.

| 思考 |

你认为H的货损应由谁来负责？请说明理由。

案例分析 8-2

苏宁物流绿色包装"青城计划"

绿色物流包括物流作业环节和物流管理全过程的绿色化，其中绿色包装受到了广泛关注。数据显示，2019年中国快递业务量突破600亿件，实现快递包装的绿色可循环正成为快递行业的新课题。为此，国家邮政局提出实施"9571工程"，即到2019年底，电子面单使用率达到95%，超过50%的电子商务快递邮件将不再进行二次包装，循环中转袋使用率达到70%，并且10 000个邮政速递业务网点设置包装废物回收装置。苏宁物流的"青城计划"积极实施了"9571工程"，解决了快递行业的绿色包装问题。

苏宁物流从2014年正式启动绿色物流探索，从包装回收、电子面单、3D装箱到共享快递盒等采取了一系列的举措。2019年4月，"青城计划"在无锡正式启动。苏宁物流"青城计划"的集中启动，是苏宁打造全链路绿色物流解决方案的又一次升级。"青城计划"共包含四部分内容：绿色仓储、绿色运输、绿色包装和绿色末端。其中的绿色包装部分是指苏宁物流将持续加大对绿色包装产品的投入。

依靠苏宁店网上快递包装社区回收站，快递包装二次利用率超过30%。截至2019年，无锡苏宁门店中超过50%已完成社区回收站的部署。在上海、太原等地，社区回收站也已成为用于城市垃圾分类的重要回收设施，并得到了当地市民的大力支持。在2019年"双11"期间，苏宁物流宣布正式启动"青城计划"绿色城市集群建设。在北京、上海、广州、南京、沈阳、武汉、成都、深圳、杭州、郑州和重庆等11个城市增加20万个共享快递箱，旨在实现从包装和回收等单一维度到全环节的绿色发展，从局部应用到大规模的规范化发展。新增加的20万个共享快递箱将主要用于包装 3C 产品，类似于新鲜食品回收箱的操作模式，从仓储包装到门到门交付，再由快递员带回或由用户交付到附近的苏宁小商店回收箱。

2019 年，苏宁物流和天天快递持续减少胶带，减少填充和其他过度包装，全国电子面单使用率已经接近 100%；共享快递盒作为苏宁物流绿色回收包装的创新基准，该产品已投入使用超过 1 亿次，节省下来的胶带可绕地球 3.74 周，新鲜食品循环箱也已在 45 个城市使用，每天可节省 5 万多个泡沫箱。

苏宁物流以自身的物流体系为中心，进一步扩大了绿色包装和绿色回收的范围，减少了快递包装的浪费，促进了减量化、绿色和可循环利用的发展。同时，通过构建绿色的城市物流生态系统，苏宁物流将协调多种力量，促进长江三角洲、京津冀、珠江三角洲、成渝等近十个城市群的快递业绿色可持续发展。以"长江三角洲"为例，基于苏宁物流在上海、南京和杭州布局的大型智慧物流基地——超级云仓和配送中心的辐射能力，以及智能供应链、集约化管理和控制、大数据分析等技术，苏宁物流重塑绿色包装回收网络，提高了城际物流运输效率，实现了就近配送、回收和再利用的绿色包裹路径。

资料来源：苏宁物流官网，https://wuliu.suning.com/home/newsDetail.htm?id=94，2020-12-12。

| 思考 |

结合阅读材料，简述苏宁物流是通过哪些方式实现快递物流业的环保升级的，并分析绿色物流的发展意义？

🔘 实训项目

包装与装卸搬运实训

1. 实训目标

通过实训，学生应了解包装、装卸搬运基本环节的操作流程，以及常见包装和装卸搬运设备的工作特点。

2. 实训内容

（1）学生每 3～5 人分为一组，每组选出组长一人；

（2）参观学校及附近的工厂、超市物流中心；

（3）观察设施内的包装和装卸搬运设备，了解物流包装和装卸搬运基本环节的操作流程及规范要求；

（4）各小组完成调研报告，并派代表按规定时间发言，教师点评；

（5）整理发言资料，完善调研报告，总结学习体会。

CHAPTER 9

第 9 章

物流设施

|学习目标|

1. 了解物流设施的种类
2. 理解物流设施在现代物流中的地位与作用
3. 了解中国公路、铁路、港口、空港和管道等基础设施建设情况
4. 掌握物流设施选址的基本方法

|导入案例|

深圳市物流设施建设

深圳高度重视物流建设的战略布局和总体规划，不断完善物流基础设施的整合，建设现代物流的"深圳样本"。深圳市物流设施建设对推进物流降成本、优化物流资源配置起到了积极作用。深圳市物流设施建设情况如表 9-1 所示。

表 9-1　深圳市物流设施建设情况

物流设施	建设内容
深圳港	南山港区是兼具邮轮、旅客和散、杂货运输及修造船等多功能的综合性港区；盐田港区、大铲湾港区是集装箱干线港的重要组成部分，依托集装箱运输发展现代物流；大小铲岛港区发展成品油和液体化工品运输；宝安港区以散、杂货运输和旅客运输为主，适度发展集装箱驳船运输；大鹏港区以成品油、液体化工品、液化气运输为主，兼顾水上旅游客运功能

（续）

物流设施	建设内容
深圳机场	深圳机场是中国境内集海、陆、空联运为一体的现代化国际空港，也是中国境内第一个采用过境运输方式的国际机场
铁路货运	深圳铁路枢纽总图规划形成以平湖南、坂田、横岗为区域物流基地的货运网络。铁路国际货运方面，2017 年 5 月，深圳首列中欧铁路货运班列从深圳开往白俄罗斯明斯克，未来还将延伸至德国汉堡，开通连接"一带一路"沿线国家的战略铁路通道
国家级陆路交通枢纽	深圳是《全国公路主枢纽布局规划》中确立的 45 个公路主枢纽城市之一，也是《国家公路运输枢纽布局规划》中深莞组合枢纽的重要组成部分。深圳市有公路货运企业（业户）近 2 万家，货运车辆近 174 828 辆。其中公路城际干线运输公司约 1 500 家，城际线路可辐射全国 265 个大中城市
多式联运枢纽	平湖南铁路货场作为国家综合铁路物流节点，建设多式联运中心、集装箱运输中心和综合支持服务中心，以海铁联运及城市配送为主，并建立必要的配套设施，如内陆港口、城市物流（冷链物流、电子商务物流、汽车物流等）和"一带一路"国际货运列车
物流园区	包括盐田港后方陆域物流园区、航空物流园区、龙华物流园区、平湖物流园区和笋岗清水河物流园区。物流园区规划用地总面积 22.88 平方千米，总建筑面积 1 154 万平方米，对深圳物流业的发展起到了集聚和辐射作用。深圳全市有 26 个传统货运站（货运交易市场），主要分布在笋岗清水河、丹竹头、民治、西乡等地区，承担区域干线运输的零担货运职能

资料来源：打硬仗破难题探新路，国家发改委 https://www.ndrc.gov.cn/，2018-06-29.

思考：

完善的物流设施建设对物流企业发展可能起到什么作用？

9.1 物流设施概述

9.1.1 物流设施的概念

物流设施（logistics facilities）是在供应链某些环节上，为满足物流组织与管理需要，具有综合或单一功能的场所或组织的统称。它包括物流网络结构中的物流节点、物流线路以及物流基础信息平台。物流设施是保证物品以最快的速度和最少的耗费保质保量地从生产地进入消费地的重要前提条件，提高物流设施管理水平是物流经济管理的重要内容。

物流设施包括基础性设施和功能性设施，例如港口、码头、货场、航空港、仓库、自动化立体仓库、物流基地、物流中心、配送中心等。

9.1.2 物流设施的分类与作用

1. 物流设施的分类

（1）物流节点。全部物流活动是在线路和节点进行的。**物流节点**（logistics node）是指物流网络中连接物流线路的节点。物流功能要素中的其他所有功能要素，如包装、装卸、保管、分货、配货、流通加工等，都是在节点上完成的。现代物流发展中物流节点对优化整个物流网络起着重要作用。物流节点不仅执行一般的物流职能，而且越来越多地执行指挥调度、信息传输与分析等功能，成为整个物流网络的中枢。执行中枢功能的物流节点又被称为物流中枢或物流枢纽。

广义的物流节点是指所有进行物资中转、集散和储运的节点，例如港口、航空港、火车货运站、公路枢纽、大型公共仓库及现代物流（配送）中心、物流园区等。而狭义的物流节点主要指的物流（配送）中心、物流园区和配送网点。物流节点按功能不同可以分为转运型物流节点、储存型物流节点、流通加工型物流节点、综合型物流节点。其特征指标见表 9-2。

表 9-2 物流节点按功能分类

分类	功能	举例
转运型物流节点	以接连不同运输方式为主要职能的节点	铁道运输线上的货站、编组站、车站；不同运输方式之间的转运站、终点站；水运线上的港口、码头；空运中的航空港
储存型物流节点	以存放货物为主要职能的节点，货物在这种节点上停滞时间较长	储备仓库、营业仓库、中转仓库、货栈
流通加工型物流节点	以组织物资在系统中运动为主要职能的节点	物流中心、流通仓库、流通中心、配送中心
综合型物流节点	在物流系统中集中于一个节点全面实现两种以上主要功能，并且在节点中并非独立完成各自功能，而是将若干功能有机结合于一体，有完善设施、有效衔接和谐调工艺的集约型节点	国际物流节点、区域物流节点、城市物流节点

（2）物流线路。物流活动中的运输如集货运输、干线运输、配送运输等都要在线路上进行。广义的物流线路指运输线路，是供运输工具定向移动的通道，例如可以行驶和航行的陆上、水上、空中路线。狭义的物流线路仅指已经开辟的，可以按规定进行物流经营的路线和航线。

（3）物流基础信息平台。物流新型基础设施建设的主要内容之一是信息基础设施建设，包括以 5G、物联网、工业互联网、卫星互联网为代表的通信网络基础设施，以人工智能、云计算、区块链等为代表的新技术基础设施，以数据中心、智能计算中心为代表的算力基础设施，等等。物流基础信息平台在物流活动中具有十分重要的作用。通过物流基础信息平台对物流信息的收集、传递、存储、处理、输出等，可以为物流管理者提供决策依据，对整个物流活动起指挥、协调、支持和保障作用。

2. 物流设施的作用

（1）提高物流效率。物流依托于基础设施不断输送各种物质产品，是保障生产过程不断进行的前提。如在运输过程中，装卸机械在货物的搬运转移中节省了人力和时间；计算机和通信设备快捷而准确地为物流提供信息服务。

（2）降低物流成本。物流设施能够节约自然资源、人力资源和能源，同时也能够节约成本费用。比如，机械化装卸作业、仓库保管自动化，能够节省大量人工成本，减少物资的浪费，同时能够及时发现在分拣、加工等作业过程中的问题，减少重复检查的次数，大大降低物流的成本。

（3）改善物流条件。物流设施是实现物流各项作业功能的物质基础和手段，有利于整个物流业趋于自动化、集成化和智能化。

（4）保证物流质量。物流基础设施的发展和广泛应用是推动产业结构调整和优化的重要因素，有利于商品保质保量地从生产地进入消费地。

9.2 运输基础设施

9.2.1 公路运输基础设施

1.公路运输

公路运输是陆地运输工作的重要方式之一，主要是指利用汽车这种交通工具在公路上运送旅客或货物的运输方式。在《道路运输术语》（GB/T 8226—2008）中将"公路运输"定义为：在公路上使用汽车和其他运输工具从事旅客或货物的运输，也称城乡道路运输。公路运输设施主要指的是道路及其附属设施，它是汽车运输的物质基础。

2.公路的构成

公路运输主要承担短途运输和无铁路可通的长途货物运输，在我国货运中占的比重最大。公路主要由路基、路面、隧道、涵洞与桥梁等基本构造物和其他辅助构造物及设施构成，其特点见表9-3。

表 9-3　公路的构成及其特点

公路的构成	特点
路基	路基宽度与公路的横向路幅宽度相同，路幅宽度为中间的路面宽度与两侧的路肩宽度之和
路面	路面是在路基上用坚硬材料铺筑供汽车行驶的层状结构物，直接承受车辆的行驶作用力。路面一般分为面层、基层、垫层和土基
隧道	公路隧道一般设置在公路线形的平坡和直线部分，也可设在不设超高的大半径平曲线上。隧道较长时需设置照明、通风、消防及报警等设施
涵洞与桥梁	按照有关技术规定，凡单孔跨径小于5m或多孔跨径之和小于5m的称为涵洞，大于这一规定值的称为桥梁。桥梁有梁式桥、拱桥、吊桥、刚构桥和斜拉桥等多种类型

3.公路的等级与分类

（1）公路的等级。公路按使用任务、功能和适应的交通量划分为高速公路、一级公路、二级公路、三级公路、四级公路共五个等级，其特点及作用见表9-4。

表 9-4　公路等级表

公路等级	特点及作用
高速公路	具有分隔带、多车道、出入口受限制、立体交叉的汽车专用道，专供汽车分道行驶，具有特别重要的政治、经济或国防意义
一级公路	汽车分道行驶并且部分出入口受限制、部分立体交叉，连接重要的政治、经济中心
二级公路	连接政治、经济中心或较大工矿区等地的干线公路，或运输任务繁忙的城郊公路

（续）

公路等级	特点及作用
三级公路	沟通县及县以上城市的一般干线公路
四级公路	沟通县、乡、村的支线公路

（2）公路的分类。公路根据其作用及使用性质，分为国道、省道、县道、乡道以及专用公路，不同公路的作用和使用性质如表 9-5 所示。

表 9-5　公路根据作用及使用性质分类

公路类型	作用及使用性质
国道	国道是指具有全国性政治、经济和军事意义的主要干线公路，包括重要的国际公路，国防公路，连接首都与各省省会、自治区首府、直辖市的公路，连接各大经济中心、港站枢纽、商品生产基地和战略要地的公路。国道中跨省的高速公路由交通运输部批准的专门机构负责修建、养护和管理
省道	省道是指具有全省（自治区、直辖市）政治、经济意义，并由省（自治区、直辖市）公路主管部门负责修建、养护和管理的公路干线
县道	县道是指具有全县（县级市）政治、经济意义，连接县城和县内主要乡（镇）、主要商品生产和集散地的公路，以及不属于国道、省道的县际公路。县道由县、市公路主管部门负责修建、养护和管理
乡道	乡道是指主要为乡（镇）村经济、文化、行政服务的公路，以及不属县道以上公路的乡与乡之间以及乡与外部联络的公路。乡道由乡人民政府负责修建、养护和管理
专用公路	专用公路是指专供或主要供厂矿、林区、农场、油田、旅游区、军事要地等与外部联系的公路。专用公路由专用单位负责修建、养护和管理，也可委托当地公路部门负责修建、养护和管理

9.2.2　铁路运输基础设施

1. 铁路

铁路运输是指利用机车、车辆等技术设备沿铺设轨道运行的运输方式。按照列车的支撑和驱动方式划分，铁路可分为普通铁路和悬浮式铁路（见图 9-1）。普通铁路运输设备包括车体、车轮和钢轨。钢轨是铁路轨道的主要组成部件，它的功用在于引导机车车辆的车轮前进，承受车轮的巨大压力，并传递到轨枕上。普通铁路运输是借助车轮和钢轨之间的摩擦力驱动，而悬浮式铁路运输采用磁垫来支持列车，车体和轨道不直接接触，行驶速度比普通铁路快。

a）普通铁路　　　　　　　　　　　　　b）悬浮式铁路

图 9-1　铁路运输

2. 铁路的构成

（1）线路。线路是机车、车辆和列车运行的基础，是铁路固定基础设施的主体，主要起到承受机车、车辆和列车的巨大质量，引导机车、车辆和列车运行方向的作用。线路必须时刻处于完好状态，才能保证运行的车辆按规定速度安全、平稳和不间断地运行，保证铁路运输部门高质量地完成客货运输任务。一般情况下，线路是由路基、桥隧建筑物和轨道三大部分组成的一个整体工程结构物，其三大组成部分既有自己的特性和功能，又互相依存、共同工作。

扫码阅读9-1
悬浮式铁路。

（2）铁路车辆。铁路车辆是装运货物、运送旅客的运载工具。铁路车辆分为客车和货车两大类。其中铁道车辆与其他车辆最大的不同点是铁路车辆一般没有动力装置，必须把车辆连挂成列，由机车牵引才能沿线路运行，而且必须有专门为它铺设的钢轨，铁路车辆才能安全、顺利地完成国家的运输生产任务，满足国民经济持续发展的需要。

（3）铁路枢纽场站。一般把供列车到发、会让或越行的并具有配线的分界点称为场站。场站一般经常办理客货运输业务，是客货运输的起始、中转和终到地点。因此，铁路场站是铁路网的一个重要组成部分，是铁路运输的生产基地。铁路枢纽内各站既有分工又有联系，共同担负着枢纽地区的铁路运输任务。为了顺利完成铁路运输的生产作业，铁路场站上设有客货运输设备及与列车运行有关的各项技术设备，还配备了客运、货运和运转等方面的工作人员，确保做好铁路场站管理工作，对于充分利用设备能力、提高运输效率和降低运输成本、保证列车运行安全正点等，都具有十分重要的作用。

3. 铁路的等级与铁路线路的分类

（1）铁路的等级。世界各国划定铁路等级的依据不尽相同，一般情况下是按某种比较点来划分，可根据单项指标和多项指标进行。这些指标包括铁路自身的技术特征和参数、设计线在铁路网中的地位和意义，以及设计线担负的客货运量等。由于中国铁路大多是客货混用线，车辆是通用的，不可能限定一条线路的车辆轴重，因此，根据客货运量划分铁路等级较为适宜，这也是世界各国广泛采用的分级办法。为此，我国铁路共划分为四个等级，即Ⅰ级、Ⅱ级、Ⅲ级和Ⅳ级，具体条件见表9-6。

表9-6 中国铁路等级一览表

等级	在铁路网中的意义	远期年客货运量 /100 万 t
Ⅰ级铁路	起骨干作用	≥ 20
Ⅱ级铁路	起骨干作用 起联络、辅助作用	< 20 ≥ 10
Ⅲ级铁路	为某一区域服务，具有地区运输性质	< 10 且 ≥ 5
Ⅳ级铁路	为某一区域服务，具有地区运输性质	< 5

（2）铁路线路的分类。铁路线路从不同角度，其分类方式不同：按用途可分为正线、

站线、段管线、岔线、特别用途线；按属性可分为国家铁路、地方铁路、合资铁路、专用
铁路。具体见表 9-7 和表 9-8。

表 9-7 铁路线路按用途分类

分类	含义
正线	连接车站并贯穿或直接伸入车站的线路
站线	到发线、调车线、牵出线、货物线及站内指定用途的其他线路
段管线	机务、车辆、工务、电务等段专用并由其管理的线路
岔线	在区间或站内接轨，通向路内外单位的专用线路
特别用途线	安全线和避难线

表 9-8 铁路线路按属性分类

分类	含义
国家铁路	又称国有铁路，可以指任何由国家经营之铁路业者或业务，大多负责城际间的客运与货运服务
地方铁路	全称为地方性质铁路，是指以地方政府部门或企业公司为主要的施工建设、运作维护和经营管理单位的铁路系统，常作为支线铁路
合资铁路	铁路投资主体多元化的重要实现形式，是铁路投资体制改革的重要突破
专用铁路	由大中型企业自行投资修建、自行管理、自备机车车辆，专为该企业或者该单位内部提供运输服务的铁路

近年来，世界范围内的货物列车重载运输技术迅速发展，重载运输已经遍及五大洲和
几乎所有的铁路大国。重载运输技术已被国际公认为铁路货运发展的方向，重载运输取得
的效益已由各国的实际运输业绩所证实。"提高轴重"是世界各国重载运输一致采用的一
项重要举措，长期的运行考核证明，这项举措既提高了运输收入，又降低了维修成本。重
载运输技术代表了铁路货物运输领域的先进生产力，在多个重载运输国家，如美国、加拿
大、澳大利亚、南非、巴西和瑞典等国，由于推行重载运输极大地提高了铁路劳动生产
率，目前这些国家的铁路货运收入均达到了历史上的最高水平。我国铁路的重载运输与提
速战略相配合，近几年来，在客运列车大面积提速的前提下，5 000t 重载列车的开行范围
已遍及五大繁忙干线，重载新线也正在修建。

延伸阅读 9-1

大秦铁路

大秦铁路，简称大秦线，是我国华北地区一条连接山西省大同市与河北省秦皇岛市的
国铁 I 级货运专线铁路。大秦铁路是我国第一条运行重型列车的线路，也是我国首条双线
电气化铁路，还是我国首条全线采用光纤通信系统的铁路。

1992 年，大秦铁路投入运营，到 2002 年，年货运量达到了 1 亿吨的设计目标。大秦
铁路东西跨越 653 公里，是"西煤东运"的战略动脉，承担国家铁路煤炭运输总额的近
1/5 的运量，辐射的用户包括 26 个省、自治区、直辖市，涵盖我国六大电网、五大发电集

团、十大钢铁公司和上万家工矿企业。同时大秦铁路担负着十几个省、自治区、直辖市生产生活用煤的运输任务。大秦铁路拥有单列铁路载重列车密度最高、运力最大、运输效率最高、日载重 120 万吨等多项世界纪录。大秦铁路在"西煤东运"中起着关键作用，其重载成就和运营经验得到推广。包括瓦日铁路在内的重载铁路采用的就是"大秦经验"或者"大秦标准"。

9.2.3 水路运输基础设施

1. 港口的概念

港口是指具有一定设施和条件，供船舶在各种气候条件下安全进出、靠泊以及进行旅客上下、生活资料供应、货物装卸与必要的编配加工等作业的场所，见图 9-2。

a）上海洋山深水港区　　　　　b）宁波舟山港北仑穿山港区

图 9-2　港口图

港口是位于海、江、河、湖、水库沿岸，由一定范围的水域、陆域所构成，通常兼具口岸的功能，具体包括航道、港池、锚地、码头、货场、仓库、各种作业设备（运输、加工、修理设备等）、导航系统、通信系统和其他相应的管理与服务系统等。港口通常被作为国际物流的一个特殊节点，是供船舶进出停泊装卸货物或者旅客集散的地方，是水陆集结工农业产品和进出口物资的集散地。

扫码阅读9-2
世界十大港口。

2. 港口的构成

（1）港口陆域。港口陆域是指有适当的高程、岸线长度与纵深的用于人员上下船、货物装卸、堆存、转载与加工等的陆地区域。该区域内一般包括装箱作业地带、辅助作业地带以及一定的预留发展地，即拥有码头、仓库、货场、道路（公路、铁路等）以及供货物装卸、堆存、转载与加工等的各种设备及其他必要的附属设施。

（2）港口水域。港口水域是指港界线以内的水域面积，主要包括船舶进出港航道、港池和港口锚地，供船舶航行、运转、锚泊和停泊装卸之用。港口水域一般须满足两个基本要求：一方面要求适当的深度和面积，另一方面要求水流平缓、水面稳静。

（3）港口腹地。港口腹地又称港口的吸引范围，即港口集散旅客和货物的地区范围。现代化的港口一般具有双向腹地，即面向内陆的陆向腹地和面向海岸的海向腹地，两者之间存在相互依存、相互作用的关系。腹地的类型与范围受自然、社会、经济因素的影响，应根据港口地理位置及其周边交通运输与经济状况而确定。腹地经济越发达，对外经济联系越频繁，对港口的运输需求就越大。港口腹地的类型及范围详细见表 9-9。

表 9-9 港口腹地的分类

分类依据	腹地类型	腹地范围
港口与腹地的连接方式	陆路腹地	港口经济辐射、吸引以及历史上有密切往来的所达内陆经济区域范围
	水路腹地	经水上航线直挂、直达的外陆（或外埠）经济区域
港口之间的腹地关系	单纯腹地	一港独有经济区域范围
	混合腹地	多个港口共有经济区域范围
服务到达性质	直接腹地	港口直接服务或被服务的经济区域范围
	间接腹地	经港口中转的所达经济区域范围

3. 港口的分类

港口由于用途及本身功能特点、地理位置、运输方式的不同而形成的不同类别，是区分和确定港口类型的基础，见表 9-10 ～表 9-12。

表 9-10 港口按用途及本身功能特点分类

分类	含义
货主港	附属于某工矿企业，主要为企业自己使用的港口
商业港	供商船进出使用的公共性质的港口
军用港	用于军事目的的设施
避风港	具有良好的天然地势，为船只躲避台风等灾害而设置

扫码观看9-3
新加坡港集装
箱码头。

表 9-11 港口按地理位置分类

分类	含义
河口港	位于河流入海口处的港口。世界上有许多大的港口都是河口港，如鹿特丹港、上海港等
海港	位于海岸线上的港口，如青岛港、北仑港、大连港等
河港	位于河流沿岸上的港口，如长江上的南京港、武汉港
湖港	位于湖泊岸壁的港口
水库港	位于水库岸壁的港口

表 9-12 港口按运输方式分类

分类	含义
支线集散型港口	拥有较小的码头或部分中型码头，主要挂靠支线运输船舶和短程干线运输船舶。世界上大多数港口均属此类
海上转运型港口	这类港口拥有大型码头，地理位置优越，在水路运输发展过程中已成为海上运输主要航线的连接点，同时又成为支线的汇集点。主要功能是在港区范围内接收、堆存货物和装船发送货物
水陆腹地型港口	这类港口是国际运输主要航线的端点港，与内陆发达的交通运输网相连接，是水陆交通的枢纽。它们的主要功能是服务于内陆腹地货物的集散运输，同时兼营海上转运业务

❖ 延伸阅读 9-2

宁波舟山港

宁波舟山港是中国的主要远洋运输枢纽港口之一。它是中国重要的集装箱远洋干线港，铁矿石中转基地和原油转运基地，也是国内重要的液体化工储运基地和华东地区重要的煤炭、粮食储运基地。2020 年全年，宁波舟山港完成货物吞吐量 11.72 亿吨，连续 12 年保持全球港口第一。

（1）区位条件与水深条件。宁波舟山港位于中国大陆海岸线的中部，"丝绸之路经济带"和"21 世纪海上丝绸之路"的交汇点。宁波舟山港口水深条件优越，是中国超过 10 万吨级最大型和超级大型巨轮进出最多的港口之一。宁波舟山港是中国沿海地区向北美洲、大洋洲、南美洲港口辐射远洋运输的理想集散中心。

（2）口岸功能与装卸效率。宁波舟山港由北仑港、洋山港、六横港、衢山港、穿山港、金塘港、大榭港、岑港、梅山港等 19 个港组成。截至 2019 年 12 月，全港拥有生产泊位 620 余个，其中万吨级以上大型泊位近 160 个，5 万吨级以上大型及特大型深水泊位 90 余个。宁波舟山港货源齐全，服务优质高效，集装箱单桥吊效率曾创下每小时 235.6 自然箱的世界纪录，铁矿石运输效率居全国前列。宁波、舟山有 200 多家国际航运和中介服务机构，为全球客户提供一流的配套服务。

（3）集疏运条件与港口腹地。宁波舟山港拥有水路、公路、铁路、管道等运输工具，是国内运输工具非常齐全的港口。截至 2020 年 11 月底，宁波舟山港已拥有各类航线 257 条。在国内，宁波舟山港全港海铁联运班列总数达 17 条，业务辐射 15 个省（自治区、直辖市）56 个地级市。宁波空港月平均航班 1 670 架次左右。

资料来源：宁波舟山港股份有限公司官网 www.nbport.com.cn/.

9.2.4　航空运输基础设施

1. 航空港

航空港是航空运输用的飞机场及其服务设施的总称，通常也称飞机场或机场，是供飞机起飞降落、停放及组织保障飞行活动的场所。航空港通常由跑道、滑行道、停机坪、维护修理基地、指挥调度塔或管制塔、输油系统、消防设备、助航系统、货栈以及航站大楼等建筑和设施组成。

2. 航空港的构成

（1）飞行区。飞行区是指机场内用于飞机起飞、着陆和滑行的那部分区域，一般区内设有跑道、滑行道、停机坪和导航设施，见表 9-13。

（2）航站区。航站区也称客货运输服务区，是为旅客、货主提供地面服务的区域，主体是候机楼，此外还有客机坪、停车场、进出港道路系统等。随着航空业务量的发展，客、货业务逐步分开，货运量较大的航空港还专门设有货运站，为货物进行运输和装卸，航站区通常会使用各种航空集装设备，包括航空集装箱、软门集装箱、系列集装板拖车、升降平台车等。

表 9-13 飞行区设施

设施	含义
跑道	一般有一至数条跑道，保证飞机至少能从相反的两个方向起飞和着陆
滑行道	连接飞行区各个部分的飞机运行通路，它从机坪开始连接跑道两端
停机坪	飞机停放和旅客登机的地方，飞机在登机机坪进行装卸货物、加油，在停放机坪过夜、维修和长时间停放
导航设施	引导到达航空港附近的飞机安全、准确地着陆

航站区往往配置最现代化的设施和安全检查设备并进行安全检查。机场安全检查是为防止和惩治危害民用航空安全的犯罪和非法行为，由机场安全检查部门实施，以严禁将枪支、弹药、各类刀具、易燃、剧毒、放射性物品或其他可能对航空器和旅客生命财产造成危害的物品带上飞机，承担机场隔离区的安全管理，担负民航飞机在机场客机坪停留期间的监察责任。

（3）机务维修区。机务维修区是飞机维护修理和放置航空港正常工作所必需的各种机务设施的区域，区内建有维修厂、维修机库、维修机坪，供水、供电、供热、供冷、排水等设施，以及消防站、急救站、储油库、铁路专用线等。

●· 延伸阅读 9-3

鄂州民用机场

湖北鄂州民用机场是中国第一个获批建设的货运枢纽机场。该机场建成后将成为全球第四个、亚洲第一个专业货运机场。计划在 2021 年年底或 2022 年年初能够投入运行。

鄂州民用机场位于湖北省鄂州市鄂城区燕矶镇杜湾村附近，其主要工程转运中心是一个"王"形工业综合体，形态类似一架巨大的飞机。机场附近有长江和花马湖两大水系。机场规划占地 11.8 平方公里，建设内容包括机场、转运中心、顺丰航空公司基地、供油工程等四大工程。

鄂州民用机场建成后，货机飞行 1.5 小时可以到达占国家经济产出的 90%、人口的80% 的中国五个主要城市群，距离世界主要城市也不过一夜之隔。机场规划设计货邮吞吐量 2030 年 330 万吨、2045 年 750 万吨。依托鄂州民用机场，鄂州市将建设成为中国中部地区的国际物流门户。

资料来源：湖北日报 https://epaper.hubeidaily.net/.

9.2.5 管道运输基础设施

1. 管道运输的概念

原油、成品油、天然气及各种具有常温状态下呈现流体性质的各类化工产品的运输主要都是依靠管道来实现的。管道运输就是用管道作为运输工具的一种长距离输送液体和气体物资的运输方式。尤其是对于石油及天然气行业而言，管道运输是最佳的选择。

2. 管道设施的构成

管道设施可以分为线路设施、管道站库设施和附属设施三部分（见表 9-14）。

表 9-14　管道设施的构成

设施	内容
线路设施	管道主体，由钢管及管阀件组焊连接而成 管道的防腐保护设施，包括阴极保护站、阴极保护测试桩、阳极地床和杂散电流排流站 管道水工防护构筑物、抗震设施、管堤、管桥及管道专用涵洞和隧道
管道站库设施	按照管道站、库位置的不同，分为首站（起点站）、中间泵站和末站（终点站） 按照所输介质的不同，可分为输油站和输气站。输油站包括增压站（泵站）、加热站、热泵站、减压站和分输站。输气站包括压气站、调压计量站和分输站等
附属设施	管道附属设施主要包括管道沿线修建的通信线路工程、供电线路工程和道路工程，此外还有管理机构、维修机构及生活基地等设施

3. 管道的分类

按所输送的物品分类，管道可以分为输油管道、天然气管道和固体料浆管道，具体内容见表 9-15。

表 9-15　管道按所输送的物品分类

分类	含义
输油管道	长距离输油管道由输油站和管线两大部分组成。输油站包括首站、末站、中间泵站等
天然气管道	将天然气从开采地或处理厂输送到城市配气中心或工业企业用户的管道，又称输气管道。我国是世界上最早使用管道输送天然气的国家之一
固体料浆管道	用管道输送各种固体物质的基本措施是将待输送固体物质破碎为粉粒状，再与适量的液体配置成可泵送的浆液，通过长输管道输送这些浆液到目的地后，将固体与液体分离再送给用户

按用途不同进行分类，管道可以分为集输管道、输油（气）管道和配油（气）管道，具体内容见表 9-16。

表 9-16　管道按用途分类

分类	含义
集输管道	从油（气）田井口装置经集油（气）站到起点压气站的管道，主要用于收集从地层中采出的未经处理的原油（天然气）
输油（气）管道	以输气管道为例，它是指从气源的气体处理厂或起点压气站到各大城市的配气中心大型用户或储气库的管道，以及气源之间相互连通的管道，输送经过处理符合管道输送质量标准的天然气，是整个输气系统的主体部分
配油（气）管道	对于油品管道来说，它是指炼油厂油库和用户之间的管道。对于输气管道来说，它是指从城市调压计量站到用户支线的管道，压力低、分支多、管网稠密、管径小，钢管是主要材料

中国自 1959 年建成新疆克拉玛依至独山子输油管道以来，随着大庆、胜利、四川、

华北、中原、青海、塔里木和吐哈等油气田的相继开发建设，中国油气管网规模不断扩大。从管道长度上看，截至 2018 年，中国油气管道总里程达 10.6 万公里，其中原油管道约 2.6 万公里，成品油管道约 2 万公里，天然气管道约 6 万公里。截至 2017 年底，中国长输油气管道总里程位居世界第三，前两名是美国和俄罗斯。

延伸阅读 9-4

中俄原油管道

中国油气能源消费对外依存度较高，为保障国际能源消费，中国打造了面向东北、西北、西南、海上四大油气战略通道。中俄原油管道一线和二线是东北通道的一部分。中俄原油管道起点为俄罗斯远东原油管道斯科沃罗季诺分输站，终到黑龙江省大庆终端站。管道全长近 1 000 公里，俄罗斯境内 72 公里，中国境内 927.04 公里。设计年输油能力为 1 500 万吨，最大年输油能力为 3 000 万吨。2011 年 1 月 1 日，中俄原油管道一线工程正式投产运营，中国从俄罗斯年进口原油 1 500 万吨；2018 年 1 月 1 日，中俄原油管道二线工程建成投产，中国从俄罗斯年进口原油总量增至 3 000 万吨。

9.3 物流中心与物流园区

9.3.1 物流中心

1. 物流中心的概念

根据《物流术语》，**物流中心**（logistics center）是指"具有完善的物流设施及信息网络，可便捷地连接外部交通运输网络，物流功能健全，集聚辐射范围大，存储、吞吐能力强，为客户提供专业化公共物流服务的场所"。从历史发展来看，物流中心是传统仓库和货运场站在功能和形态方面演变的产物。为使实物更快捷、更有效地流动，仓库和场站管理由静态转变为动态，其功能也由原来单一的存储或托运、装卸与交付扩展为兼具多式联运、货运代理、实物配送、流通加工或信息服务等多项内容，这种新型的物流据点被称为"物流中心"。

2. 物流中心的类型

物流中心根据功能和服务侧重点不同，可以分为集货中心、分货中心、转运中心、加工中心、配送中心和流通中心等多种类型，其具体定义和功能见表 9-17。

表 9-17 物流中心的类型

分类	定义	功能
集货中心	在一定范围内将分散的、小批量的物品集中成大批量货物的物流节点，实现大批量、高效率、低成本和快速的运作方式	集中货物、初级加工、运输包装、集装作业以及货物仓储等

（续）

分类	定义	功能
分货中心	根据客户的需求，将大批量运抵的货物换装成小批量货物，并且送到用户手中的物流节点。此类物流中心多分布在产品使用地、消费地，或车站、码头、机场所在地等	①分装货物，大包装货物换装成小包装货物；②分送货物，送货到零售商、用户处；③货物仓储等
转运中心	实现不同运输方式或同种运输方式联合运输的物流设施，通常称为多式联运站、集装箱中转站、货运中转站等。转运中心多分布在综合运输网的节点处、枢纽站等地域	①货物中转，不同运输设备间货物装卸中转；②货物集散与配载，集零为整，化整为零，针对不同目的地进行配载作业；③货物仓储及其他服务等
加工中心	以流通加工为主要功能的物流节点，多分布在原料、产品产地或消费地	经过流通加工后的货物，再通过专用车辆、专用设备以及相应的专用设施进行作业，如冷藏车，冷藏仓库，煤浆输送管道、煤浆加压设施，水泥散装车、预制现场等，可以提高物流质量和效率，并且降低物流的成本
配送中心	将集货、包装、仓储、装卸、分货、配货、加工及信息服务等多种服务功能融为一体的物流节点	集货、包装、仓储、装卸、分货、配货、加工及信息服务
流通中心	由大型制造商或批发商设立的，以零售商和二级批发商为主要服务对象，兼有商品流通功能的大型物流中心	物流与商品流通功能

典型案例

京东物流昆山无人分拣中心

京东物流昆山无人分拣中心是全球首个无人分拣中心，2017 年 7 月该中心正式竣工并成功运营。这意味着京东物流持续向数字化、网络化、智能化发展。

昆山无人分拣中心最大的特点是全程无人操作。无人分拣技术是现代信息技术应用在商业领域的创新。该中心可以实现货物从入库、存储到包装、分拣等流程的智能化和无人化。

昆山无人分拣中心不仅实现了自动分拣，而且其智能化程度更高。自动化设备在该领域的覆盖率达到 100%。通过智能控制系统，昆山无人分拣中心运营效率极高，其分拣能力可以达到 9 000 件 / 时，物流效率大幅提高。与传统人工作业场地相比，如果两者具有相同场地规模和分拣量，无人分拣中心估计每个场地可节省 180 人。同时，分拣中心一线设备的运行效率和运行质量得到了显著提高。与传统的包装能力相比，自动包装器械的效率至少可以达到传统效率的 4 倍。

无人分拣中心整体运营效率是传统物流中心的 10 倍，因而也降低了运营成本。其主系统 DCS 智能控制系统由京东自主研发。该系统可以实现自动分拣机调控、无人 AGV 搬运调度、RFID 信息处理等。现场的所有任务和指令均由 DCS 系统控制，其中无人 AGV（搬运叉车）投入运营 25 辆，通过 AGV 调度系统完成搬运、车辆安全、规避、优先任务执行等工作，实现全国首个无人 AGV 分拣前后端自动装卸作业。

资料来源：搜狐网，https://www.sohu.com/a/163172704_649545，2017-08-08.

9.3.2　物流园区

1. 物流园区的概念

根据《物流术语》，**物流园区**（logistics park）是指"由政府规划并由统一主体管理，为众多企业在此设立配送中心或区域配送中心等，提供专业化物流基础设施和公共服务的物流产业集聚区"。

在欧洲，物流园区被称为货运村（freight village），最早诞生于英国。一个货运村是一个被界定的区域，在这个区域内，所有关系到商品运输、物流和配送的业务活动，包括国内的和国际的中转，是由不同的经营者完成的，这些经营者或是建在货运村里的建筑物和设施（仓库、卸货或拆货中心、存货区、办公室、小停车场）的拥有者，或是其租赁者。为了遵守自由竞争的规则，货运村必须允许所有与上面陈述的业务活动关系密切的企业进驻，这样，货运村更容易构成一个相对完善的产业链。许多货运村甚至还提供了针对员工和客户的医疗、购物等公共服务。为了鼓励商品搬运的多式联运，管理机构要求货运村必须满足多样性的运输模式（集陆地、铁路、深海或深水港、内河、空运服务于一个货运村）。一个货运村必须通过一个或公共的或私有的单一的主体经营。

2. 物流园区的分类

物流园区按服务对象和内容，可以分为货运服务型物流园区、生产服务型物流园区、商贸服务型物流园区、口岸服务型物流园区以及综合服务型物流园区，见表 9-18。

表 9-18　物流园区类型

分类	含义
货运服务型	货运服务型物流园区依托空运、水运或陆运节点（枢纽）而规划建设，为大批量货物分拨、转运提供配套设施，主要服务于区域性物流转运及运输
生产服务型	生产服务型物流园区依托经济开发区、高新技术园区、工业园区等制造业集聚园区而规划建设，为生产型企业提供一体化物流服务，主要服务于生产企业物料供应、产品生产、销售和回收等
商贸服务型	商贸服务型物流园区依托各类批发市场、专业市场等商品集散地而规划建设，为商贸流通企业提供一体化物流服务及配套商务服务，主要服务于商贸流通业商品集散
口岸服务型	口岸服务型物流园区依托对外开放的海港、空港、陆港及海关特殊监管区域及场所而规划建设，为国际贸易企业提供国际物流综合服务。主要服务于进出口货物的报关、报检、仓储、国际采购、分销和配送、国际中转、国际转口贸易、商品展示等
综合服务型	它是具备货运、生产、商贸、口岸的两种或两种以上服务功能的物流园区

3. 物流园区的作用

（1）集约作用。物流园区将过去多个零散的货物站集中在一起，实现了对各类物流资源的有效整合。

（2）有效衔接作用。物流园区有效地衔接了各种运输方式，把传统运输方式中独立的海、陆、空互不相干的运输方式有效、科学、合理地统筹起来，使集装、散装这种传统的运输方式通过物流园区的形式获得更大的发展空间。

（3）对联合运输的支撑作用和扩展作用。受条件的限制，最初联合运输仅在集装系统等领域获得了稳固的发展，其他散杂和分散接运的货物很难进入联合运输的领域。采用物流园区之后，可以通过物流园区扩大联合运输，零散接运的货物可通过物流园区之间的干线运输和与之衔接的配送、集货运输接入，从而扩大联合运输的范围。

（4）提高物流水平的作用。物流园区作为物流业的一种重要表现方式，一定程度上缩短了物流时间，减少了装货、卸货、搬运及储存环节的时间，提高了物流速度；提高了准时服务水平，减少了物流损失，降低了物流费用；城市环境得到了很大的改善，集合了车辆运输，减少了车辆的出行次数，从而减少了车辆废气排放、噪声污染等货物在运输过程中对环境的污染；降低了物流成本的同时也降低了企业的生产成本，从而促进了城市的经济发展，完善了物流系统在保证运输过程中的货源、车源和基础管理，从根本上解决企业的后顾之忧，为城市的经济发展做出了巨大贡献。

延伸阅读 9-5

物流园区发展趋势

（1）分布集约化。《第五次全国物流园区（基地）调查报告（2018）》（以下简称"《调查报告》"）显示，物流园区达到 1 638 家，比 2015 年第四次调查的 1 210 家增长约 35%，年均增长 10.7%。从区域分布看，规划布局与经济发展程度密切相关，东部地区经济较为发达，75.7% 的园区已进入运营状态。中西部地区园区规划建设速度加快，园区数量明显增加。大概 50% 以上的物流园区集中在三大经济区：环渤海、长三角、珠三角。35% 的园区集中在物流园区的一级节点城市，30% 的物流园区集中在二级节点城市，集约度越来越高。

（2）功能多样化。《调查报告》显示，国内物流园区服务功能主要集中在存储、运输和配送等传统业务领域，转运、贸易、信息、货代等业务同样发展迅速，具备这些功能的园区占比超过 50%，部分物流园区延伸服务链条，为入驻企业提供物流咨询、物流金融、商品展示、设施租赁、保险代理等增值服务，服务种类日益丰富，成为园区新的增长点。传化公路港，是指传化物流在全国首创的"公路港物流服务平台"模式。以传化公路港为例，它是传化集团在中国多地建立类似空港、海港和铁路运营系统的公路货运物流园区。在公路港中，一般会主要建设物流信息交易中心、企业总部、智能立体仓储、城市配送中心、货运班车总站、零担专线、智能车源中心、加油加气站等。同时园区还具有信息匹配功能，可以实现物流企业、物流服务需求信息、车辆资源等资源的对接、集聚和融合。

（3）运营平台化。物流园区发展成为第四方平台，物流园区一方面整合三方企业以及相关的上下游企业，还有一些相关的辅助性企业都聚合到物流园区里面，另一方面园区是物流平台的运营服务商。

（4）产业联动化。园区的规模效应和集聚效应不断扩大，与周边产业的良性互动和联动发展日益明显，在带动区域经济发展中的作用日益突出。总体来看，需求推动、产业支撑是物流园区生存的基础条件，产业融合是物流园区发展的必由之路。

9.4　物流设施选址

设施选址（facility location）是指确定在何处建厂或建立服务设施，主要是指用科学的方法确定设施的地理位置，使之与企业的整体运营系统有机结合，以便有效、经济地达到企业的经营目的。设施选址一般涉及两个方面：第一，选择什么地区设置设施；第二，地区选定以后，具体选择在该地区的什么位置设置设施。

9.4.1　设施选址的任务和意义

1. 设施选址的任务

物流设施选址问题是属于物流管理战略层的一项重要的研究问题。新建设施，必须选择适当的场址，设施选址就是要对可供选择的地区和地点的因素进行分析评价，力争达到场址的最优化。它不仅适用于工业领域，对服务行业也同样适用，尤其是在当前服务业蓬勃发展的时期。

设施选址分两种：

（1）单一设施的选址。根据确定的产品（或服务）、规模等目标为一个独立的设施选择最佳位置。

（2）复合设施的选址。要为一个企业（或服务组织）的若干个下属工厂、仓库、销售点、服务中心等选择各自的位置，目的是使设施的数目、规模和位置达到最佳，并使之最终服务于企业的经营战略。

2. 设施选址的意义

科学、合理的设施选址，可以有效地节约资源和降低物流成本，优化物流网络结构和空间布局，提高物流经济效益和社会效益，确保提供优质服务，是实现集约化经营和建立资源节约型物流至关重要的一步。因此选择好设施场址具有重大意义。它是从"硬件"的角度对其工作绩效给予保证，如果选址不合适，会造成很大损失，直接影响到组织的运作效率。所以设施选址应注意充分进行调查研究与勘察，科学分析，不能凭主观意愿决定，不能过于仓促，同时还要考虑自身设施、劳务产出的特点，注意自然条件、顾客来源条件、交通运输条件等，要有长远考虑。

9.4.2　物流设施选址的影响因素

许多因素会影响物流设施的选址决策。对于不同企业而言，各种选址影响因素的权重是不同的。下面对几种主要因素进行说明。

1. 自然环境因素

自然环境因素是对选址影响最大的因素之一。物流设施选址前，必须综合考虑备选地区的气象条件、水文条件、地质条件以及地形条件，尤其是当地地形环境、土质等条件

（见表9-19），在前期需要进行专业化的考察，最终确定最佳方案。

表 9-19　物流设施选址自然环境因素

环境因素	含义
气象条件	温度、风力、降水量、无霜期、冻土深度、年平均蒸发量等指标
水文条件	在沿江河地区选择建筑仓库时，要调查和掌握有关的水文资料，特别是汛期洪水，同时要根据水文地质条件考虑地下水位的情况，水位过高的地方不宜建筑仓库，还要考虑排水情况
地质条件	物流设施应建在地质坚实、干燥、平坦的地点，其地基应具有较大的承载力，避免建在有不良地质现象或地质构造不稳定的地段
地形条件	物流设施所在地需要地势高、地形平坦，且应具有适当的面积与外形。若选在地形完全平坦的地方是最理想的；也可以选择稍有坡度或起伏的地方；对于山区陡坡地带则应该完全避开。在外形上，可选长方形，不宜选择狭长或不规则形状

2. 经济因素

经济实力是地区未来发展的保证。经济落后地区产业发展的可持续性无法保障，难以为物流业发展提供良好的配套或者基础设施。物流企业进行设施选址时需要考虑周边的经营环境、商品特性、物流费用以及服务水平等，详见表9-20。

表 9-20　物流设施选址经济因素

经济因素	含义
经营环境	优惠的物流产业政策、数量充足和素质较高的劳动力条件对物流企业的经济效益将产生重要影响
商品特性	经营不同类型商品的物流中心最好能分别布局在不同地域。如生产型物流中心的选址应考虑与产业结构、产品结构、工业布局紧密结合
物流费用	大多数物流中心选择接近物流服务需求地，例如接近大型工业、商业区，以便缩短运距，降低运费等物流费用
服务水平	现代物流过程中能否实现准时运送是衡量服务水平高低的重要指标

3. 基础设施状况

区位基础设施状况是一个地区或园区发展最根本的依托。交通运输便捷、通行能力强的地方往往是企业进行区位选择时关注的重点。那些交通运输便捷的地方具有发达的交通物流和通信网络技术的支持。物流中心必须具备方便的交通运输条件，如紧临港口、交通主干道枢纽、铁路编组站或机场，有两种以上运输方式相连接，同时要求城市的道路、通信等公共设施齐备，有充足的供电、水、热、燃气的能力，且场区周围要有污水、固体废物处理能力。

4. 其他因素

物流设施选址还需要综合考虑国土资源利用、环境保护、防火要求等因素，见表9-21。

表 9-21 物流选址其他影响因素

影响因素	含义
国土资源利用	物流设施的规划应贯彻节约用地、充分利用国土资源的原则。物流设施一般占地面积较大，周围还需留有足够的发展空间，因此地价的高低对布局规划有重要影响。此外，物流设施的布局还要兼顾区域与城市规划用地的其他要素
环境保护	物流设施选址需要考虑保护自然环境与人文环境，尽可能减少环境问题对城市生活的干扰。对于大型转运枢纽，应适当设置在远离城市中心区的地方，使城市交通环境状况能够得到改善，城市的生态建设得以维持和增进
防火要求	由于物流设施是火灾重点防护单位，不宜设在易散发火种的工业设施（如木材加工、冶金企业）附近，也不宜选择居民住宅区附近

9.4.3 设施选址的步骤

设施选址一般包括四个阶段：准备阶段、地区选择阶段、地点选择阶段、编制报告阶段。设施选址的流程见图 9-3。

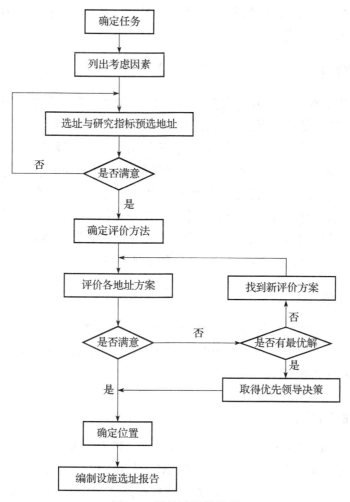

图 9-3 设施选址的流程

1. 准备阶段

准备阶段的主要工作内容是明确前期工作中对选址目标提出的要求。这些要求包括：①企业生产的产品品种及数量；②需进行的生产、储存、维修、管理等方面的作业；③设施的组成，主要作业单位的概略面积及总平面草图；④计划供应的市场及流通渠道；⑤需要资源（包括原料、材料、能源、水等）的估算数量、质量要求与供应渠道；⑥产生的废物及其估算数量；⑦概略运输量及运输方式；⑧所需职工的概略人数及等级；⑨外部协作条件；⑩信息获取方便与否等。

规划人员可以根据上述要求列出一些在设施选址时应满足的具体要求，以确保这些有关的因素都考虑到，同时对于某些选址需要的技术经济指标，应列出具体的数值要求。

2. 地区选择阶段

①走访行业主管部门和地区规划部门，了解有关行业规划、地区规划对设施布置的要求和政策；②选择若干地区，收集相关的资料；③进行方案比较；④比较各方面参加人员（生产、供应、销售、财务等）。

3. 地点选择阶段

在这一阶段组成场址选择小组到初步确定地区内的若干备选地点进行调查研究和勘测。①从当地城市建设部门取得备选地点的地形图和城市规划图，征询关于地点选择的意见；②从当地气象、地质、地震等部门取得有关气温、气压、湿度、降雨量及降雪量、日照、风向、风力、地质、地形、洪水、地震等的历史统计资料；③进行地质水文的初步勘查和测量，取得有关的勘测资料；④收集当地有关交通运输、供水、供电、通信、供热、排水设施的资料，并交涉有关交通线路、公用管线的连接问题；⑤收集当地有关运输费用、施工费用、建筑造价、税费等的经济资料；⑥就各种资料与实际情况进行核对、分析，测算各种数据，经过比较，选定一个合适的场址方案。

4. 编制报告阶段

①对调查研究和收集的资料进行整理；②根据技术经济比较和统计分析的成果编制综合材料，绘制所选地点的设施位置图和总平面草图；③编制设施选址报告，对所选场址进行评价，供决策部门审批。

9.4.4　设施选址方法

影响设施选址的因素很多。有些因素可以定量，转为经济因素，有些因素只能是定性的非经济因素。在进行设施选址的综合分析比较时，可根据条件采用定性的、定量的或定性定量相结合的方法。常用的设施选址方法有优缺点比较法、加权因素分析法、重心法、线性规划－运输法、德尔菲法等。以下主要介绍前三种。

1. 优缺点比较法

优缺点比较法是一种最简单的设施选址方法，尤其适用于非经济因素的比较。当几个场址选择方案在费用和效益方面近似时，非经济因素即成为考虑的关键因素。此时，可采用优缺点比较法对若干方案进行分析比较，见表 9-22。

表 9-22　优缺点评价表

方案优缺点评价	
项目名称：	
方案号：	
方案简要说明：	
评价人：	日期：
优点	缺点

常见的场址方案非经济因素有：①区域位置；②面积及地形；③地势与坡度；④风向、日照；⑤地质条件；⑥土石方工程量；⑦拆迁、赔偿情况；⑧铁路、公路交通情况；⑨与城市的距离及交通；⑩供电、供水、排水；⑪地震；⑫防汛措施；⑬经营条件；⑭协作条件；⑮建设速度等。

2. 加权因素分析法

加权因素分析法也许是常用的选址方法中使用得最广泛的一种，因为它以简单易懂的模式将各种不同因素综合起来。加权因素分析法的具体步骤如下：①列出一组相关的选址决策因素；②对每一因素赋予一个权重以反映这个因素在所有因素中的重要性，每一因素的分值根据权重来确定，权重则要根据成本的标准差来确定，而不是根据成本值来确定；③对所有因素的打分设定一个共同的取值范围，一般是 1～10，或 1～100；④对每一个备选地址，根据所有因素按设定范围打分；⑤用各个因素的得分与相应的权重相乘，并把所有因素的加权值相加，得到每一个备选地址的最终得分；⑥选择总得分最高的地址作为最佳的选址。

例题 9-1

某厂有四个备选地址（A、B、C、D），影响因素有 10 个，其重要度如表 9-23 所示，求最优方案。

表 9-23　加权因素评价表

影响因素	权重	备选方案 A		备选方案 B		备选方案 C		备选方案 D	
		评分	得分	评分	得分	评分	得分	评分	得分
劳动条件	7	2	14	3	21	4	28	1	7
地理条件	5	4	20	2	10	2	10	1	5

（续）

影响因素	权重	备选方案 A		备选方案 B		备选方案 C		备选方案 D	
		评分	得分	评分	得分	评分	得分	评分	得分
气候条件	6	3	18	4	24	3	18	2	12
资源供应	4	4	16	4	16	2	8	4	16
基础设施	3	1	3	1	3	3	9	4	12
产品销售	2	4	8	2	4	3	6	4	8
生活条件	6	1	6	1	6	2	12	4	24
环境保护	5	2	10	3	15	4	20	1	5
政治文化	3	3	9	3	9	3	9	3	9
扩展条件	1	4	4	4	4	2	2	1	1
总计	—		108		112		122		99

解： 在表 9-23 中方案 C 得分最高，选为最优方案。

3. 重心法

对于单一物流设施的选址，按照运输费用最低的原则，可以选用重心法进行计算，应用条件是对候选位置不加任何限制，已知各服务对象所在的地理位置、需要的物流量、物流设施到各个服务对象都有直线的通路，并且单位服务费用已知。重心法经常用于中间仓库或分销仓库的选择。商品运输量是影响商品运输费用的主要因素，仓库应尽可能接近运量较大的网点，从而使较大的商品运量走相对较短的路程。

重心法首先要在坐标系中标出各个地点的位置，目的在于确定各点的相对距离。重心法中的坐标系可以随便建立，国际上经常采用经度和纬度建立坐标。然后，根据各点在坐标系中的横纵坐标值求出运输成本最低的位置坐标 x 和 y，最后，选择求出的重心点坐标值对应的地点作为要布置设施的地点。

采用重心法确定新设施地址的公式可以表示为：

$$x_0 = \left(\sum x_i \omega_i c_i \right) / \left(\sum \omega_i c_0 \right)$$

$$y_0 = \left(\sum y_i \omega_i c_i \right) / \left(\sum \omega_i c_0 \right)$$

（9-1）

式中 (x_0, y_0) ——新设施的地址；

(x_i, y_i) ——各物资供应点（需求点）的位置；

ω_i ——第 i 个物资供应点（需求点）的运量；

c_i ——到第 i 个物资供应点（需求点）的运费率。

例题 9-2

某物流园区每年需要从 P_1 地运来铸铁，从 P_2 地运来钢材，从 P_3 地运来煤炭，从 P_4 地运来日用百货，各地与某城市中心的距离和每年的材料运量如表 9-24 所示。请用重心法确定分厂厂址。

表 9-24 某厂供应地距离与运输情况

原材料供应地及其坐标	P₁		P₂		P₃		P₄	
	X_1	y_1	X_2	y_2	X_3	y_3	X_4	y_4
距离市中心坐标距离	20	70	60	60	20	20	50	20
年运输量	2 000		1 200		1 000		2 500	

解： $X_0 = (20 \times 2\ 000 + 60 \times 1\ 200 + 20 \times 1\ 000 + 50 \times 2\ 500)/(2\ 000 + 1\ 200 + 1\ 000 + 2\ 500) = 38.4$

$y_0 = (70 \times 2\ 000 + 60 \times 1\ 200 + 20 \times 1\ 000 + 20 \times 2\ 500) / (2\ 000 + 1\ 200 + 1\ 000 + 2\ 500) = 42.1$

所以，分厂厂址的坐标为（38.4，42.1）。

4. 线形规划 – 运输法

线性规划方法是一种应用广泛的战略、战术物流计划工具。线性规划法是在特定的约束条件下，从许多可用的选择中挑选出最佳行动方案。

物流问题的网络最优化是最典型的线性规划问题。运输法作为网络最优化方法，其目标是在给定的供给、需求和能力的约束条件下，使生产和输入输出运输的可变成本最小化。对于符合设施选址的问题，如对于一个公司设有多个工厂、多个分销中心（或仓库）的选址问题，可以采用线性规划 – 运输法求解，使得所有设施的总运费最小。

📎 本章小结

物流设施是在供应链某些环节上，为满足物流组织与管理需要，具有综合或单一功能的场所或组织的统称。物流设施建设，对提高物流效率、降低物流成本、改善物流条件、保证物流质量等具有重要意义。物流设施包括线路、节点和物流基础信息平台。运输线路基础设施主要包括公路、铁路、水路、航空和管道等设施。节点主要包括物流中心和物流园区。物流中心是从事物流活动且具有完善的物流设施及信息网络的场所。物流园区是由政府规划并由统一主体管理，为众多企业在此设立配送中心或区域配送中心等，提供专业化物流基础设施和公共服务的物流产业集聚区。物流设施选址问题是属于物流管理战略层的一项重要的研究问题。物流设施选址就是要对可供选择的地区和地点的因素进行分析评价，力争达到场址的最优化。

📎 主要术语

物流设施（logistics facilities）

物流节点（logistics node）

物流中心（logistics center）

物流园区（logistics park）

设施选址（facility location）

📎 理论自测

1. 试分析物流基础设施建设的意义。

2. 物流中心与物流园区有哪些区别？

3. 物流设施选址应注意考察哪些因素？

4. 在物流设施选址中为什么要进行环境影响评价？

扫码阅读9-4
第9章练习题。

案例分析 9-1

宜家华南分销中心的设施选址

宜家创立于1943年，最早是一家通过邮购目录出售商品的小型企业，经过70多年的发展成为专注于提供家居装饰解决方案的全球家居巨头。1998年宜家在上海开设了第一家商场并开始了在中国的采购。

截至2019年9月，宜家已经在中国大陆地区的25个城市开设了31家商场、2家体验中心、3家荟聚购物中心、4个分销中心以及7个配送中心。宜家采取全球化的采购模式，在全球设立了16个采购区域，其中有3个在中国大陆，分别为华南区、华中区和华北区。其零售集团的员工数达13 000人。随着在中国市场的发展，宜家在中国的物流布局也处于不断优化中。宜家在发展中摸索出了自己的物流战略，遵循从租赁到买地自建，再到租赁和自建结合，从单一分销中心到分销中心网络覆盖全国的高效率、低成本、可持续发展的物流运作模式。

1. 项目背景

首先，由于宜家在中国市场扩张较快，其自建分销中心已经趋于饱和，如要继续扩大市场份额必须增加仓库。其次，华南地区已经成为宜家在中国重要的生产基地，是很多大型商场的主要供货地。然而宜家在华南地区没有分销中心，这就意味着华南地区生产的产品首先要从华南运往上海分销中心，如果华南地区有商场订货，这些产品再从上海分销中心运回华南，造成供应链效率和运输成本的极大浪费。因此，宜家决定在华南地区开设分销中心，这可以大大缩短分销中心与华南地区商场、其他销售点以及产品制造商之间的运输距离。然而如果自建分销中心，从选址、买地、建设、筹备运营到正式运营的时间很长，因此宜家决定在自建分销中心开业之前，先以租赁仓库开设华南分销中心。这样可以尽快实现宜家中国分销中心网络的优化，降低运输成本。项目立案后，宜家要求其亚太区的仓储商务团队一年之内在华南地区找到合适的仓库资源，用租赁的方式开设宜家华南分销中心。

2. 地区选择

项目团队在华南地区物流市场进行深入调研后发现，盐田和蛇口这样的一线港口虽然运作成熟，航线充足，基建设施优异，但是也存在货柜车乱停乱放、噪声扰民、交通堵塞及环境污染等一系列问题，同时其周边可选仓库资源十分有限。而随着国家物流网络建设，一级城市的卫星城市，或者拥有运输便利的内河港的二线城市，逐渐显现出运作模式灵活机动的优势以及运作成本低的竞争力，东莞成为可供选择的方案之一。

东莞聚集了宜家在华南地区的众多生产供应商。水路运输方面，东莞港正处于粤港澳大湾区几何中心，是珠江入海口核心区域，同时东莞港北连广州港，南接深圳港，水路畅通。东莞港目前为国家一类口岸港口，航线可以覆盖国内沿海和东南亚等地区港口。前期，宜家团队、集拼仓库供应商以及东莞港合作打造了莞盐快线，可以用驳船的方式，连接东莞口岸和盐田口岸，从而避免码头拥堵。铁路运输方面，东莞港距广东省中欧班列指定站石龙站 40 公里，因此可以实现铁路转运。东莞港便利的水路运输和铁路运输条件，有助于宜家大力发展多式联运，实现节能减排。物流成本方面，该地区仓库租金和运营成本较低。

3. 地点选择

在具体选址过程中，宜家考虑了各种细节。比如，可选仓库的层高，仓库的柱子分布，因为这些数据直接影响货架搭建后的仓库使用效率；仓库周围公共交通条件，如果公共交通不发达，意味着宜家需要增设班车。再比如，当地仓库员工的平均工资和当地工业的发展水平，以及周围相似物流业发展情况，因为这些影响到招工的难易程度以及仓库员工工资水平。

最终宜家华南分销中心选址于东莞虎门沙田镇普洛斯现代物流园区。该园区距离东莞港 3 公里，距石龙站 40 公里，距虎门大桥 15 公里，距南沙大桥（虎门二桥）3 公里。这里交通便利，多式联运、水铁运输可以方便地实施。宜家华南分销中心可以提供 4 万立方米的库容量，年操作量超过 40 万立方米，可为宜家在华南地区 7 家以上的商场和销售点提供配送。

在东莞开设宜家分销中心之后，宜家在东莞形成了一个聚集集拼仓库、分销中心、宜家产品供应商、众多宜家商场和销售点的宜家物流枢纽。在这里，宜家可以测试和开拓各种物流模式，为宜家的物流优化提供参考。

资料来源：潘旭华，宜家在中国的物流中心建设与运营，https://www.sohu.com/a/413613313_757817，2020-07-09.

| 思考 |

1. 宜家华南分销中心选址东莞主要考虑了哪些因素？
2. 这个选址过程有几个步骤？

案例分析 9-2

如何为公司找到满意的仓库

小冯是湖南一家食品公司的部门经理。由于公司效益好，年终的时候，小冯不仅多拿了奖金，还升了职，十分开心。然而小冯的顶头上司王总经理却因为一件事坐立不安，公司决定今年扩大生产，但是公司的自建仓库已经无法满足需求，这让王总十分着急。

王总思前想后决定把小冯叫到办公室。小冯一进办公室，王总立刻拉着小冯坐到沙发上说道："小冯啊，去年你干得不错！公司不仅给你发了奖金还给你升了职，公司十分重视你，愿意培养你啊，当然我也非常看好你。"小冯立即用坚定的眼神对王总说："我能有今天的成绩，多谢王总的栽培，在接下来的日子里，我一定踏踏实实地工作，为公司贡献自己的力量。"王总用赞许的眼光看了看小冯，接着说道："你能有这种想法，我甚是欣慰，我决定把这项重任交给你。公司高层决定扩大生产，但公司的仓库不够用，你想个办法解决一下，我看好你。"小冯立即提议："王总，很久之前我就认为我们公司的仓库太陈旧了，我觉得有必要改造一下，改造后的仓库我估计使用率会增加 60%。"王总思考一番说："时间就是金钱，改造仓库可是个长期工程，你想过这期间咱们的货物放哪儿吗？这样吧，这段时间你去租个仓库！"

小冯领命以后，便开始寻找仓库，几天后在公司附近找到了一个各方面都合适的仓库，就是价钱较高。小冯想都没想就签了两年租约。王总知道后，对小冯干的这件事很是失望。第一，租的仓库租金远比离公司10公里外的库房高出近5成，导致公司管理成本过高；第二，仓库面积偏小，没有给货物预留周转空间；第三，他认为小冯缺乏办事能力，擅做主张。

不久，小冯因为这件事被调离经理岗位，小冯很不理解，去找王总理论。"我找的这个仓库离公司很近，而且各方面都挺好的，虽然租金有点高，但咱们公司效益好，花这点钱不算什么，王总您为啥不满意？"王总说："小冯，你真是太年轻了，找仓库可不是你想的那么简单，很有学问。你应该多请教前辈。"

小冯找到前辈，前辈对小冯说："王总要的结果你不可能办到。王总考虑的是成本，你想的是便利，两人不在一个点上，结果当然会截然相反。"

资料来源：中国储运网 http://www.chinachuyun.com.

| 思考 |

仓库选址是门大学问，对企业的整体物流过程影响巨大，因而在仓库选址前要把各种因素考虑齐全，并根据企业经营和发展目标有针对性地去寻找。如果准备租赁仓库，满足所有的要求是不可能的，需要将各个因素排出优先级，然而成本和便利又很难抉择。请结合本案例说说你对仓库选址的看法。

🔵 实训项目

某物流中心或物流园区物流设施选址调研

1. 实训目标

通过对某物流中心或物流园区进行调查研究，学生应熟悉该物流中心或物流园区的基础设施，认清该物流中心或物流园区的性质与经营特点，进而分析该物流中心或物流园区所处的地理位置，深入思考其选址的原因。本实训旨在加强学生对物流中心或物流园区选址的理解，并将所学理论运用到实践中，探索其物流设施选址的影响因素和意义。

2. 实训内容

（1）学生每5～8人分为一组，每组选出组长一人。

（2）在组长的组织下各小组选择某物流中心或物流园区，对其进行实地考察。

（3）编制调研报告，具体内容包括如下几个方面：

1）物流中心或物流园区的地理位置；

2）物流中心或物流园区有哪些较为先进的基础设施；

3）物流中心或物流园区的性质与经营特点；

4）有哪些影响因素吸引该物流中心或物流园区选址于此；

5）你认为你考察的物流中心或物流园区是否为最优的选址？如若不是，说明原因。

（4）各小组完成调研报告，并派代表按规定时间发言，教师点评。

（5）整理发言资料，完善调研报告，总结学习体会。

PART 3 第三篇

物流前沿专题

物流信息技术与智慧物流

CHAPTER 10

|学习目标|

1. 掌握物流信息及物流信息系统的基本概念
2. 了解数据采集与识别、GNSS、GIS 等物流信息技术
3. 了解智慧物流关键技术的发展趋势

|导入案例|

日日顺物流：智慧物流打造差异化竞争力

青岛日日顺物流有限公司（以下简称"日日顺物流"）成立于山东青岛，是国家 5A 级物流公司和 3A 信用企业，企业发展经历了企业物流再造、物流企业转型、打造大件物流信息互联生态圈三个阶段，依靠先进的管理理念和物流技术，整合全球一流的网络资源，建立科技、数字化、场景化物联网场景物流生态平台。

日日顺物流已成为家居大宗物流领域的领先者，其智能物流差异化竞争力主要体现在三个方面：

1. "科技型"物流基础设施

日日顺物流依靠先进的管理理念和技术，整合全球一流的网络资源，建立辐射全国的分布式三级云仓网络，在全国建立了 10 个前置仓、136 个智慧仓、6 000 余个大件送装网点，总仓储面积达 600 万平方米，全国干线班车线路 3 300 条，区域配送线路 10 000 余条，

10 万辆车，20 万名派送员，为客户和用户提供到村、户的服务，并在全国 2 915 个县实施了"按约送达，送装同步"。2017 年日日顺物流仓库由国家发展和改革委员会、商务部联合授予"国家智能化仓储物流示范基地"称号，日日顺物流还牵头承担了 2018 年度国家重点研发计划"综合交通运输与智能交通"重点专项——"智慧物流管理与智能服务关键技术"。

2. 数字化供应链解决方案

利用公司科技型的物流基础设施，日日顺物流构建了行业智能供应链全流程体验，并运用"智能仓网"等六大科技手段，为用户提供从供应链管理（SCM）和品牌资源到解决方案，再到个性化服务的全流程服务体验。日日顺物流从用户最佳体验出发，针对行业内存在的问题及痛点，携手中国标准化协会发布中国首个大件物流服务行业标准——"天龙八步"，即从物流全流程仓、干、配、装、揽、鉴、修、访等环节入手，创新性地定制全品类、全渠道、全流程、一体化的居家大件物流解决方案，提升客户服务水平。

3. 场景化社区服务

日日顺物流以遍布城乡的 20 万名派送员为核心竞争力，打造送装一体化服务、专属居家服务、美好生活场景方案的场景生态服务平台，将传统的"送达"由服务的终点转变为服务的起点，通过触点网络感知用户个性化需求并提供定制化的场景解决方案。

资料来源：日日顺物流官网 https://www.rrs.com/business/rrswl.html，2021-03-07.

思考：

对于日日顺物流成为居家大件物流领域的领先者，你受到了什么启发？

10.1　物流信息

10.1.1　物流信息的概念

信息是通信系统传输和处理的对象，一般指事件或资料数据。信息随着时代的发展不断变革，能够较准确表述信息的定义是："信息是经过加工的具有一定含义的对决策有价值的数据。"信息和数据的联系很紧密。未经加工的原始数据可以看作信息的来源，对原始数据加工后可以形成信息，即数据是粗糙的原始资料，信息是对它进行分类、加工、处理之后的对决策有价值的数据。

物流活动中必要的信息称为物流信息，物流信息流动于各环节之间，对整个物流活动起支撑和保障作用。根据《物流术语》，**物流信息**（logistics information）是指"反映物流各种活动内容的知识、资料、图像、数据的总称"。物流信息对于提高物流的效率，降低物流的成本，保障物流的安全，提升物流的服务品质，加强企业的市场竞争力，都具有特殊的支撑和保障作用。

在日益全球化和网络化的现代社会中，整个物流过程是一个多环节、多目标的复杂系统，为了实现系统中各环节的相互衔接，保证社会再生产的顺利进行，各主体有必要进行信息沟通。同时为保障物流活动正常且有序地顺利开展，物流系统内部各环节之间必须采用现代化的管理设施和方法，合理地调度人、财、物及设备，保证物流传递畅通。物流信息流动见图 10-1。

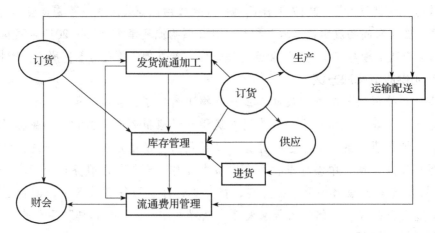

图 10-1 物流信息流动

在现代经营管理活动中，物流、信息流、资金流三者互为前提、相互依存，从而物流信息、市场信息与商品信息三者之间相互交叉、相互影响，共同在物流整个过程中发挥着重要的作用。例如，零售商在确定订货数量之前，会提前收集、汇总消费者需求、生产与供应信息，对其进行整体预测和分析，并根据自身的库存状况制订订货计划。物流信息在供应商、生产制造商、批发商、零售商以及最终消费者之间传递和共享的过程中能够起到连接、整合整个供应链的作用，创造出新的价值活动。

物流信息依赖于现代信息技术，如 EDI、GIS、GPS、IoT 等。这些信息技术能够加快物流信息传递和共享的速度，提高整个供应链活动的运行效率。

10.1.2 物流信息的特点

物流信息在物流过程中呈现出许多不同的特点，与其他领域信息相比，物流信息的特点见表 10-1。

表 10-1 物流信息的特点

特点	含义
信息量大	物流信息来源广、信息量大，这是由于物流系统涉及范围广、内容复杂而形成的
时效性强	物流信息更新快、动态性强、实时性高、信息价值衰减速度快，因而对信息管理的及时性和灵活性提出了很高的要求
信息来源多样化	物流信息种类多，不仅本系统内部各环节有不同种类的信息，而且由于物流系统与其他系统（如生产系统、销售系统、消费系统等）密切相关，外部也存在不同种类的信息
趋于标准化	由于物流活动分布范围广，物流信息源点多、信息量大，需要对物流信息赋予一定的标准

10.1.3 物流管理信息系统

1. 物流管理信息系统的概念

根据《物流术语》，**物流管理信息系统**（logistics management information system）是指

"通过对物流信息的收集、存储、加工、处理以便实现物流的有效控制和管理，并提供决策支持的人机系统"。

物流管理信息系统，实际上是物流管理软件和信息网络结合的产物，是利用信息技术，通过信息流，将各种物流活动、商品流动状况以及资金流向三者连接结合在一起的系统化过程。因此，组织物流活动必须以信息为基础，加强物流系统的管理和控制，保障物流信息的畅通，有利于物流活动正常而有规律地进行，减少物流过程中的重复劳动和错误率。

2. 物流管理信息系统的特点

物流管理信息系统是一个有机的整体，具有整体目标和功能，具有集成化、模块化、实时化、网络化和智能化等主要特点，具体见表 10-2。

表 10-2　物流管理信息系统的特点

特点	含义
集成化	集成化指物流管理信息系统将业务逻辑上相互关联的部分连接在一起，为企业物流活动中的集成化信息处理工作提供基础。在系统开发过程中，数据库的设计、系统结构以及功能的设计等都应该遵循统一的标准、规范和规程（即集成化），以避免出现"信息孤岛"现象
模块化	模块化指把物流管理信息系统划分为各个功能模块的子系统，各子系统通过统一的标准进行功能模块开发，再集成组合使用的方式。模块化有利于满足物流企业中不同管理部门的需要，保证各个子系统的使用和访问权限
实时化	实时化指借助编码技术、自动识别技术、GPS 技术、GIS 技术等现代物流技术，对物流活动进行准确实时的信息采集。采用先进的计算机与通信技术，实时地进行数据处理和传送物流信息；通过 Internet 的应用将供应商、分销商和客户按业务关系连接起来，使整个物流管理信息系统能够即时地掌握和分享属于供应商、分销商或客户的信息
网络化	网络化指通过 Internet 将分散在不同地理位置的物流分支机构、供应商、客户等连接起来，形成一个复杂但有密切联系的信息网络，从而通过物流管理信息系统实时了解各地的业务运作情况。物流信息中心将对各地传来的物流信息进行汇总、分类以及综合分析，并通过网络把结果反馈传达下去，以指导、协调不同地区的业务
智能化	智能化是指采用条形码技术、EDI 技术、RFID 技术来提高数据采集的速度，依靠 GPS 以及 GIS 等进行辅助分析。物流信息的价值衰减速度很快，这对物流管理信息系统的及时性提出了更高的要求。现代物流管理信息系统中各种物流信息技术的大量综合运用，可以大大提高智能化水平

3. 物流管理信息系统功能

物流管理信息系统是物流系统的神经中枢，它作为整个物流系统的指挥和控制系统，可以分为多种子系统或者多种基本功能。下面对物流管理信息系统的主要功能进行分析。

（1）数据实时收集和输入。物流管理信息系统借助现代物流技术，能够对物流活动进行准确实时的信息收集。但在信息收集的过程中，要注意信息收集的准确性和完善性，避免输入信息的遗漏和错误。另外，客户也可以通过官方提供界面（如 EDI 系统客户端提供的表单）进行元素值的选择或填写，能够方便地完成物流与供应链活动中各种信息的输入和调用。

（2）数据传输。在物流管理信息系统中，可以通过网络克服空间障碍，快速地将数据从发出地传输到接收地，方便不处于同一地区的供应链上的上下游企业之间的信息沟通，使之能够高效地开展协同工作和各种业务活动。另外，物流管理信息系统通过 EDI 传输的是结构化的标准信息（如报文），这些信息能够在不同系统间进行传输并得到自动处理，而不需要人为干预，这极大地提高了物流与供应链管理活动中的数据传输效率。

（3）数据处理。物流管理信息系统的最根本目的就是要将输入的数据加工处理成物流系统所需要的物流信息。物流管理信息系统在对数据进行处理的过程中，可以对数据进行分析以便发现其中蕴含的规律和关系，并可以进一步地对物流活动进行预测和决策。随着全球化和网络化的日益发展，物流管理信息系统除了融入统计分析外，还尽可能地将各种最新的信息技术集成进来，如数据挖掘、联机分析、人工智能等，加快了数据的处理速度，提高了数据处理的准确性和关联性。

（4）数据存储。物流信息在经历数据实时搜集和输入阶段后，在其得到处理和输出前，要在物流管理信息系统中存储下来。因而物流管理信息系统的存储功能既与输入直接相关，又与输出紧密相连，输入决定系统内存储的内容和形式，存储决定系统输出的内容和形式。物流管理信息系统在数据的存储过程中要保证物流信息不丢失、不走样、不外泄、整理得当且随时可用。

（5）控制功能。在物流信息输入物流管理信息系统的过程中，物流管理信息系统就对信息实行控制和监督。其控制功能主要体现在两个方面：一是对构成系统的各要素，如硬件、软件、人员、管理思想等进行控制和管理；二是对数据输入、存储、处理、输出、传输等环节进行控制和管理。为了防止物流信息丢失、走样、外泄，系统必须时刻掌握信息的实际动态，及时反馈，以调整相应的参数和程序，保证物流系统处于最佳运行状态。

（6）数据输出。信息的输出是物流管理信息系统的最后一项功能，在数据的输入、存储等任一环节的改动都可能导致输出数据的最终结果不同于预期。一般情况下，物流管理信息系统为用户提供了友好的数据输出界面，易读易懂、直观醒目。其输出形式多样，可能是文字、表格、图形、声音等。

典型案例 10-1

京东"青龙物流配送系统"

物流无疑是京东的核心竞争力之一，在每一个用户的订单处理背后是一套复杂的物流系统，即京东的"青龙物流配送系统"（简称"青龙系统"）。青龙系统的核心要素包括仓库、分拣中心、配货站和送货员。青龙系统是京东高效物流配送背后的核心支撑，它极大地改变了传统的单一配送方式，京东可以提前预测订单，提前部署运力。

预分拣系统是京东物流系统的核心。预分拣的实现可以让仓库提前备好货物，甚至可以让供应商提前生产货物。青龙系统在预分拣中采用了深度神经网络、机器学习、搜索引擎技术、地图区域划分、信息抽取与知识挖掘，并利用大数据对地址库、关键字库、特殊配置库、GIS 地图库等数据进行分析并使用，使订单能够自动分拣，且保证 7×24 小时的服务。

消费者在京东购物的过程是从网站（移动端）下单开始的。每次点击操作之后，都有复杂的计算过程。系统分拣模块将根据订单地址对货物进行分类，并将货物分配到同一区域不同位置的仓库。订单到达仓库后，仓库进行分拣、装箱、发货、发车，最终将包裹发往对应的配送站。

这一系列环节的高效运作，确保了"京东速度"，大大节省了京东仓库的人力投入。例如，2015 年 11 月 11 日，开工不到半年的广州"亚洲一号"，完成了每个仓库 50 万份订单的生产，创下历史新高。2019 年，新建的东莞"亚洲一号"单日订单处理能力达到 160 万单，自动化立体仓库可同时存储中等商品 2 000 万件以上。

10.2　物流信息技术

根据《物流术语》，物流信息技术是指"以计算机和现代通信技术为主要手段实现对物流各环节中信息的获取、处理、传递和利用等功能的技术总称"，是物流现代化的重要标志。

10.2.1　数据采集与识别技术

1. 条形码技术

条形码（bar code，BC）是由一组规则排列的条、空及其对应字符组成的标记，用以表示一定的信息。常见的条形码中，反射率较低的黑条简称条，反射率较高的白条简称空。条形码通常用来对物品进行标识，每一物品对应着唯一的一个代码，通过条形码这个形式将代码表示出来，标识在物品上。若需要了解该物品的信息，只需要通过识读设备扫描识读条形码符号，便可对该物品进行识别，得到相关信息。

代码即用来表示客观事物的一个或一组有序的符号，遵循唯一确定性、标准化、便于识别等原则，具备区分、唯一标识的功能，能够保证条形码在全世界范围内不重复，即能够在一个信息分类编码标准中，一个分类对象只能被一个代码标识一次，因而一个分类对象只能有一个唯一的代码。在不同的应用系统中，代码可以有含义，也可以无含义。其中有含义的代码具有一定的信息属性；无含义的代码则只作为分类对象的唯一标识，只代替对象的名称，而不提供对象的任何其他信息。

条形码可分为一维条形码和二维条形码。一维条形码是通常所说的传统条形码，见图 10 2a。一维条形码是由一个接一个的条和空排列组成的平行线图案。它是一种连续型、非定长、有含义的高密度代码，通过条和空的不同宽度和位置来传递信息源，条形码越宽、越密，所包容的条和空越多，说明信息量越大。这种条形码只能从一个方向上通过条与空的排列组合来存储信息，所以称为"一维条形码"。一维条形码在人们的日常生活中随处可见、应用领域广，如商品包装袋、物流单、图书管理等地方都会出现一维条形码。一维条形码一般垂直方向不表达任何信息，只在水平方向上表达信息，且具有一定的高度，方便条形码阅读器的对准和识别。

二维条形码是一维条形码向二维方向的扩展，见图 10-2b。由于一维条形码所携带的信息量有限，限制了条形码的应用范围，因而在 20 世纪 90 年代，二维条形码应运而生。二维条形码是一种比一维条形码更高级的条码格式，用某种特定的几何图形，按一定规律在平面（二维方向）上分布黑白相间的图形以记录数据符号信息的代码。二维条形码作为一种新的信息存储和传递技术，在代码编制上巧妙地利用构成计算机内部逻辑基础的概念，使用若干个与二进制相对应的几何形体来表示文字数值信息，利用图像输入设备或光电扫描设备对其进行自动识读，即可实现信息的自动处理。二维条形码在水平和垂直方向都可以存储信息，包括汉字、数字和图片等信息，经过多年的发展，

扫码观看10-1
条形码读取。

二维条形码在中国已经成为一种重要的支付手段，还不断地应用在交通运输、医疗保健等多个领域，二维条形码与一维条形码的具体区别见表 10-3。

a）一维条形码 b）二维条形码

图 10-2 条形码实例

表 10-3 二维条形码与一维条形码的区别

	一维条形码	二维条形码
信息密度与容量	信息密度小，容量较小	信息密度大，容量大
垂直方向上的信息表示	不表示信息	可表示信息
错误检查及纠错性能	可通过校验码进行错误校验，无纠错性能	具备错误校验和纠错性能，可根据需要设置不同的纠错级别
对数据库和通信网络的依赖程度	多数场合使用时需要依赖数据库和通信网络	可脱离数据库和通信网络单独使用
扫描识读设备	可用线式扫描识读设备，如线、阵CCD，光笔、激光枪等	行排式二维条形码可用线式扫描识读设备；矩阵式二维条形码需使用图像扫描器识读

2. RFID 技术

射频识别（radio frequency identification，RFID）技术，它是指一种非接触式的自动识别技术，其原理是阅读器与标签之间进行非接触式的数据通信，即通过射频信号自动识别目标对象，对物品进行快速追踪和数据交换。射频识别技术被认为是 21 世纪最具发展潜力的信息技术之一，识别

扫码阅读10-2
条码发展历史。

工作无须人工干预，可同时识别多个标签并且可识别处于高速运动状态的物体，操作快捷方便。

RFID 技术主要具有以下优势，见表 10-4。

表 10-4 RFID 技术的优势

优势	含义
应用范围广	RFID 几乎可以涵盖所有与物流有关的领域，它读取距离大、穿透能力强，可以在几米甚至几十米远的地方读取数据，还可透过包装箱直接读取信息；它存储的信息更改自如，与传统条形码技术只能用于一种商品不同，RFID 存储的信息可以根据需要随时变更
反应速度快	传统条码技术的信息处理是一物一扫，而 RFID 系统可以批量扫描，大大提高了效率
耐环境性	RFID 对水、油和化学药品等物质具有很强的抵抗性。此外，由于条形码是附于塑料袋或外包装纸箱上的，所以特别容易受到折损；RFID 卷标是将数据存储在芯片中，因此可以免受污损
可重复使用	RFID 标签可以重复地新增、修改、删除 RFID 卷标内存储的数据，方便信息的更新
穿透性	在被覆盖的情况下，RFID 能够穿透纸张、木材和塑料等非金属或非透明的材质，并能够进行穿透性通信。铁质金属无法进行通信
记忆容量大	一维条形码的容量为 50 字节，二维条形码的最大容量可存储 300 个字符，RFID 标签的最大容量为兆字节。标签还可以连接到数据库，存储产品库存编号，以及当前位置、状态、售价、批号等信息。相应地，射频标签在读取数据时不用参照数据库，可以直接确定代码的含义
安全性	可以通过校验或循环冗余校验的方法来保证射频标签中存储的数据的准确性。另外，由于 RFID 承载的是电子式信息，其数据内容可经由密码保护，使其内容不易被伪造及变造

10.2.2 GNSS 技术

1. GNSS 的定义

全球导航卫星系统（global navigation satellite system，GNSS）是能在地球表面或近地空间的任何地点为用户提供全天候的三维坐标和速度以及时间信息的空基无线电导航定位系统。当今，GNSS 系统不仅是国家安全和经济的基础设施，也是体现现代化大国地位和国家综合国力的重要标志。目前它包括全球系统、区域系统和增强系统。全球系统如美国的GPS、俄罗斯的 GLONASS、欧洲的 Galileo、中国的北斗卫星导航系统等4 大 GNSS 系统已经进入实质性的运作阶段。提供的基本导航定位服务已

扫码观看10-3
RFID技术。

经广泛应用于生产生活，并伴随着用户需求的提高，越来越多的用户要求更高精度的定位服务。为提高卫星导航系统的服务能力，卫星导航系统将进入一个全新的阶段。不同国家在 GPS 或者 GLONASS 基本导航服务的基础上发展了星基增强系统。如美国的 WAAS（广域增强系统）、欧洲的 EGNOS（欧洲静地导航重叠系统）和日本的 MSAS（多功能运输卫星增强系统）等，用户将面临 4 大全球系统近百颗导航卫星并存且相互兼容的局面。国际GNSS 系统是个多系统、多层面、多模式的复杂组合系统，见表 10-5。

当前基于 GPS 或 GNSS 的精密定位和授时已经广泛应用于交通运输、通信、金融、工程建设、精密农业、地球科学研究、航天活动、大地测量和海洋测绘、灾害监测等人类生产生活中需要位置和时间信息的各个领域。

表 10-5　全球导航卫星系统

	提供者	GNSS
全球系统	美国	全球定位系统
	俄罗斯	格洛纳斯卫星导航系统（global navigation satellite system，GLONASS）
	中国	北斗卫星导航系统（BeiDou navigation satellite system，BDS）
	欧盟	伽利略卫星导航系统（Galileo navigation satellite system）
区域系统	日本	准天顶卫星系统（Quasi-Zenith satellite system，QZSS）
	印度	印度区域卫星导航系统（Indian regional navigation satellite system，IRNSS）
增强系统	美国	广域增强系统（wide area augmentation system，WAAS）
	俄罗斯	差分校正和监测系统（system for differential corrections and monitoring，SDCM）
	欧盟	欧洲静地导航重叠系统（European geostationary navigation overlay service，EGNOS）
	印度	GPS 辅助型静地轨道增强导航系统（GPS aided geo augmented navigation，GAGAN）
	日本	多功能卫星星基增强系统（multi-functional satellite augmentation system，MSAS）

2. GPS

全球定位系统（global positioning system，GPS）是利用导航卫星进行测时和测距，使在地球上任何地方的用户都能测定出他们所处的方位。它利用卫星星座（通信卫星）、地面监控部分和信号接收机对对象进行动态定位。GPS 是由美国国防部研制建立的一种全方位、全天候、全时段、高精度的卫星导航系统，能为全球用户提供低成本、高精度的三维位置、速度和精确定时等导航信息。GPS 技术在物流领域的功能见表 10-6。

表 10-6　GPS 技术在物流领域的功能

功能	含义
实时监控功能	网络 GPS 可在任意时刻通过发出指令查询运输工具所在的地理位置和相关信息，如经度、纬度、运行速度等，并通过电子地图直观地显示出来
双向通信功能	网络 GPS 的用户可使用 GSM 的语音功能与驾驶操作人员进行通话，或使用本系统安装在运输工具上的液晶显示终端进行汉语信息收发对话。驾驶操作人员可通过按下相应的功能控制键，将通话信息反馈到网络 GPS 设备中，质量监督员即可在工作站的信息处理终端上确认其工作的正确性，了解并控制整个运输作业的准确性
动态调度功能	调度人员能在任意时刻通过调度中心发出文字调度指令，并得到确认信息。另外，还可实行运输工具待命计划管理。系统操作人员通过运输工具在途信息的反馈，可以提前设定做好待命计划，提前下达运输任务，减少等待时间，减少空车时间和空车距离，加快运输工具的周转速度，充分利用运输能力
数据存储、分析功能	通过网络 GPS 可实现路线规划及路线优化，事先规划车辆的运行路线、运行区域，并将该信息记录在数据库中，以备以后查询、分析使用

3. BDS

北斗卫星导航系统（BeiDou navigation satellite system，BDS）是中国正在实施的自主发展、独立运行的全球卫星导航系统，是为全球用户提供全天候、全时段、高精度的定位、导航和授时服务的国家重要时空基础设施。北斗卫星导航系统秉承"中国的北斗、世界的北斗、一流的北斗"发展理念，建设目标是：建成独立自主、开放兼容、技术先进、稳定可靠的覆盖全球的北斗卫星导航系统，促进卫星导航产业链形成，形成完善的国家卫星导航应用产业支撑、推广和保障体系，推动卫星导航在国民经济社会各行业的广泛应用。

北斗卫星导航系统与 GPS 和 GLONASS 等系统最大的不同，在于双向位置报告、短报文通信功能，特别适用于需要导航与移动数据通信场所，如交通运输、调度指挥、搜索营救、地理信息实时查询等。北斗卫星导航系统提供服务以来，已在交通运输、农林牧渔、水文监测、气象测报、通信授时、电力调度、救灾减灾、公共安全等领域得到广泛应用，产生了显著的经济效益和社会效益，并与新一代通信、区块链、物联网、人工智能等新技术深度融合，北斗应用新模式、新业态、新经济不断涌现。北斗卫星导航系统是我国具有自主知识产权、自主控制的区域性卫星导航系统，具有其他导航系统所无法比拟的优势。建设和发展北斗卫星导航系统，对我国的社会主义现代化建设具有极其重要的意义。北斗卫星导航系统已全面服务于交通运输、公共安全、救灾减灾、农林牧渔、城市治理等行业，融入电力、金融、通信等国家核心基础设施建设，构建起集芯片、模块、板卡、终端和运营服务于一体的完整产业链。

北斗卫星导航系统的主要功能体现在三个方面，见表 10-7。

表 10-7　北斗卫星导航系统的主要功能

功能	含义
定位	确定用户所在地的地理位置，向用户及主管部门提供导航信息
通信	用户与用户、用户与中心控制系统间均可实现双向简短数字报文通信；北斗卫星导航系统用户终端具有双向数字报文通信能力，用户可以一次传送多达 120 个汉字的短报文信息
授时	中心控制系统定时播发授时信息，为定时用户提供时延修正值。可向用户提供 20～100ns 同步精度。其中单向授时精度为 100ns，双向授时精度为 20ns

扫码阅读10-4
北斗卫星导航
系统介绍。

延伸阅读 10-1

北斗卫星导航系统与物流

2020 年 7 月 31 日，北斗三号全球卫星导航系统正式开通，这标志着北斗事业进入全球服务新时代。北斗系统就在眼前。如果仔细观察，不难发现，天上的北斗系统不仅与手机相连，而且我们日常生活的很多地方都与北斗系统相伴。

北斗系统在交通运输与物流领域的应用具有无限的可能性。主要包括陆地应用，如车辆自主导航、车辆跟踪监控、车辆智能信息系统、车联网应用、铁路运营监控等；航海应用，如远洋运输、内河航运、船舶停泊与入坞等；航空应用，如航路导航、机场场面监控、精密进近等。随着交通的发展，高精度应用需求加速释放。

北斗系统为武汉火神山医院和雷神山医院的建设提供精准绘图；基于北斗系统的无人机和无人运载工具已应用于疫区医疗物资的配送；基于北斗系统的车辆促进智能和精确的运输在运行；基于北斗系统的国家公共监督道路货运车辆服务平台全力持续为驰援疫区的

运输车辆提供安全提醒、防疫通知等安全保障服务，并第一时间配合疫区交通运输主管部门管控调度社会营运车辆。

从共享单车到地图导航，北斗系统也走入百姓的寻常生活。例如，在北斗系统打造的"电子围栏"的帮助下，共享单车正在逐步终结乱停乱放的现象。车辆安装了北斗系统之后，通过结合北斗系统高精度定位技术绘制车辆轨迹，自动计算和结算公路里程率，通过高速公路可实现无感收费，拥有更好的行车体验，实现真正意义上的畅行高速。

资料来源：北斗卫星导航系统官网 http://www.beidou.gov.cn/.

10.2.3　GIS 技术

1. GIS 的定义

根据《物流术语》，**地理信息系统**（geographical information system 或 geo-information system，GIS）是指在计算机技术支持下，对整个或部分地球表层（包括大气层）空间中有关地理分布数据进行采集、储存、管理、运算、分析显示和描述的系统。它将各种需要的信息和资料通过地理位置和有关的视图结合起来，并融合了地理学、几何学、计算机科学及各种应用对象、遥感技术、GPS 技术、Internet 多媒体技术及虚拟显示技术等。它利用计算机图形与数据库技术来采集、存储、编辑、显示、转换、分析和输出地理图形及其属性数据，从而直观、形象地在电子地图上以图形或表格的形式显示出来，便于用户分析和决策使用。目前，GIS 技术的应用已遍及金融、电信、交通、国土资源、电力、水利农林、环境保护、地矿等国民经济各个领域。

2. GIS 的基本功能

GIS 应具备 5 项基本功能，即数据输入、数据编辑、数据存储与管理、空间查询与分析、可视化表达与输出，见表 10-8。

表 10-8　GIS 的基本功能

功能	含义
数据输入	数据输入是建立地理数据库必需的过程，数据输入功能指将地图数据、物化遥感数据、统计数据和文字报告等输入并转换成计算机可处理的数字形式的各种功能。对多种形式、多种来源的信息，可实现多种方式的数据输入
数据编辑	数据编辑主要包括属性和图形编辑，属性编辑主要与数据库管理结合在一起完成，而图形编辑主要包括拓扑关系建立、图幅拼接、图形变换、投影变换、误差校正等功能
数据存储与管理	数据的存储与有效的组织管理是 GIS 应用成功的关键。GIS 主要提供空间与非空间数据的存储、查询检索、修改和更新的功能。目前广泛使用的 GIS 大部分采用空间分区、专题分层的数据组织方式，利用 GIS 技术管理空间数据，利用数据库管理属性数据
空间查询与分析	空间查询与分析是 GIS 最重要的和最具有魅力的核心功能，也是 GIS 有别于其他信息系统的本质特征。其空间分析可分为检索、空间拓扑叠加分析和空间模型分析 3 个层次的内容
可视化表达与输出	GIS 不仅可以输出全要素地图，也可以根据用户需要，分层输出各种专题图形、各类统计图形、图表及数据等。一般 GIS 还具有用户接口模块，主要包括用户界面、程序接口与数据接口，用于接收用户的指令、程序或数据，是用户和系统交互的工具

GIS 基本功能框架见图 10-3。

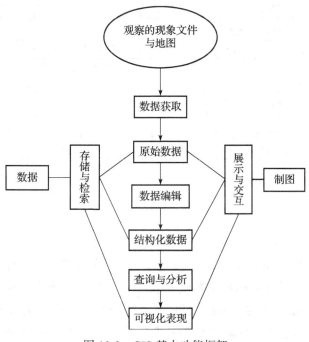

图 10-3　GIS 基本功能框架

3. GIS 在物流领域的应用

在物流活动中必不可少地会涉及地理位置等相关的棘手问题，伴随着 GIS 技术的发展，GIS 在空间数据的管理和可视化表达方面展现出不可比拟的优势。GIS 技术应用于物流领域，主要利用 GIS 强大的数据管理能力来提升物流分析技术。

（1）运输配送管理。主要涉及运输路线的选择、运输车辆的调度以及物资的实时查询。

（2）物流中心选址。一方面可以利用 GIS 的空间查询、网络分析等功能分析考虑地理位置、物流成本、运营成本等种种要素，确定哪些地理位置适合筹建物流中心，另一方面可利用 GIS 的可视化功能，显示区域地理要素下的整个物流网络，如现存物流节点、道路、客户等要素。

（3）动态监管动态管理。如车辆跟踪和导航，在 GIS 上即时掌握通过 GPS 获取的移动位置信息，可以实时监控运输车辆，实现车辆移动状态的可视化，有利于进行车辆定位、跟踪与优化调度；有利于在规定时间内将货物送到目的地，很大程度地避免了迟送或者错送的现象，以便达到物流高效率化、降低配送物流成本的目的。

4. GIS 物流分析模型

一个完整的 GIS 物流分析模型通常集成了车辆路线模型、最短路径模型、分配集合物流模型和设施定位模型，各类模型功能见表 10-9。

表 10-9　GIS 物流分析模型

模型	功能
车辆路线模型	车辆路线模型用于解决一个起始点多个终点的货物运输问题，主要解决降低物流作业费用、车辆车次的调配和保证服务质量等问题
最短路径模型	最短路径模型用于解决寻求最有效的分配货物路径问题，也就是确定物流网点布局位图
分配集合物流模型	分配集合物流模型可以根据各个要素的相似性把同一层上的所有或部分要素分为几个组，用以解决服务范围和销售市场范围的问题
设施定位模型	设施定位模型用于研究一个或多个设施的位置。在物流系统中，仓库和运输线路共同组成了物流网络。仓库处于网络的节点上，节点决定线路的设置。如何根据供求的实际需要并结合经济效益等原则，在既定区域内设立仓库的数量、每个仓库的位置、每个仓库的规模以及仓库之间的物流关系等？运用此模型均能很容易地解决

10.2.4　EDI 技术

1. EDI 的定义

电子数据交换（electronic data interchange，EDI）是指按照同一规定的一套通用标准格式，将标准的经济信息通过通信网络传输在贸易伙伴的电子计算机系统之间进行数据交换和自动处理。人们将 EDI 称为"无纸交易"，是一种利用计算机进行商务处理的新方法。EDI 不是用户之间简单的数据交换，它是用一种国际公认的标准格式，形成结构化的事务处理的报文数据格式，并通过计算机通信网络，使各有关部门、公司与企业之间进行数据交换与处理，并完成以贸易为中心的全部业务过程。整个过程都是自动完成的，无须人工干预，减少了差错，提高了效率。

扫码阅读10-5
GIS的发展趋势。

2. EDI 的功能

（1）节约时间和降低成本。由于单证在贸易伙伴之间的传递是完全自动的，整个过程无须人工干预，所以不再需要多次输入、传真和电话通知等重复性的工作，也不再需要大量的文字录入等办公室工作，而且可以减少供应商之间的多层环节，有利于企业的经营过程简化和企业流程重组、一体化管理。因此 EDI 可以极大地提高企业的工作效率和降低运作成本，使沟通更快更准。

（2）提高管理和服务质量。EDI 可以消除传统计算机人工输入的错误，并且传输事务比书面报文更加准确完整，提高了信息交换和处理的效率。此外，若将 EDI 技术与企业内部的仓储管理系统、自动补货系统、订单处理系统等企业管理信息系统集成使用，可以实现商务单证的快速交换和自动处理，简化采购程序、减少营运资金及存货量、改善现金流动情况等，带来高效率、适应性和对市场的反应能力。

（3）促进业务发展。目前，许多国际和国内的大型制造商、零售企业、大公司等对于贸易伙伴都有使用 EDI 技术的需求，所以采用 EDI 处理业务可以改善本企业和贸易伙伴之间的关系，增进贸易伙伴间的联系。

3. EDI 技术的应用领域

EDI 是社会经济信息传递和交换的最新手段，在许多领域都得到了广泛应用，见表 10-10。

表 10-10　EDI 技术的主要应用领域

应用领域	功能
商业贸易	通过采用 EDI 技术，可以将不同制造商、供应商、批发商和零售商等商业贸易伙伴各自的生产管理、物料需求、销售管理、仓库管理、商业 POS 系统有机地结合起来，从而使这些企业大幅提高其经营效率，并创造出更高的利润
运输业	在运输行业，采用集装箱运输电子数据交换技术，可以将船运、空运、陆路运输、外轮代理公司、港口码头、仓库、保险公司等企业之间各自的应用系统联系在一起，从而解决传统单证传输过程中的处理时间长、效率低等问题。采用 EDI 技术可以有效提高货物运输能力，实现物流控制电子化，从而实现国际集装箱多式联运，促进运输物流业的发展
通关自动化	在外贸领域，采用 EDI 技术，可以将海关、海事等口岸监管部门与外贸公司、货代企业、报关公司等相关部门和企业紧密地联系起来，从而可以避免企业多次往返多个外贸管理部门进行申报、审批等，大大简化进出口贸易程序，提高货物通关的速度，最终起到改善经营投资环境、加强企业在国际贸易中的竞争力的作用

延伸阅读 10-2

宁波舟山港云数据中心

2018 年 12 月 3 日，由宁波港信息通信有限公司牵头的宁波舟山港云数据中心项目正式启动，标志着宁波舟山港"智慧港口"建设迈出新步伐。

宁波舟山港云数据中心是基于云计算技术，高度整合信息资源，实现平台整体部署、资源按需配置、系统安全稳定的信息环境。云数据中心可以根据业务繁忙程度自动灵活调整计算资源，提高信息设备的利用率和信息系统的安全性，发挥信息资源的最大效率，从而降低生产成本。目前，集团新门户系统、OA 系统、EDI 系统等信息系统已成功部署到云数据中心，满足精细化运维、监控和管理的需求，确保应用系统高效稳定运行。

资料来源：宁波舟山港官网 https://www.nbport.com.cn/.

10.3　智慧物流

10.3.1　智慧物流的内涵

智慧物流（smart logistics）最早于 2009 年 12 月由中国物流技术协会信息中心、华夏物联网、《物流技术与应用》编辑部联合提出。目前，智慧物流的发展是一种趋势，各界人士对智慧物流的概念众说纷纭，并没有形成统一的认识。大多数研究者认为，智慧物流是指将无线射频识别、传感器、全球定位系统等先进的物联网技术，广泛应用于物流业运输、仓储、配送、快递等基本环节，实现物流行业的智能化模式与自动化管理，实现智慧物流信息化、智能化、系统自动化的运作模式，主要利用高新技术和现代管理手段实现物流配送体系的高效率与低成本智能化运作。根据《物流术语》，智慧物流是指以物联网技术为基础，综合运用大数据、云计算、区块链及相关信息技术，通过全面感知、识别、跟踪物流作业状态，实现实时应对、智能优化决策的物流服务系统。智慧物流的基本概念图见图 10-4。目前，智慧物流不仅是现代物流发展的大趋势，同时也是我国物流产业转型与产业升级的重要方向，强调信息流与物质流快速、高效、通畅地运转，从而实现降低社会成本、提高生产效率、整合社会资源的目的。

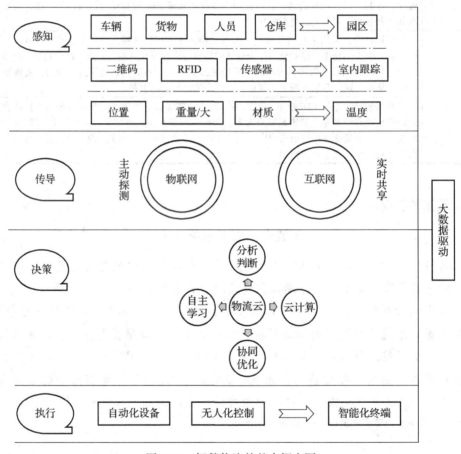

图 10-4　智慧物流的基本概念图

我国物流业虽起步较晚，但发展很快，近年来已逐渐成为我国国民经济的重要产业部门和新的经济增长点。互联网技术的普及应用、新一轮科技革命和产业的不断变革给物流业发展带来了新的机遇。智慧物流作为物流产业的最高级发展形态，共经历四个发展阶段，包括：信息化阶段、物联网阶段、智能物流阶段及智慧物流阶段。每个阶段的特征见表 10-11。

表 10-11　智慧物流发展阶段

发展阶段	技术特征	物流特征
信息化阶段	以传感器、GPS、条形码、ERP 等技术为标志	信息技术初次应用在物流产业，主要负责物流规划、管理、设计和控制等环节，使技术逐步替代人工，部分物流环节实现了自动化、信息化和数字化运作

（续）

发展阶段	技术特征	物流特征
物联网阶段	物联网技术使物流实体得以连接，传感器、通信网络和大数据解决了物流信息集成应用和控制	物联网网络改变了物流产业的管理方式，实现了物流企业对每个物流环节实施跟踪、定位、监控与管理功能，使物流业务与服务可追溯、可视化及自动配送
智能物流阶段	在物联网网络基础上结合了自动控制、人工智能、决策管理等技术手段	智能物流可以为物流企业提供日常经营决策和战略决策，如物流管理最优路径决策、自动分拣机控制决策、自动导向车作业控制决策等。
智慧物流阶段	大数据、云计算等技术手段改变了物流信息的获取及存储方式，使物流信息更加透明，解决了物流信息不对称问题	新技术借助门户网站、移动 App、移动终端等载体不断收集与分析物流信息，为客户提供了定制化和个性化物流服务

10.3.2　智慧物流的功能

智慧物流一般具有识别感知、优化决策、定位追溯、智能分析、系统支持、自动修正和及时反馈等功能，具体见表 10-12。

表 10-12　智慧物流的功能

功能	含义
识别感知	智慧物流要将物品信息进行数字化处理，通过使用射频识别、卫星定位技术，快速对物品进行识别，进而实现物流领域中生产自动化、销售自动化、流通自动化的管理
优化决策	将数据挖掘和信息处理技术应用于物流管理和配送系统，通过对物流数据、客户需求、商品库存等信息和数据进行数据挖掘和分析，计算并决策最佳仓储位置与配送路径，实现物流存储与配送决策的智能化
定位追溯	通过射频识别、卫星定位技术，可实时获取车辆及物流配送过程各环节的数据和信息，了解货物的位置和状态等配送信息，对货物进行定位和追踪管理，为客户与管理者提供实时的物流运行状态的信息反馈，并可对物品产地等相关生产和流通信息进行追溯，当物品出现问题时，便于追根溯源
智能分析	运用智能的模拟器模型等手段分析物流问题，根据问题提出假设，并在实践过程中不断验证问题，发现新问题，做到理论与实践相结合。在运行中系统会自行调用原有经验数据，随时发现物流作业活动中的漏洞或者薄弱环节
系统支持	每个环节都能相互联系，互通有无，共享数据，优化资源配置，从而为物流各个环节提供最强大的系统支持，使得各环节协作、协调、协同
自动修正	在前面各个功能的基础上，按照最有效的解决方案，系统自动遵循最快捷有效的路线运行，并在发现问题后自动修正，并且备用在案方便日后查询
及时反馈	物流系统是一个实时更新的系统，反馈贯穿智慧物流系统的每一个环节，为物流相关作业者了解物流运行情况并及时解决系统问题提供强有力的保障

10.3.3　智慧物流的特征

1. 互联互通

智慧物流的基础是建立实体物理世界的互联互通。物流人员、装备设施以及货物将全面接入互联网，实现彼此之间的互联互通。同时，通过信息系统建设、数据对接协同和手持终端普及，可实现物流数据的可采集、可录入、可传输、可分析，实现物流活动数字化。

2. 协同共享

智慧物流的核心是协同共享，构建资源合理分配的生态圈，这使信息社会区别于传统社会，最终达到 1+1 > 2 的协同效应生态圈，有利于爆发出最大创新活力。物流协同是指将传统物流边界打破，克服了传统社会的产权观念，重构物流、资金流、商流、信息流，有利于提高整个流通体系的时间和空间效率，深化行业共同协调和配置的相关资源，实现存量资源的社会化转变与闲置资源的最大化利用。

3. 高效可靠

随着智能化和信息化技术的快速普及，物流依靠物联网、大数据、云计算等先进技术和全局优化的智能算法，使得调度整个物流系统中各参与方高效分工协作成为可能。其中，智慧物流依托智能化设备进行各种操作，区别于传统物流的人工操作，使得商品生产流通中所有核心环节都变得更加智能，更加高效可靠。

4. 智能决策

智慧物流采用大数据及模拟仿真等技术，结合特定需要，根据现实和历史运营数据及预测数据的建模分析、求解与仿真运行，评估概率的风险，提出合理有效的解决方案，使做出的决策更加准确、科学，从而实现智能决策。

5. 持续改进

高品质的服务要求物流能够提升用户体验，不断探索物流运作新模式。智慧物流能够实现系统实时更新和自主学习，并不断通过反馈实现系统修正，持续改进物流作业输出方案。要打通线上线下流通体系，必须持续改善，并不断反馈智慧物流系统的每一个环节，为及时解决系统问题提供强有力的保障，实现高服务、高效率。物流的持续改进能力已成为企业未来竞争的着力点。

10.3.4　智慧物流的关键技术

1. IoT 技术

物联网（internet of things，IoT）即"万物相连的互联网"。1999 年，美国麻省理工学院 Auto-ID 中心的 Ashton 教授最早提出物联网的概念，2005 年 11 月 17 日，国际电信联盟（ITU）在发布的《ITU 互联网报告：物联网》中正式提出了物联网的概念，并深入探讨了物联网的技术细节及其对全球商业和个人生活的影响。

对于不同领域的研究者而言，由于思考的出发点不同，其对物联网的描述侧重点各不相同，因而在短期内并没有达成共识。本书认为，狭义上的物联网指连接物品到物品的网络，实现物品的智能化识别和管理；广义上的物联网则可以看作是信息空间与物理空间的融合，将一切事物数字化、网络化，在物品之间、物品与人之间、人与现实环境之间实现高效信息交互，并通过新的服务模式使各种信息技术融入社会行为，是信息化在人类社会综合应用达到的更高境界。物联网的核心是物与物以及人与物之间的信息交互，基本特征见表 10-13。

表 10-13　物联网基本特征

特征	含义
全面感知	利用射频识别、二维码、传感器等感知、捕获、测量技术随时随地对物体进行信息采集和获取
可靠传送	通过将物体接入信息网络，依托各种通信网络，随时随地进行可靠的信息交互和共享
智能处理	利用各种智能计算技术，对海量的感知数据和信息进行分析并处理，实现智能化的决策和控制

2. 云计算技术

云计算（cloud computing）有广义云计算与狭义云计算之分。广义云计算是指将计算能力作为一种商品，通过互联网为顾客提供服务的交付和使用模式。狭义云计算是指通过信息技术基础设施、网络平台等为顾客搜寻他们所需的资源，并通过互联网完成的交付和使用模式。云计算是继互联网、计算机后在信息化时代的一种革新。现阶段所说的云服务，可根据需求进行访问计算、存储网络资源，也可以在很短的时间内快速处理全球的海量数据，同时为上千万的用户提供服务。其中较为简单的云计算技术已经普遍运用于互联网服务中，最为常见的就是网络搜索引擎和网络邮箱。

扫码观看10-6
基于物流网的
城市配送。

采用云计算技术可以收集整合实际数据，再传输至超级计算机集群内，使之形成庞大的资源池后进行数据处理，快速、高效地向用户传送处理后的数据信息。云计算在物流中具有广泛的应用，具体见表 10-14。

表 10-14　云计算在物流中的应用

应用	含义
降低运营风险，提升物流效益	利用云端计算将数据进行有效整合，解决数据接口、标准、共享等问题，为企业提供高可靠性、强拓展性、良好交互性的数据服务。企业只需向云计算运营商提供少量的资金就能享受到服务，从而大大减少基础设施投入及系统维护管理的成本
协同物流节点，实现数据共享，降低安全风险	利用云端实时储存物流信息，通过自身强大的计算能力，随时感知物流动态，向物流节点和企业提供用户导向、需求导向、任务导向的计算服务，并且能够根据物流环境的变化，自主协调各个业务模块，共同完成任务，真正做到面向任务、按需分配，从而有效保障各个物流环节之间、物流企业之间的协同作业
提高物流企业应对突发事件的快速反应能力	通过将计算、存储、协同等任务交给云端，可有效减少终端系统、传感器及信息采集设备的计算任务。通过这种方式，可以增加企业信息采集渠道的快捷性、多样性、灵活性，有效提高企业实时获取动态信息的能力和效率，使其能够在较复杂的环境下探知各种安全威胁，以确保对突发事件做出快速反应

典型案例 10-2

菜鸟网络"鲲鹏计划"

采用更安全的物流云服务是物流行业的必然趋势，云服务能够帮助物流企业有效抵御外部攻击，并降低物流行业成本。当"双11"、"双12"业务量大幅增加时，物流云也可以在瞬间灵活扩展，无须担心系统崩溃等问题。企业上云，是指企业以互联网为基础进行信息化基础设施建设、管理方法、业务流程等方面应用，并通过互联网与云计算手段连接社会化资源、共享服务及能力的过程。

菜鸟网络科技有限公司（以下简称"菜鸟网络"）由阿里巴巴集团、银泰集团、顺丰集团、三通一达（申通、圆通、中通、韵达）等相关机构于2013年5月28日正式成立。菜鸟网络与阿里云联合宣布启动物流加速上云的"鲲鹏项目"，共同推动全球物流行业进入"云上的日子"。一方面，该计划将进一步加快国内物流企业和包裹使用物流云的比例，另一方面，物流云也将利用遍布全球的节点集群，将服务范围扩大到海外物流企业。

3. 大数据技术

麦肯锡全球研究所给出**大数据**（big data）的定义是：一种规模大到在获取、存储、管理、分析方面，大大超出了传统数据库软件工具能力范围的数据集合，具有数据规模海量、数据流转快速、数据类型多样和价值密度低四大特征。

大数据的诞生是信息技术发展的必然结果。互联网的出现及深入应用，让数据得以大量产生及聚集，并为数据采集及集成奠定基础；云计算的出现为大数据提供了存储空间和访问渠道，物联网和移动互联网成为大数据的加速器；智能终端的普及为大数据的商业应用补齐了最后一块短板。大数据在物流中的应用见表10-15。

表10-15 大数据在物流中的应用

应用	含义
员工管理	物流公司为员工运输车辆安装远程信息控制系统，随时确保持续获取车辆的行驶地点、燃油使用情况、驾驶员驾驶习惯、车辆发生事故频率甚至还包括驾驶员情绪等大量数据信息，通过采用大数据技术对大量数据进行分析处理，以对员工的工作绩效做出正确判断，为进一步制订培训计划提供依据
安全管理	通过在重要零部件上安装检测传感器，采集大量设备维护防御性数据信息，再利用大数据技术分析，获知零部件运行状态以及时更换，有助于消除安全隐患，降低设备维护成本
物流决策	挖掘物流行业的大数据，并将其处理成可用的信息资源，可以大幅提升决策的准确性与快速性，能够为企业的科学决策提供支持
线路优化	通过配送过程中实时产生的数据，快速分析出配送路线的交通状况，对事故多发路段做出提前预警。利用大数据技术对整个配送过程的信息进行精确分析，使物流的配送管理智能化
储位优化	通过大数据分析货品周转情况。通过商品间的相互关系来合理地安排仓库位置，能够最大化地利用仓储空间

4. 人工智能技术

人工智能（artificial intelligence，AI）是计算机科学中涉及研究、设计和应用智能机器的一个分支，是计算机科学控制论、信息论、自动化、仿生学、生物学、语言学、神经生理学、心理学、数学、医学和哲学等多种学科相互渗透而发展起来的综合性的交叉学科和边缘学科。自 20 世纪 50 年代中期人工智能诞生以来，人工智能取得了长足的发展，理论和技术日益成熟，应用领域也不断扩大。人工智能在物流中的应用方向可以大致分为两种：一是以 AI 技术赋能的如无人卡车、AMR、无人配送车、无人机、客服机器人等智能设备代替部分人工；二是通过计算机视觉、机器学习、运筹优化等技术或算法驱动的如车队管理系统、仓储现场管理、设备调度系统、订单分配系统等软件系统提高人工效率。总的说来，人工智能研究的一个主要目标是使机器能够胜任一些通常需要人类智能才能完成的复杂工作。

5. 区块链

区块链技术（blockchain technology，BT）也被称为分布式账本技术，是一种由集体共同维护的可靠的数据库技术。该技术通过参与系统中的任意节点，把一段时间内系统全部信息交流的数据，通过密码学算法计算和记录到一个数据块中，并生成该数据块的指纹，用于链接下个数据块和校验，系统所有参与节点共同认定记录是否为真。区块链技术通俗的理解就是把"物"的前、后、左、右区块用一种技术连接成一个链条，但每个区块的原始数据不可篡改，是一种物联网范畴的、可以让参与者信任的"各个模块链动"的技术。区块链的特征包括去中心化、开放透明、信息不可篡改、自治性、匿名性等，这里只重点介绍前三个特征，见表 10-16。

表 10-16 区块链的特征

特征	含义
去中心化	区块链技术的数据传输不再依赖某个中心节点，而是依据共识开源协议，自由安全地传输数据
开放透明	在各区块中，除了私有信息被加密外，区块数据对全网络公开，且每个节点数据都可备份，任何人都可通过公开的接口查询区块链数据
信息不可篡改	采用非对称密码学，使区块内数据不可篡改、不可伪造

当前物流业正处在"互联网 +"的新时代，区块链结合新一代信息技术在物流领域得到不断的开发和运用，从仓储、运输、配送、跨境以及物流金融等各个维度为物流行业带来了新的巨变。区块链在物流领域的应用见表 10-17。

表 10-17 区块链在物流领域的应用

应用	特点
防伪溯源	区块链通过时间戳、分布式存储以及非对称加密等技术，能够对商品生产和流通的各个环节形成不可篡改的记录，在技术上保证数据是真实有效和唯一的
物流运输	在区块链赋能下，运输过程中的货物信息对于托运人、承运人以及其他相关人员都是公开透明的，从而确保了货物运输信息和资金的安全可追溯
物流配送	基于区块链技术的数据共享平台可将快递包裹寄件、揽件、运输、末端配送、签收的全流程数据进行上链，从而确保了包裹流转过程的公开透明
物流智能仓储	利用区块链技术，并有效结合 RFID、GPS、传感器、条码等科技对电商物流仓储进行智能化管理，可实现对出仓、入仓货物的有效实时监控，从而减少查找、识别、追踪货物的人力成本、时间成本

（续）

应用	特点
危险品物流	实时、无误、有效地监控危险品的流向和状态，方便监管部门进行事前监管而不是事后问责
物流金融	通过引入区块链技术，将区块链与物流金融信息数据库相连接，利用链式账本实时记录各个参与方的交易信息，从而建立高效、安全、透明、信任的交易环境

典型案例 10-3

亚马逊的智慧物流

亚马逊是美国最大的一家网络电子商务公司，2020 年 8 月 10 日，亚马逊名列 2020 年《财富》世界 500 强排行榜第 9 位。但其创始人兼 CEO 贝佐斯在创立亚马逊之初是希望将其打造成一家科技公司，为此在盈利期间，亚马逊持续不断地在科技创新领域，如智慧物流方面投入大量资金，现阶段亚马逊是全球公认的科技巨头。

亚马逊在业内最先将大数据、人工智能和云计算等技术运用于仓储物流管理，其最新的"无人驾驶"智慧供应链，可以自动完成预测、自动采购、自动补货、自动分仓，自动根据客户需求调整库存。

亚马逊拥有强大的基于大数据分析的系统，可以准确分析客户的需求。后台系统会根据客户的浏览历史，将客户感兴趣的产品提前分配存储到离消费者最近的运营中心，实现"客户还没有下订单，但商品已在路上"。

在亚马逊的运营中心，从订单处理到快速提货、快速包装等一切都是由大数据驱动的。例如，系统通过智能计算优化每个分配器的拣货路径，可以比传统分配器减少 60% 以上的行走路径。亚马逊也在仓库使用大量的 Kiva 机器人，Kiva 将根据指令找到货架，完全颠覆了传统仓库的"人们寻找商品"模式，实现"商品寻找人"，运行效率增加了 2～4 倍，准确性高达 99.99%。大数据分析技术也应用于配送过程。该智能系统将对订单的分配进行分析，并据此计算出最优的分配路径，从而更科学合理地安排每位配送员的配送工作，提高配送效率。

资料来源：汪艳. 探秘亚马逊的智慧物流 [J]. 浙江经济，2018（22）：40.

本章小结

本章首先介绍了信息、物流信息与物流管理信息系统的概念。物流信息是反映物流各种活动内容的知识、资料、图像、数据的总称。其次着重介绍了运用于物流各环节中的信息技术，包括条形码技术、射频识别技术、地理信息系统、全球导航卫星系统、电子数据交换技术。最后，本章阐述了智慧物流的内涵、功能、特征以及关键技术。大多数研究者认为，智慧物流是指将无线射频识别、传感器、全球定位系统等先进的物联网技术，广泛应用于物流业运输、仓储、配送、快递等基本环节，实现物流行业的智能化模式与自动化管理，实现智慧物流信息化、智能化、系统自动化的运作模式，主要利用高新技术和现代管理手段实现物流配送体系的高效率与低成本智能化运作。智慧物流关键技术包括物联网、云计算、大数据、人工智能等。

主要术语

物流信息（logistics information）

物流管理信息系统（logistics management information system）

条形码（bar code，BC）

射频识别（radio frequency identification，RFID）

全球导航卫星系统（global navigation satellite system，GNSS）

全球定位系统（global positioning system，GPS）

北斗卫星导航系统（BeiDou navigation satellite system，BDS）

地理信息系统（geographical information system 或 geo-information system，GIS）

电子数据交换（electronic data interchange，EDI）

物联网（internet of things，IoT）

云计算（cloud computing）

大数据（big data）

人工智能（artificial intelligence，AI）

理论自测

1. 什么是物流信息？物流信息的特点有哪些？
2. 物流管理信息系统包括哪些内容？
3. 简述条形码技术和射频识别技术的应用。
4. 举例说明 GPS、GIS、EDI、IoT 的应用情况。

扫码阅读10-7
第10章练习题。

案例分析 10-1

中国外运的智慧物流之道

中国外运股份有限公司（以下简称"中国外运"）是招商局集团物流业务统一运营平台。中国外运涉足专业物流、代理及相关业务、电商业务为主的三大业务，并为客户提供端到端的全程供应链方案和服务。中国外运提出了"智于科技、慧于生态"的智慧物流理念，开启了 A（人工智能）、B（区块链）、C（云计算）、D（大数据和算法应用）、T（物联网）五大智能科技的全场景创新和全链条运用，取得了积极效果。中国外运智慧物流的应用见表 10-18。

表 10-18　中国外运智慧物流的应用

应用	特点
人工智能（A）	单证智能化处理平台已实现为数十种类型单据的输出服务，年处理单据量已达到 300 多万单，支持单据识别样式近千种，处理效率提升了几十倍，推动关务共享中心成本大幅下降
区块链（B）	在供应链金融方面搭建了基于区块链的服务创新平台，并已与招商银行、民生银行实现了系统对接，共建联盟链网络
云计算（C）	完成境内公司合计上千台应用服务器移至云端，应用系统高比例集中配置在混合云上

（续）

应用	特点
大数据和算法应用（D）	全面接入订单、关务、物联网轨迹数据，为数据的资产化奠定坚实基础；基于大数据和运筹优化的智能调度算法，大幅提升了排单、派车、调度等环节的工作效率，有效降低了车辆行驶里程
物联网（T）	已接入数十种不同类型物联网硬件、传感器、RFID标签等各类设备，实现了化工物流车辆轨迹监控与高货值货物运输全覆盖，形成一张IoT平台网，初步具备了"平台＋大数据""平台＋区块链服务"的能力；结合业务场景，打造了一系列解决方案，包括形成了冷链箱物联网感知解决方案、危化品气体泄漏传感器、"一带一路"跨境运输全程可视化解决方案等

资料来源：宋嵘. 以智能科技推动中国物流业高质量发展 [J]. 中国物流与采购，2019（24）：18-19.

| 思考 |

结合中国外运的智慧物流之道，谈谈你对"智能科技推动中国物流业高质量发展"的看法。

案例分析 10-2

联想集团的智慧供应链

联想集团（以下简称"联想"）是一家成立于中国、业务遍及180多个市场的全球化科技公司。联想在全球180多个国家或地区拥有超过50 000名员工，2019/2020财年，联想的整体营业额达到507亿美元（约合3 531亿元人民币）。联想在商业和数据中心技术方面均处于全球领先地位。其产品和服务主要包括个人电脑、工作站、服务器、存储器、网络、软件、智能电视、移动产品、平板电脑和应用程序，2018年联想PC销售量全球第一。

21世纪，个人电脑制造商争夺全球市场份额的竞争异常激烈。电脑相关产品的同质化严重，利润空间收窄，获得全球影响力显得异常重要。对于联想这样的跨国公司而言，经济高效地协调全球供应链是至关重要的。

联想的供应链主管负责全球采购，需要确保材料的质量、交付和可用性，其地位至关重要。全球供应链的整个过程都需要仔细监控和规划，因为无论是恶劣的天气、自然灾害还是金融危机和政治动荡，任何风险都有可能破坏供应链的稳定性。

联想作为跨国公司，其供应链长，供应链节点多，需要管理的变量庞杂，其庞大的供应链每天都会生成大量数据。联想意识到这些海量数据中蕴含宝贵的资源，数据分析将大大帮助他们发现问题和提高流程效率。然而，运用手工分析海量数据并提供快的响应速度是不可能实现的。

大数据、人工智能、物联网等新技术的融合发展为全球供应链的发展提供了新的动力。联想积极应用新技术，采用了IBM公司的Watson Supply Chain Insights解决方案对供应链进行快速预测、评估。该技术不仅可以帮助企业整合各种不同数据，应用AI技术对联想的全球供应链运行情况进行预测，还可以对断链风险推荐解决方案，从而帮助企业快速做出响应、减少风险损失。此外，如果风险或者问题得以解决，AI将通过学习获得经验，为未来的供应链提供更好的优化解决方案。这一技术的应用帮助联想将供应链中断的平均响应速度相比以前提升了90%以上，时间从几天缩短到几分钟。

资料来源：IBM官网，https://www.ibm.com/cn-zh/industries/industrial/supply-chain-solutions.

| 思考 |

1. 试分析跨国公司管理其供应链会遇到哪些挑战。

2. 试分析智慧物流技术可能在哪些方面为跨国公司提供帮助。

🌀 实训项目

企业物流信息技术应用调研

1. 实训目标

通过调研，学生应了解物流信息技术在企业应用的现状，充分认识发展物流信息技术和智慧物流的重要意义。

2. 实训内容

（1）分小组实地走访或通过网络调研某企业，看看该企业应用了哪些物流信息技术，是否建立了物流信息系统，这些信息技术在该企业的应用取得了哪些成效；

（2）向全班同学展示小组调研结果，全班同学讨论物流信息技术在企业应用的特点、发展趋势和面临的问题；

（3）各小组结合讨论结果撰写调研报告。

第
11
章

CHAPTER 11

国际物流

|学习目标|

1. 了解国际物流形成的原因与发展简况
2. 掌握国际物流的基本含义、特点和构成
3. 掌握国际多式联运的构成要件
4. 掌握保税仓和海外仓的概念和区别
5. 了解国际小包和国际快递的区别

|导入案例|

菜鸟国际物流体系建设

菜鸟网络科技有限公司（以下简称"菜鸟"）于 2013 年由阿里巴巴集团联合四通一达等快递公司牵头成立，主要从事物流网络平台服务。截至 2020 年 3 月，国际物流干线方面，菜鸟已经建成可通达 200 多个国家和地区的全球干线网络，海陆空航线超过 1 500 条。航空运输方面，菜鸟在全球率先开通杭州到里加、莫斯科和列日；中国香港到列日、利雅得、特拉维夫；哈尔滨到叶卡捷琳堡等多条洲际定期电商专用航线。铁路运输方面，开通义乌—列日、郑州—列日等中欧班列。海运方面，开通至新加坡、马来西亚、澳大利亚等地航线。

国际仓储方面，菜鸟可连接位于东南亚、欧洲、北美洲、日韩等地的 231 个跨境仓库，保税仓面积 150 万平方米，并附设 300 多条跨境物流专线。菜鸟与 100 多家全球合作伙伴一起提供跨境物流服务，通过数字化技术的发展和智能装备的广泛应用，连接不同国家和地区的物流环节，可以实现"秒级通关"，将配送范围扩展到全球 224 个国家和地区，而重点国家的物流时效从原来的 70 天缩短到 10 天以内。

菜鸟全球供应链为全球商家提供进口供应链和出口供应链服务。例如，菜鸟全球供应链帮助商家海外提货、国际干线运输、菜鸟港到仓服务、国际关务服务以及末端配送。菜鸟全球供应链已经建成中国最大的保税中心仓网络、最大的保税调拨网络。同时菜鸟可提供直接到全球 33 个国家和地区的 142 个原产地港口提货服务，为商家平均节约成本 10%，时效提升 5 ～ 10 天。

资料来源：菜鸟早谋先行添力国际物流体系建设，新华网，http://www.xinhuanet.com/fortune/2020-03/31/c_1125790907.htm，2020-03-31.

思考：

1. 结合案例，分析国际物流与国际贸易、跨境电子商务的关系。

2. 发展国际物流可能面临哪些风险？

11.1　国际物流概述

11.1.1　国际物流的含义

根据《物流术语》，**国际物流**（international logistics）是指跨越不同国家（地区）之间的物流活动。据此，也可以认为国际物流是国内物流的延伸和进一步扩展，是一种跨越国界的、流通范围扩大了的"物的流通"。按照现代物流的理念，国际物流有广义和狭义之分。广义的国际物流是指各种形式的物资在不同国家或地区的流入和流出，如国际贸易、对外直接投资、对外经济援助、对外捐赠、展品国外巡回展览等活动涉及的各类物流。狭义的国际物流特指与国际贸易活动相关的物流活动，是伴随国际贸易发生的货物（商品）跨越国界的物理性移动过程。

国际物流采用现代物流技术，利用国际化的物流网络，选择最佳的方式与路径，以最低的费用、最短的时间和最小的风险，实现货物的国际流动与交换。作为企业价值链的基本环节，国际物流不仅使国际商务活动得以顺利实现，而且为国际企业带来新的价值增值，成为全球化背景下的"第三利润源泉"。

11.1.2　国际物流的特点

相对于国内物流而言，由于国际物流活动需要跨越不同国家（地区），因此呈现出相应的鲜明特点。

（1）物流环境存在差异。由于国际物流需要跨越不同国家（地区），而不同国家（地区）的物流环境往往存在差异，这些差异会对国际物流活动的开展造成重大影响。物流环境总体上可以分为硬环境和软环境，硬环境主要指物流基础设施，而软环境则指法律、人文、语言、习俗等方面内容。尤其是物流软环境的差异，往往因为涉及的内容多、差异大、调整困难等，对国际物流活动的影响更加深刻。比如，不同国家（地区）标准的不同使得物流实现国际接轨变得困难，相关法律法规的差异使得国际物流活动的开展变得异常困难。

（2）需要国际化物流信息系统的支持。要实现以最低的费用、最短的时间和最小的风险完成国际物流活动，必须使其中的运输、储存、装卸、搬运、包装、流通加工、配送等各个环节有效衔接，这就离不开国际化物流信息系统的支持。国际化物流信息系统一般应具备国际物流信息的采集、处理、存储、传输和输出等功能，由于具有涉及的信息量大、交换频繁、时间性强、环节众多等特点，往往离不开 GIS、GPS、条码和 EDI 等信息技术的支持。尽管国际化物流信息系统建立的重要性被大家普遍接受，但其建立难度巨大。其中除了管理和投资等方面因素的影响外，不同国家（地区）之间物流环境（信息化水平）的差异也是重要原因。

（3）物流系统范围广。物流本身的功能要素、系统与外界的沟通就已很复杂了，国际物流再在这复杂的系统上增加不同国家（地区）的要素，这不仅使地域更广阔，而且所涉及的内外因素更多，所需的时间更长。物流系统范围扩大带来的直接后果是难度和复杂性增加，风险增大。当然，也正是因为如此，国际物流一旦融入现代化系统技术之后，其效果也会比以前更显著。

（4）国际物流的标准化要求较高。国际物流标准化是实现跨国（地区）运输、储存、装卸、搬运、包装、流通加工、配送等各个环节有效衔接的重要手段，是降低成本和提高经济效益的重要保障。从内容上看，国际物流标准化主要涉及物流设施标准、物流作业标准和物流信息标准等方面。美国、欧洲之间基本实现了物流工具和设施的统一标准，如统一采用 1 000 毫米 ×1 200 毫米托盘以及统一规格的集装箱和条码技术等，极大地降低了两个（国家）地区间的物流费用。当前，在国际集装箱和 EDI 技术发展的基础上，各国（地区）开始进一步在物流的交易条件、技术装备规格，特别是在单证、法律环境、管理手段等方面推行国际统一标准，使国内物流与国际物流融为一体。

11.1.3　国际物流的分类

根据不同的分类标准，国际物流可以分为多种类型。

（1）根据货物流向的不同，可以划分为进口物流和出口物流。对某一特定国家（地区）而言，如果是服务于货物进口的国际物流，即为进口物流。此时，该国（地区）往往是货物贸易的进口国（地区）。与此相对应，如果是服务于货物出口的国际物流，则为出口物流。受不同国家（地区）对外贸易政策、监管制度差异等的影响，进口物流和出口物流存在交叉的业务环节，也存在不同的业务环节，在实际工作中需要加以区别对待。

（2）根据货物流经关税区域的不同，可以划分为国家间物流和经济区域间物流。国际物流由于跨越不同国家，所以理论上一般属于国家间物流。伴随经济全球化的发展，不同形式的区域经济一体化组织大量涌现，进而产生了经济区域间物流（不同区域经济一体化组织之间的物流活动）和经济区域内物流。经济区域内物流与传统的国家间物流往往存在较大的差异，除了表现在经济区域内国家间可能达成的物流相关活动标准化的统一带来的便捷和高效之外，更显著的是海关监管方面的协调和统一，如欧盟区域内部国家之间的物流活动。经济区域间物流则由于不再单纯受到货物流经国家物流管理规定的影响，经济区域间的相关协定对物流组织方式和物流环节等方面也会产生较大的影响，如欧盟和北美自由贸易区之间的物流活动。

（3）根据货物自身属性的不同，可以分为国际商品物流、国际军火物流、国际展品物流、国际捐助或救助物资物流等。总体而言，当前国际商品物流最为常见，占比最大。军火、展品、捐助或救助物资等特殊物品的国际物流活动，除了需要根据物品特性在物流活动过程中运输、储存、装卸、搬运、包装、流通加工等环节进行特殊处理之外，还需要了解不同国家对特殊物品的有关监管规定，才能保证物流活动顺利开展。

延伸阅读 11-1

"一带一路"构建多元化国际物流网络

2013 年，中国提出"一带一路"倡议，得到越来越多沿线和域外国家（地区）的积极响应和广泛参与，域内经贸联系日趋紧密，基础设施互联互通深入推进，在这个覆盖全球 2/3 人口的庞大市场上，构建了一张更加广泛、更加多元的国际物流网络。在经济全球化的前两个阶段，海运是国际物流的主要模式，而"一带一路"倡议按照合作重点和空间布局提出了"六廊六路多国多港"的合作框架。随着一批涵盖铁路、公路、航运、航空、管道和空间综合信息网络的标志性设施联通项目取得实质性进展，以及若干保障海上运输大通道安全畅通的合作港口稳步推进，"一带一路"与印度尼西亚"全球海洋支点"、哈萨克斯坦"光明之路"、蒙古"发展之路"、土耳其"中间走廊"等规划设想，共同在沿线拓展形成了以港口、陆路边境口岸、机场等枢纽为支点，海陆空紧密衔接的立体化国际物流格局。在欧亚大陆与太平洋上，中欧班列、陆海新通道等国际物流大通道将东亚与欧洲、东盟等地区紧密衔接。

截至 2019 年底，中欧班列已连通中国与境外超过 16 个国家 53 个城市，累计开行 2.1 万列，发运集装箱 222.8 万 TEU。2020 年，中欧班列全年开行达到 12 406 列，同比增长 50%，是 2016 年的 7.3 倍。"新加坡亚洲新闻台"网站刊文称："'一带一路'正在打造的全球物流和运输网络将重塑全球航运和物流模式，给世界经济发展注入新的活力。"

资料来源：谢雨蓉，等. 经济全球化背景下的国际物流格局演变［J］. 宏观经济研究，2020（2）：102-111.

11.2 国际运输业务

国际物流运输方式包括国际远洋运输、国际航空运输、国际铁路运输、国际公路运输、国际管道运输、国际邮政运输、国际集装箱运输和国际多式联运等。本章重点介绍后两种运输方式。

11.2.1 国际集装箱运输

1. 集装箱运输的概念

集装箱运输（container freight transport）是指以**集装箱**（container）这种大型容器为载体，将货物集合组装成集装单元，以便在现代流通领域内运用大型装卸机械和大型载运车辆进行装卸、搬运作业和完成运输任务，从而更好地实现货物"门到门"运输的一种新型、高效率和高效益的运输方式。由于集装箱运输具有规模经济效应、装卸效率高、货运成本低、货运质量高、货损货差小、包装用料省等优点，集装箱运输已经成为现代交通运输发展的典型代表。随着世界经济贸易的不断发展以及集装箱运输技术的不断完善与成熟，国际进出口货物运输的集装箱化已成为不可阻挡的发展趋势，集装箱运输与集装箱多式联运已成为国际运输中主要的运输方式与组织形式。

2. 集装箱运输的特点

（1）装卸效率高。集装箱运输将单件货物集合成组，装入集装箱内完成全程运输，从而扩大了运输单位，规范了单元尺寸，为实现货物的装卸机械化和搬运机械化提供了条件。此外，集装箱货物运输及装卸过程很少受到天气因素（尤其是雨天）的影响，也会在一定程度上缩短运输工具等待和装卸的时间，降低装卸费用，从而提高整体运输效率。图 11-1 所示为集装箱吊装示意图。

（2）运输质量高。传统件杂货运输过程中，货物不易保护，货损货差时有发生，尤其在远距离运输过程中更是频繁发生。采用集装箱运输方式后，由于集装箱结构坚固、强度大、水密性和气密性较好，运输途中可以较好地避免盗窃及其他天气和环境等因素造成的货损及货差。此外，在装卸和理货等环节也以集装箱为单

图 11-1 集装箱吊装

位进行，能很大程度地减少货损货差等情况发生。所以说，集装箱运输方式能更好地保护货物所有人的利益，并极大地减少承运人和货物所有人之间可能的运输纠纷。

（3）各环节协作程度高。集装箱运输涉及面广、环节多、影响大，是一个复杂的运输系统工程。集装箱运输系统包括海运、陆运、空运、港口、场站以及与集装箱运输有关的海关、商检、船舶代理、货运代理等单位部门，其整体功能的发挥依赖于各方面各环节的

协调发展与密切配合。如果配合缺失或不当，必然影响整体运输系统功能的发挥，甚至导致运输生产停顿或中断。

（4）适合开展多式联运。由于集装箱是一种标准运输单元，借助标准化的装卸设备，能够实现在不同运输方式或运输工具上高效装卸或转载，方便开展不同运输方式之间的联合运输。并且在换装转运时，海关及有关监管单位只需要加封或验封转关放行，从而提高了运输效率。

扫码观看11-1
集装箱列车。

3. 集装箱运输系统的构成要素

集装箱运输系统是指集装箱运输全过程所涉及的各个环节的集合，包括设施与设备、运输组织与管理、公共信息服务系统等各组成部分及内部各个环节。集装箱运输系统的构成要素如下：

（1）适箱货物。适箱货物主要指那些物理及化学属性适合装入集装箱，并且货价较高、对运价的承担能力较强的货物，如药品、家用电器、纺织品等。适箱货物是集装箱运输系统的主体，是各运输经营人竞争的对象。

（2）国际标准集装箱。国际标准集装箱是指根据国际标准化组织（ISO）第 104 技术委员会制定的国际标准来建造和使用的国际通用的标准集装箱，用于适箱货物的装载，一般由船公司提供。图 11-2 所示为 40 英尺标准集装箱。

（3）集装箱运输船舶与运输航线。集装箱运输船舶具有装载量大、经济性好等特点，是集装箱运输的主要载运工具（见图 11-3）。

图 11-2　40ft 标准集装箱

图 11-3　集装箱运输船舶

集装箱运输航线指的是至少在两个港口间通过集装箱船舶定期往返或环绕承运集装箱货物运输而联系起来的航线。目前世界上主要的集装箱运输航线有太平洋航线、大西洋航线和印度洋航线。为了提高经营效益，承运人在考虑港湾、潮流、风向、水深等自然条件因素外，着重考虑货源规模、货源流向、运输市场价格等因素，以追求综合经济效益最大化为目标选择航线的开辟或终止。

扫码观看11-2
码头装卸集装箱
工作流程。

（4）集装箱码头与装卸作业设施。集装箱码头是指包括港池、锚地、进港航道、泊位等水域以及货运站、堆场、码头前沿、办公生活区域等陆域范围的能够容纳完整的集装箱装卸操作过程的具有明确界限的场所。就其作用而言，集装箱码头是水陆联运的枢纽站，是集装箱货物在转换运输方式时的缓冲地，也是货物的交接点，在整个集装箱运输过程中占有重要地位。码头装卸作业设施包括岸边集装箱装卸起重机、龙门起重机、跨运车、正面吊运机、牵引车、拖车等硬件设施和港口码头管理系统、码头设备管理系统、码头闸口管理系统等软件设施，是实现集装箱高效装卸和转运的重要保障。

延伸阅读 11-2

全球最大运载量的集装箱船首航深圳盐田港

2020 年 5 月 7 日 22 时，全球最大运载量的集装箱船"现代·阿尔赫西拉斯"（HMM ALGECIRAS）轮首航深圳盐田港。

HMM ALGECIRAS 轮全长约 400 米、宽 61 米，长度接近深圳第二高楼京基 100 大厦的高度，甲板面积近 4 个足球场；可装载 23 964 个标箱，箱子首尾相连可达 145 公里，相当于从深圳到广州的距离。该轮于 4 月 23 日在韩国交付下水，服务于亚洲—北欧航线，盐田港是该轮在中国首航的最后一个挂靠港，随后将驶往荷兰鹿特丹港。

盐田国际集装箱码头是中国进出口贸易的重要门户，也是华南地区超大型船舶首选港。它凭借良好的水深条件及稳定高效的服务吸引全球超大型船舶纷至沓来。该码头现有 20 个大型集装箱深水泊位，岸吊 85 台，泊位利用长度 9 078 米，岸边水深 14～17.6 米，超大型船舶可全天候进出。

资料来源：全球最大 24 000 标箱级集装箱船首航盐田国际 https://www.yict.com.cn/article/detail/8326.html，2020-05-08.

（5）内陆集疏运系统。内陆集疏运系统由众多的运输路线（包括铁路、公路、内河航线等）、运输工具（包括铁路车辆、公路车辆、内河运输船舶等）和若干集装箱货物集散点（包括码头堆场、货运站、内陆货站、铁路办理站、公路中转站、内河码头、支线港、货主工厂仓库等）组成的覆盖枢纽港及其周边地区的网络系统。其主要功能是完成集装箱货物的起运地（或目的地）与枢纽港码头堆场之间的集运或疏运任务。

（6）集装箱运输管理系统。集装箱运输管理系统的内容较为广泛，包含集装箱运输法规及标准体系子系统、集装箱运输信息管理子系统、集装箱运输经营人及代理人子系统、集装箱运输行政管理系统以及集装箱运输辅助子系统等，其主要功能见表 11-1。

表 11-1 集装箱运输管理系统构成

子系统	主要功能	构成
集装箱运输法规及标准体系子系统	规范、协调集装箱运输中承托双方的责任、义务和权利	国际与国内（地区）法规和标准，如《联合国货物国际多式联运公约》《国际集装箱安全公约》《集装箱海关公约》等

（续）

子系统	主要功能	构成
集装箱运输信息管理子系统	采集、存储、分析、处理及传递与集装箱运输有关的各类信息，为统计分析、运行组织和管理决策等提供服务	集装箱运输电子数据交换信息系统、集装箱运输口岸信息系统、集装箱码头信息系统、集装箱场站信息系统、集装箱铁路中心站信息系统、集装箱海运公司信息系统、货代信息系统等
集装箱运输经营人及代理人子系统	具体组织、管理集装箱运输过程	水运、公路、铁路、航空企业和无船承运人、多式联运经营人及相应代理人等
集装箱运输行政管理系统	制定相关政策法规，对集装箱运输进行监督管理	交通运输部、各省（市）交通厅、各市（县）交通局及三大水系的航务管理部门、各口岸管理部门等
集装箱运输辅助子系统	支持和保障集装箱运输的开展	相关金融业、保险业、通信信息与计算机通信网络、运输市场与劳动力市场等

11.2.2　国际多式联运

1. 国际多式联运的定义

根据《物流术语》，**多式联运**（multimodal transportation）是指"货物由一种运载单元装载，通过两种或两种以上运输方式连续运输，并进行相关运输物流辅助作业的运输活动"。而**国际多式联运**（international multimodal transportation）是指"按照多式联运合同，以至少两种不同的运输方式，由多式联运经营人将货物从一国境内的接管地点运至另一国境内指定交付地点的货物运输方式"。国际多式联运是一种以实现货物整体运输的最优化效益为目标的联运组织形式。它通常是以集装箱为运输单元，将不同的运输方式有机地组合在一起，构成连续的、综合性的一体化货物运输。通过一次托运，一次计费，一份单证，一次保险，由各运输区段的承运人共同完成货物的全程运输，即将货物的全程运输作为一个完整的单一运输过程来安排。

扫码观看11-3
公铁联运。

2. 国际多式联运的构成要件

根据《联合国国际货物多式联运公约》的定义，构成国际多式联运需要具备以下几个条件：

（1）必须要有一个多式联运合同，明确规定多式联运经营人（承运人）和托运人之间的权利、义务、责任、豁免的合同关系和多式联运的性质。多式联运合同是确定多式联运性质的根本依据，也是区别多式联运和一般传统联运的主要依据。

（2）必须使用一份全程多式联运单据。全程多式联运单据是指证明多式联运合同以及证明多式联运经营人已接受货物并负责按照合同条款交付货物所签发的单据。它与传统的提单具有相同的作用，也是一种物权证书和有价证券。国际商会为了促进多式联运的发展，于 1975 年颁布了《联合运输单据统一规则》，对多式联运单据做了认可的规定，如信用证无特殊规定，银行可接受多式联运经营人所签发的多式联运单据，为多式联运的发展提供了有利条件。

（3）必须是至少两种不同运输方式的连贯运输。多式联运不仅需要通过至少两种运输方式而且是至少两种不同运输方式的组合，例如海–陆、海–空、陆–空或铁–公等。虽经至少两种运输工具，但是同一种运输方式，如海–海、铁–铁或空–空等不属于多式联运范畴。所以，确定一票货运属于多式联运方式，至少两种不同运输方式的组合是一个重要因素。为了履行单一方式运输合同而进行的该合同所规定的货物接送业务，则不应视为多式联运，如航空运输长期以来普遍盛行汽车接送货物运输业务，从形式上看已构成航空–汽车组合形态，但这种汽车接送习惯上视同航空业务的一个组成部分，作为航空运输的延伸，故《联合国国际货物多式联运公约》规定，把这种接送业务排除在多式联运之外。这样进一步明确了两种不同运输方式组合的内容，以避免多式联运法规同单一运输方式法规在这个问题上的冲突。

（4）必须是国际货物运输，这是国内运输是否适合国际法规的限制条件。也就是说，在国际多式联运方式下，货物运输必须是跨越国境的一种国际运输。

（5）必须由一个多式联运经营人对全程运输负总的责任。这是多式联运的一个重要特征。多式联运经营人也就是与托运人签订多式联运合同的当事人，也是签发联运单据的人，它在联运业务中作为总承运人对货主负有履行合同的责任，并承担自接管货物起至交付货物时止的全程运输责任，以及对货物在运输途中因灭失损坏或延迟交付所造成的损失负赔偿责任。多式联运经营人为了履行多式联运合同规定的运输责任，可以自己承担全程中的一部分实际运输，把其他部分运输以自己的名义委托给有关区段的运输承运人（俗称分承运人）完成，也可以自己不承担任何部分的实际运输，而把全程各段运输分别委托给有关区段分承运人完成，分承运人与原发货人不发生任何关系。分承运人只与多式联运经营人发生联系，它们之间的关系是承托关系。

（6）必须是全程单一运费费率。多式联运经营人在对货主负全程运输责任的基础上，制定一个货物发运地至目的地全程单一费率并以包干形式一次向货主收取。这种全程单一费率一般包括运输成本（全程各段运输费用的总和）、经营管理费用（如通信、制单以及手续费等）和合理利润。

由此可见，国际多式联运是由多式联运经营人对托运人签订一个运输合同，统一组织全程运输，实行运输全程一次托运，一单到底，一次收费，统一理赔和全程负责，是一种以方便托运人和货主为目的的先进的货物运输组织形式。

3. 国际多式联运的优越性

国际多式联运是货物运输的一种较高级的组织形式，相比传统单一运输和联合运输方式具有无可比拟的优越性，主要表现在：

（1）责任清晰，手续简单。在国际多式联运方式下，无论货物运输距离有多远，由几种运输方式共同完成，且不论运输途中货物经过多少次换装、在中间哪段运输发生货损货差，所有一切运输事项均由多式联运经营人负责。而托运人只需办理一次托运，订立一份运输合同，支付一笔全程单一费用即可，极大地简化了办理托运的各项手续。

（2）缩短运输时间，提高货运质量。相比传统的联合运输，国际多式联运下各个运输环节和运输工具之间配合更加密切，衔接更加紧密，从而保证货物能更快速地运抵目的地。与此同时，国际多式联运一般以集装箱为运输单元，可以极大地减少货物在转运及装卸过程中的货损货差，提高货运质量。

（3）加速资金周转，节省各项支出。由于多式联运可实行门到门运输，货主在将货物交由第一承运人以后即可取得货运单证并据以结汇，加速了资金周转。并且由于只需采用一份货运单证、统一计费，简化制单和结算手续的同时节省了人力和物力支出。此外，国际多式联运一般采用集装箱运输，一定程度上减少了货物包装、理货和保险等费用的支出。

（4）提高运输管理水平，实现运输合理化。相较于传统联合运输方式下各区段承运人仅对各自承运部分负责并追求局部最优，国际多式联运经营人因需要对全程货物运输负责而更加侧重追求整体运输方案最优。故而多式联运经营人必然最大限度地发挥其现有设备作用，选择最佳运输线路，组织合理化运输。

（5）其他。除了给承、托运人带来各种便利之外，国际多式联运的开展对于东道国加强对货物运输链的监督和管理、改善基础设施利用状况、减少由货物运输带来的环境破坏等具有积极意义。

4. 多式联运经营人

《联合国国际货物多式联运公约》将多式联运经营人定义为本人或通过其代表与发货人订立多式联运合同的任何人。国际多式联运经营人既不是发货人的代理或代表，也不是承运人的代理或代表，它是一个独立的法律实体。多式联运经营人具有双重身份，对货主来说它是承运人，对实际承运人来说，它又是托运人。它一方面以承运人身份与货主签订多式联运合同，另一方面又以托运人身份与实际承运人签订运输合同。它是总承运人，对全程运输负责，对货物灭失、损坏、延迟交付等均承担责任。

根据《联合国国际货物多式联运公约》的规定，多式联运经营人的责任期间为从接管货物时起至交付货物时止。其责任主要包括在此期间发生的灭失、损坏或延迟交付等。目前，国际上采用较多的国际多式联运经营人责任制形式主要有统一责任制、网状责任制和修正的统一责任制三种。

（1）统一责任制是指多式联运经营人尽管对全程运输负责，对货主赔偿时不考虑各区段运输方式的种类及其所适用的法律，但是对全程运输按一个统一的原则，并一律按一个约定的责任限额进行赔偿。统一责任制是一种科学、合理、手续简化的责任制度，使得经营人和货主之间的法律关系明确，消除了由于各区段承运人相互推卸责任所带来的隐患，对货主有利。但这种责任制度对多式联运经营人来说责任负担较重，因此目前在世界范围内采用得并不广泛。

（2）网状责任制是指多式联运经营人尽管对全程运输负责，但对货主赔偿时按照各区段运输方式的种类及其所适用的法律，对于无法确定事故发生区段时则按海运法规或双方约定原则加以赔偿。网状责任制的优点在于最大限度避免了多式联运法律与单一运输方式法律的冲突。但对于货主而言，由于无法预见货损索赔最终将适用哪种法律而将面临较大的风险。

（3）修正的统一责任制是指多式联运经营人尽管对全程运输负责，对货主赔偿时不考虑各区段运输方式的种类及其所适用的法律，而是对全程运输按一个统一的原则，并一律按一个约定的责任限额进行赔偿，但在赔偿限额上有一个例外规定：如果货物的灭失或损坏发生在多式联运的某一特定区段，并且适用于该区段的某一国际公约或国内法为多式联运经营人规定的赔偿限额高于多式联运公约的标准，此时，关于赔偿限额问题，应以适用于该区段的国际公约或国内法为准。目前，《联合国国际货物多式联运公约》基本上采取这种责任形式。

延伸阅读 11-3

中国多式联运发展现状

近年来，中国多式联运呈现全面发展的良好势头。一系列突破性的政策和举措以空前的力度推动多式联运快速发展，多式联运正成为调整运输结构的重要手段，多式联运发展已上升为国家战略，顶层设计不断强化。

在实践领域，通道建设和枢纽建设为多式联运发展提供了新的动力。中国内贸多式联运以"散改集"为突破口快速增长。新装备新技术带动下的多元化的多式联运形态和服务开始起步，如驮背运输、公铁两用车、智能空轨系统等创新装备陆续出现。

在参与主体方面，国铁集团制定《关于大力发展铁路集装箱运输，全面融入多式联运体系的实施意见》，逐步成为多式联运的主力军。港口、航空、水运和公路把多式联运作为业务创新与市场扩张的战略突破口。

2018 年，中国铁路开设 209 条长途铁路集装箱班列线，铁路集装箱装车数占货运装车数之比接近 15%，年内集装箱发送量为 1 375.1 万 TEU，同比增长 33.4%，连续三年增幅在 30% 以上，占铁路总运量的比例由 5.46% 上升至 7.16%。

2018 年，中国规模以上港口完成铁水联运集装箱运输 450 万 TEU，增长 29.4%，占规模以上港口集装箱吞吐量 1.8%，近五年年均增长率 27.8%。大连、营口、天津、唐山、青岛、连云港、舟山、深圳、广州、厦门等大部分沿海港口城市均开通中欧集装箱班列。青岛港铁水联运量达到 115.4 万 TEU，成为中国铁水联运首个超 100 万 TEU 的港口。宁波 - 舟山港、青岛港、天津港铁水联运量增速超过 40%。

内河港口完成集装箱吞吐量 2 909 万 TEU，增长 6.2%。铁水联运场站利用率多低于30%，小于沿海港口铁水联运场站利用率。湖北阳逻港作为国家多式联运示范工程，2018年铁水联运量达到 3 万 TEU。重庆果园港达到 7.7 万 TEU，继续位居内河港口首位。

资料来源：管登红，滕海艳. 中国多式联运正进入全面发展时期［N］. 中国水运报，2019-05-27.

11.3　国际仓储业务

国际物流由于涉及货物的跨国移动，一般具有运输时间长、环节多、距离远的特点，往往会涉及仓储业务。国际仓储业务除了传统的货物存放功能外，还承担包括货物的加工、拣选、包装、备货、组装和发运等在内的一系列任务。合理高效的仓储业务是保证货物运输质量、有效调节市场供需以及平衡运载能力的重要保障，在整个国际物流过程中具有重要作用。

11.3.1　保税仓库

1. 保税仓库的概念

根据我国海关总署颁布的《中华人民共和国海关对保税仓库及所存货物的管理规定》，**保税仓库**（bonded warehouse）是指经海关批准设立的专门存放保税货物及其他未办结海关手续货物的仓库。储存于保税仓库内的进口货物经批准可在仓库内进行改装、分级、抽样、混合和再加工等，这些货物如再出口则免缴关税，如进入国内市场则须缴关税。

2. 保税仓库允许存放的货物范围

根据《中华人民共和国海关对税保税仓库及所存货物的管理规定》及《海关总署关于修改部分规章的决定》，我国保税仓库允许存放的货物见表 11-2。

表 11-2　保税仓库允许存放的货物

序号	货物类型
（1）	加工贸易进口货物
（2）	转口货物
（3）	供应国际航行船舶和航空器的油料、物料和维修用零部件
（4）	供维修外国产品所进口寄售的零配件
（5）	外商暂存货物
（6）	未办结海关手续的一般贸易货物
（7）	经海关批准的其他未办结海关手续的货物

值得注意的是，保税仓库不得存放国家禁止进境货物，不得存放未经批准的影响公共安全、公共卫生或健康、公共道德或秩序的国家限制进境的货物以及其他不得存入保税仓库的货物。

3. 保税仓库的分类

（1）保税仓库按照使用对象不同分为公用型保税仓库和自用型保税仓库，具体见表 11-3。

表 11-3 保税仓库按使用对象划分

分类	定义
公用型保税仓库	由主营仓储业务的中国境内独立企业法人经营，专门向社会提供保税仓储服务
自用型保税仓库	由特定的中国境内独立企业法人经营，仅存储供本企业自用的保税货物

（2）保税仓库按照存储商品的性能及技术设备分为通用型保税仓库和专用型保税仓库。通用型保税仓库指用于储存一般没有特殊要求的工业品或农用品的仓库，一般对仓库性能及技术设备没有特殊要求。专用型保税仓库指用来储存具有特定用途或特殊种类商品的保税仓库。专用型保税仓库具体又可以分为液体保税仓库、备料保税仓库、寄售维修保税仓库等。以上划分具体见表 11-4。

表 11-4 保税仓库按照存储商品的性能及技术设备划分

分类	具体细分	定义
通用型保税仓库	—	储存没有特殊要求的工业品或农用品的保税仓库
专用型保税仓库	液体保税仓库	专门提供石油、成品油或者其他散装液体保税仓储服务的保税仓库
	备料保税仓库	加工贸易企业存储为加工复出口产品所进口的原材料、设备及其零部件的保税仓库，所存保税货物仅限于供应本企业
	寄售维修保税仓库	专门存储为维修外国产品所进口寄售零件的保税仓库

4. 海关对保税仓库的管理要求

保税仓库与一般仓库最不同的特点是，保税仓库及所有的货物受海关的监督管理，非经海关批准，货物不得入库和出库。保税仓库的经营者既要向货主负责，又要向海关负责。海关对保税仓库监管的主要要求包括：

（1）保税仓储货物存储期限为 1 年。确有正当理由的，经海关同意可予以延期；除特殊情况外，延期不得超过 1 年。

（2）保税仓储货物在保税仓库内存储期满，未及时向海关申请延期或者延长期限届满后既不复运出境也不转为进口的，货物由海关提取依法变卖处理。

（3）保税仓储货物可以进行包装、分级分类、加刷唛码、分拆、拼装等简单加工，不得进行实质性加工。保税仓储货物，未经海关批准，不得擅自出售、转让、抵押、质押、留置、移作他用或者进行其他处置。

（4）保税仓储货物在存储期间发生损毁或者灭失的，除不可抗力外，保税仓库应当依法向海关缴纳损毁、灭失货物的税款，并承担相应的法律责任。

（5）保税仓库必须独立设置，专库专用，不得擅自存放非保税货物。

（6）海关可以随时派员进入保税仓库检查货物的收、付、存情况及有关账册。必要时，可以会同保税仓库经营企业双方共同对保税仓库加锁或者直接派员驻库监管，保税仓库经营企业应当为海关提供办公场所和必要的办公条件。

（7）保税仓库经营单位进口供仓库自用的设备、装置和用品，如货

扫码观看11-4
宁波保税区。

架、搬运设备、运输车辆等，不属于保税货物，进口时应按一般贸易办理进口手续并交纳进口税款。

11.3.2　海外仓

1. 海外仓的概念

海外仓（overseas warehouse）是跨境电商出口卖家为提升订单交付能力而在国外接近买家的地区设立的仓储物流节点，通常具有境外货物储存、流通加工、本地配送以及售后服务等功能，也称为海外仓储。海外仓模式就是指商家把商品储存于建立在境外消费者所在国的仓库（海外仓），然后再根据当地国家的销售订单，从当地仓库直接进行分拣、包装和配送的一种模式。由于在优化海外消费者购物体验、提升外贸企业竞争力等方面具有的独特优势，海外仓已成为跨境电商时代物流业的大趋势。中国海关总署数据显示，2020 年通过海关跨境电子商务管理平台验放进出口清单 24.5 亿票，同比增长 63.3%。随着跨境电商迅速发展，中国企业加快搭建包括海外仓在内的跨境物流体系。截至 2020 年底，海外仓数量已超过 1 800 个，成为支撑跨境电商发展、拓展国际市场的新型外贸基础设施。

◦ 典型案例

中邮海外仓

中邮海外仓（China Postal Warehousing Service）是中国邮政速递物流股份有限公司开设的境外仓配一体化服务项目，服务内容包括国内集货；国际运输；目的国清关、仓储、配送以及个性化增值服务等，是整合国际邮政渠道资源、专业运营团队和信息系统而推出的安全、稳定、高效的海外仓配产品。截至 2020 年 9 月，中邮已开办美国东仓、西仓、南仓，澳大利亚仓、英国仓、捷克仓、俄罗斯仓，后期将陆续开办日本、巴西等境外仓库。其费用主要产生在三个环节：头程物流转运费、仓租与订单操作费以及出库配送费。另外，根据货品清关要求与客户个性化需求，中邮海外仓收取合理的关税代垫费与增值服务费。

资料来源：中邮海外仓官网 http://cpws.ems.com.cn/，2021-01-09.

2. 海外仓的分类

根据建设及运营主体的不同，海外仓可以分为自营海外仓和第三方公共服务海外仓。自营海外仓是指由出口跨境电商企业自行租赁或建设并运营的海外仓库，仅为本企业销售的商品提供仓储、配送等服务，其本质上是卖家的一个海外分支机构。第三方公共服务海外仓是指由第三方物流企业（如顺丰）或平台型企业（如亚马逊）建设并运营的海外仓库，并且可以为众多的出口跨境电商企业提供清关、入库质检、接收订单、订单分拣、多渠道发货、后续运输等物流服务。例如亚马逊FBA（Fulfillment by Amazon）项目，是亚马逊提供的物流配送业务，具体指卖家把自己在亚马逊上销售的产品库存直接送到亚马逊当地市场的仓库中，客户下订单，就由亚马逊系统自动完成后续的发货。使用亚马逊FBA，卖家可将繁杂的物流和后勤工作交给亚马逊，为自己节省大量的人力、物力和财力，全力拓展其全球销售业务。

对于跨境电商企业而言，两种海外仓模式各有利弊。自营仓库的优点主要是能够自己控制管理，灵活性比较高；缺点在于占用资金规模较大，远程管理难度较大，东道国运营管理经验不足，等等。第三方公共服务海外仓的优点主要在于不需要占用跨境电商企业大量资金，且不存在经营管理风险等方面的问题；缺点在于需要通过平台对库存商品进行管理，库存的存储成本和操作成本增加。具体选择何种海外仓模式，一般因企业情况而异。如果是既有资金又有货源的企业，可以选择自建海外仓。如果是货源有限的中小卖家，更适合选择租用第三方海外仓。

扫码阅读11-5
海外仓对于卖家
的优势与劣势。

3. 海外仓运作流程

海外仓运作流程一般分为三段：头程、库内和尾程。海外仓本地管理其实跟国内电商仓一样，需要在仓储空间规划、储位规范、SKU编码、拣选流程等方面一一设计。通常，海外仓全环节物流运输涉及多个合作方，在货物周转的过程中，委托关系及交接工作需要全程管控。

（1）头程。头程备货送仓，卖方自己将货物运往海外仓库中心，或委托承运人（或海外仓）将货物发运至承运人的海外仓库。很多海外仓为了规避交叉风险或连带责任，鼓励卖家委托代理自行送货。头程还涉及货物清关问题，通常为邮政清关方式，如借用海外仓批量发货，则为大宗货物贸易清关方式。

（2）库内。卖家在线远程管理海外仓储，使用物流供应商的物流信息系统远程操作存储在海外的货物，并实时更新这些货物。根据物流公司海外仓储中心的自动操作设备，货物的储存、分类、包装和配送严格按照卖方的指示进行。

（3）尾程。首先是订单处理，在订单产生后，仓库人员会即时收到出库任务，一般在24小时内即时拣货、包装、出库。其次由卖方在综合考虑配送效率、配送成本、配送产品特征、客户要求以及淡旺季因素基础上，合理选择配送产品（如快递公司或邮政快递等）。最后是追踪反馈，由海外仓及时提供配送物流单号，由卖家上传平台，方便买家客户及时跟踪。海外仓一般要辅助提供查询服务、监控投递或退回情况，便于卖家掌控。

4. 海外仓储模式优劣势

海外仓储的设置不仅能够方便海外市场的拓展，而且能够降低物流成本。拥有海外仓储，能便捷地从买家所在国进行发货，使得订单的周期缩短，同时用户体验得以大幅度提升，其优势具体见表11-5。

表 11-5 海外仓储模式的优势

优势	原因
运输时效性强	海外仓储的仓库一般都设在需求地,也就是可以做到直接从本地发货,这样的话,能够在极大程度上减少货物配送所需的时间,同时也减少了货物在报关和清关等各方面十分烦琐的操作流程所耗费的时间,更快更有效地发货,顾客的满意度会得到相应提升
物流成本较低	从海外直接发货给客户,相当于是境内的快递,其物流费用与向海外发货相比要少很多
获取海外市场	海外仓储模式能够在短时期内采用最低的成本去获取海外市场,而且能够积累更多的资源去开拓所看重的市场
退换货便捷	如有些特殊原因导致顾客需要进行退换货,只需将货物直接退至海外仓,免去了国内外来回的运输成本,节约了时间,同时有助于平复顾客的情绪,提升综合竞争力

相比国内仓储,海外仓储模式也具有成本较高、存在货物滞销方面的风险以及物流环境风险较大等问题,具体见表 11-6。

表 11-6 海外仓储模式的劣势

劣势	原因
成本较高	海外仓储系统,不管是选择租赁还是自建,运维成本普遍较高。另外,也会遇到库存周转、库存消化以及配送和售后等一系列问题
存在货物滞销方面的风险	海外仓储模式往往事先将货物运输至海外仓库。如果对海外需求没有做到十足的预测而擅自把货物运往海外仓库,则很有可能出现货物滞销的情况
物流环境风险较大	海外政策、法律、文化环境和国内差异大,仓储系统需要对周边需求情况做出详尽的分析,而且要在选址以及海外仓的辐射范围、海外仓库大小方面做出准确的判断

11.4 国际小包和国际快递

国际小包主要指的是中国邮政小包、中国香港邮政小包和新加坡邮政小包等。国际快递通常情况下指的是四大巨头 FedEx、DHL、TNT 和 UPS。这两种方式是跨境电子商务最传统和最简单的物流方式,对多数中小企业而言,是最佳优选的物流方式。

11.4.1 国际小包

邮政拥有几乎覆盖全球的网络,其网络覆盖程度要比其他任何物流渠道都广。其发展归功于两个组织:一个是万国邮政联盟(Universal Postal Union,UPU),另一个是卡哈拉组织(KPG)。万国邮政联盟是商定国际邮政事务的政府间国际组织,其主要是通过制定一些公约法规来改善国际邮政业务,同时发展有关邮政方面的国际合作。而卡哈拉组织则是在万国邮政联盟的基础上成立的,由邮政系统相对发达的 6 个国家和地区(中国、美国、日本、澳大利亚、韩国以及中国香港)成立,后来西班牙和英国也加入了该组织。卡哈拉组织对成员方的投递时限提出了严格的要求。假如货物没有在指定的日期投递给收件人,那么负责投递的运营商需要以货物价格对客户进行 100% 的赔付。这些要求提升了其成员方的服务水平,也使得众成员之间的合作更为紧密。有关数据显示,中国的出口跨境电商中大约有 70% 的包裹是经由邮政系统进行投递的，中国邮政占据了 50% 左右的比例。

11.4.2　国际快递

国际快递模式的主要特点是国际快递商都有覆盖全球的自建网络，有着强大的 IT 系统以及遍及全球的本土化服务，能够给顾客带来极速的物流体验。例如：从中国用 UPS 寄送包裹到美国，最快可在 48 小时内到达。然而，这样优质的服务往往是建立在昂贵的价格基础上的。一般来说，中国的商户只有在客户提出非常强的时效性要求的情况下，才会选择采用国际商业快递来派送商品。各快递巨头也拥有其独特的特点，特别是不同重量的快递发往各大洲的时候有着较为明显的区别，另外，不同重量的物品最适合的快递也不相同。

11.4.3　国际小包和国际快递比较

国际小包和国际快递是较为简单和直接的物流方式，其区别主要体现在运输时效和价格方面。

国际小包的优势在于其价格低廉，海关的通关能力较强，运输时效短。邮政具有几乎覆盖全球的网络，邮政小包可以到达任何有邮局的地方，这也能够大大扩展跨境电子商务平台的贸易市场，而且邮政小包的适用范围较广，eBay 和敦煌网这样的平台都可以使用，并没有特别的邮寄限制。在中国，一般情况下是由全员集货，然后发至统一的口岸（中国的三大口岸位于北京、上海和广州），然后经过多次转包才能到达目的地，其最主要的目的是方便个人的包裹以最低成本到达全球的任何一个地方，因为要经历多次转包，所以其运输时效一般也较长。以中国邮政小包为例，在当日中午 12 时之前交于邮局，则晚 8 点后能够在邮局网站查询到包裹的状态信息。其运输时效大概为：亚洲邻国 5 ～ 10 天，欧美主要国家 7 ～ 15 天，其他地区和国家 7 ～ 30 天。

国际快递最大的优势在于稳定快捷，并且信息十分透明，消费者可以通过查询物流信息获得货物的运输线路以及运输时间，而且极少出现丢包的现象，较为稳定。时效也基本保持在 3 ～ 5 天，并且对于货物的重量没有多大的限制，因此也是很多跨境电商企业愿意选择的物流模式。但它也存在自身的劣势，主要表现在以下两个方面：第一，价格较贵。在同样的重量下，国际快递的收费标准差不多是国际小包的两倍，因此，如果对于所购物品不是那么急切的话，电商企业不会愿意选择国际快递模式。第二，存在偏远地区加收附加费的情况。国际快递并没有将其配送网络覆盖至全球，和邮政小包相比，有很多网点无法覆盖，因此就会存在偏远地区加收附加费的情况。

🌀 本章小结

本章首先介绍了国际物流的含义、特点及分类。国际物流是国内物流的延伸和进一步扩展，是跨越国界的、流通范围扩大了的物的流通，是实现货物在两个或两个以上国家（或地区）间的物理性移动而发生的国际贸易活动。其次，本章着重介绍了国际货运运输中的集装箱运输和国际多式联运。集装箱运输与集装箱多式联运已成为国际运输中主要的运输方式与组织形式。再次，本章介绍了国际货物仓储中的保税仓库和海外仓两种形式。保税仓库是指经海关批准设立的专门存放保税货物及其他未办结海关手续货物的仓库。海外仓也称为海外仓储，是近几年发展最快的跨境物流模式。最后，本章对中小企业跨境电子商务的常用模式——国际小包和国际快递展开了分析。

🔘 主要术语

国际物流（international logistics）

集装箱（container）

集装箱运输（container freight transport）

多式联运（multimodal transportation）

国际多式联运（international multimodal transportation）

保税仓库（bonded warehouse）

海外仓（overseas warehouse）

🔘 理论自测

1. 举例说明什么是国际物流。为什么说国际物流与国际贸易密不可分？

2. 有人说国际物流更具挑战性，该如何理解这句话？

3. 什么是集装箱运输？

4. 国际多式联运的构成要件有哪些？

5. 什么是保税仓库？

6. 利用海外仓对卖家来说有何优势和劣势？

扫码阅读11-6
第11章练习题。

🔘 案例分析 11-1

辣椒酱的进口运输方案选择

胡先生曾在韩国留学，回国后在哈尔滨经营一家韩式口味的饭店。因为胡先生对食材要求非常严格，希望食客可以吃到地道的韩国料理，因此其使用的辣椒酱均要从韩国直接进口。由于胡先生是个体经营者，本身没有进出口权，所以他找到了国际货运代理——A公司进行咨询。首先A公司为其匹配了一家长期做进口食品代理的贸易公司作为其辣椒酱进口的代理商，然后A公司的客户顾问与胡先生多次沟通，了解到胡先生的需求。

基于胡先生对于进口食品运输时长及提货便捷等要求，A公司的客户顾问为其提供了两套运输方案：

第一套为进口空运方案。由韩国直飞哈尔滨，并由A公司负责在哈尔滨当地完成清关工作后，安排送货至胡先生的店里。

第二套为进口海运集装箱拼箱运输。此过程需要装箱、订舱、上门提货、报关、目的港清关送货等一系列运输环节。

| 思考 |

1. 如果你是胡先生，你会选择哪套方案？请给出你的依据。

2. A 公司作为货运代理在执行该方案时需要注意哪些问题？

🔧 案例分析 11-2

L 公司智慧型保税仓

东莞路迪森宝供应链管理有限公司（以下简称"L 公司"）主要经营"公用型保税仓＋供应链服务＋供应链金融"业务。2016 年，L 公司智慧型保税仓创建，位于广东省东莞市长安镇安力科技园内，规划面积 200 亩⊖，年货物货量规模达千亿元。其性质为公用型保税仓。

随着经济的发展，作为自由贸易港的香港及新加坡，其仓库成本和人工成本不断增加，电子企业的利润空间受到挤压。在此背景下，L 公司智慧型保税仓力争打造珠三角地区最大的"智慧型电子集散基地"，以支持电子企业实现"港仓内移"，让产品真正贴近生产线，从而帮助企业降低运营成本，并提升货物交付时效性及企业核心竞争力。

L 公司智慧型保税仓与一般仓库、自用型保税仓和海关保税区内监管仓相比有其自身特点。第一，该仓本身具备保税的功能，基本上可以替代香港自由贸易港的角色。第二，该仓可以 24 小时全天候运作，与自用型保税仓和海关保税区内监管仓相比，货物进出更加便利，可以快速满足电子行业多批次、小批量的业务需求。

L 公司首创"保税仓＋VMI"模式，重构电子零组件供应链产业。L 公司创新性地将 VMI 模式和公用型保税仓结合，在供应链行业首创"保税仓＋VMI"智慧型电子集散基地。这一模式将帮助珠三角地区电子行业上下游相关企业实现门到门的物流和采购服务，做到前仓后厂，生产永不间断。

L 公司提供的港仓宝、线仓宝、集运宝和速税宝服务，将从不同层面推行"保税仓＋VMI"模式，为客户提供最到位的保税仓服务。

港仓宝针对仓储服务，实现了香港仓、保税区内仓、普通仓三仓合一，将为电子零组件经销商提供贴近客户的低成本、专业仓储服务，帮助经销商专注主营业务，提升交付时效，大幅精减仓运成本；同时 L 公司还提供"供应链金融"系列产品服务。线仓宝针对供应物流，打造从客户下单到物料送到客户生产线的"3 小时仓到生产线智慧型 VMI"，增强库存管控能力，帮助客户实现零库存的 JIT 生产模式。集运宝将构建大型电子零组件经销商"亚太集散枢纽"，将客户的集运仓迁至东莞，并提供快捷便利的调拨出入库服务，为客户生产带来规模效应，从而进一步帮助客户降低成本。速税宝为客户提供出口订单"一站式"服务，企业货物进仓即可实现退税，可帮助客户加快资金流转。

资料来源：路迪森宝公共型保税仓在莞开业，深圳特区报 A16，2017 年 9 月 13 日.

| 思考 |

1. L 公司智慧型保税仓可以为电子零组件经销商提供何种服务？

2. 相比一般的公用型保税仓库，L 公司智慧型保税仓的优势是什么？

⊖ 1 亩 = 666.6 平方米。

🎯 实训项目

国际物流岗位需求调查

1. 实训目标

结合国际物流基础知识，了解国际物流流程，认识国际物流各参与方在国际物流业务中的地位、作用与职责，培养学生综合分析问题的能力。

2. 实训内容

（1）分小组实地走访或通过网络查询某国际物流相关管理部门或者企事业单位，例如海关、港口、报关行、船务、货代、国际物流公司等。

（2）了解该单位近年来国际物流人才需求，如需求岗位、岗位职责、人员能力要求，并结合所学知识分析该岗位所从事的工作，以及在整个国际物流业务流程中所处的地位。

（3）调研行业相近的小组互相交换调查结果并共同讨论，形成对某行业国际物流人才需求特点的认识。

（4）分小组撰写调研报告并向全班展示调研结果。

电子商务物流

|学习目标|

1. 理解电子商务与物流的关系
2. 了解电子商务物流流程及其特征
3. 掌握电子商务环境下的物流模式
4. 了解电子商务环境下物流运作模式的选择

|导入案例|

物流企业助力电商"双11"

历年的"双11"都是快递物流企业的"年终大考"。这些快递物流企业在人力成本不断上涨和市场竞争日益激烈的双重挑战下，需要满足降低成本、提高效率和高质量服务的双重需求。而运用以大数据为基础的智能化管理工具和技术手段成为帮助中国物流企业破解难题的关键。

顺丰通过多种方式相结合的方法实现了更加合理和有效的整体资源配置。第一，使用大数据、云计算以及其他新技术来提高其业务量预测的准确性；第二，推出货物前置仓服务，在北京、上海、青岛等城市试点微仓，客户可以通过微仓将有预测销售的货物提前存储，从而缩短物流流程，提高物流效率；第三，发挥多元化运力优势，打出"飞机＋高铁"的黄金组合，一方面为"双 11"期间更为充足的流通提供运力保障，另一方面最大程度地降低恶劣天气对快件运输的影响；第四，上线快递行业中首个面向个人寄件用户的线上自助理赔服务项目，并通过"顺丰速运"微信公众号以及在线客服实现用户线上自助理赔、查询和收款。

中国邮政发挥信息科技潜力来支持业务运作。首先，邮政 EMS 推出适用不同场景的AGV，如"小黄人"用于 5 公斤以下小件包裹分拣，效率可达每小时 2 万件左右；"橙色金刚"主要用于大件和重件包裹分拣，其最高承重量达 100 公斤；"橙色金刚Ⅱ"可实现供包环节的无人化，应用场景更广泛。其次，邮政 EMS 开通全国首条可以实现 L4 级⊖自动驾驶的中高速货运邮路。该邮路在测试过程中，测试条件更为严苛，其路况更为复杂，并需要接受天气、行人和交通信号灯等外界因素干扰。最后，邮政 EMS 开始无人机送货领域的布局，2018 年，中国邮政 U650 无人机试飞成功，具有 250 公斤的有效载荷。

中通力促无人驾驶快递计划在物流和快递中的应用。首先，中通通过无人机投送方式完善农村的快递服务。中通在陕西西安临潼网点正式启动无人机常态化运行工作。其次，中通还与 L4 级无人驾驶公司 AutoX 达成了战略合作协议，AutoX 会面向物流服务商，提供软硬件一体的无人驾驶产品全套服务。AutoX 的无人物流小车现已投入试运营。

圆通 2018 年在杭州建设超级机器人分拨中心。该中心投入 350 台机器人，这些机器人不仅可以自动运送包裹、自动充电，而且遇到障碍物时还可以自动让路，使得物流分拣效率和准确率大幅度提升。该中心包裹分拣效率可以达到每日 50 万个以上。

申通和宅急送等企业在北京启用了一批新式电动三轮车，新式电动三轮车采用太阳能薄膜技术提供电力，并装备了倒车影像，大大提高了道路安全系数。同时这批车辆还增加了互联网大数据采集功能，车辆运行过程中电池状态、发电情况、运行线路和行驶里程都可以追踪。

德邦与华为达成合作，在快递分拣过程中应用 OCR（光学字符识别）技术，该

分拣机器人

技术使分拣设备能够快速精准地识别面单上的文字信息，读出货物的目的地；同时德邦在分拣中心通过 AI 监控系统管理野蛮暴力分拣行为，减少了包裹破损纠纷，大大提高了货物分拣的安全性和准确性。

资料来源：石立群，于甜甜. 科技赋能新物流［N］. 中国邮政报，2018-12-04.

思考：
结合案例分析电商快速发展对物流业提出了哪些要求。

⊖　L4 级，即高度自动化驾驶员辅助系统，可实现在限定的道路和环境中由无人驾驶系统完成所有驾驶操作。

12.1 电子商务与物流

12.1.1 电子商务与物流的关系

电子商务（E-commerce）是网络技术、电子技术和数据处理技术在商业和贸易领域中综合应用的产物，同时也是当代高科技手段与商贸实务和营销策略相结合的结果。电子商务的内涵可以从广义和狭义两个层面来理解，具体见表 12-1。

表 12-1 电子商务的内涵

分类	内涵	举例
广义	使用各种电子工具从事商务活动	交易当事人或参与人利用计算机技术和网络技术等现代信息技术所进行的各种商务活动，如货物贸易、服务贸易和知识产权贸易等。主要是企业与企业之间（business-to-business，B2B）以及企业与消费者之间（business-to-consumer，B2C）利用现代信息技术和网络进行的各种商务活动
狭义	利用互联网从事商务活动	通过互联网进行的与电子商务有关的业务活动

电子商务带来的巨大物流需求，不仅促进了物流技术水平的提高，而且推动了现代物流学科的进一步发展，并使物流业的重要性达到了前所未有的高度。

1. 电子商务对物流的影响

电子商务作为一个新兴的商务活动，为物流创造了一个虚拟化的运动空间。在电子商务状态下，人们可以通过这种虚拟化的方式去体现物流的各种职能。在虚拟化的过程当中，人们可以通过各种组合方式使商品在实际运动过程中能以最高的效率、最低的成本、最短的距离和最少的时间实现物流的合理化。

（1）电子商务将改变物流的运作方式。首先，电子商务对物流网络可以实现实时控制。在电子商务下，信息不仅可以决定物流的运动方向，而且可以决定物流的运作方式，物流以信息为中心进行运作。在实际的运作过程中，通过网络信息传递的方式，还可以有效控制物流并实现物流的合理化。其次，网络全球化的特点使物流能够在全球范围内实施整体实时控制。传统的物流活动是基于计算机对物流进行单一操作模式下的实时控制。而在电子商务时代，通过网络就可以对整体物流进行实时控制。表 12-2 列示了电子商务对物流各个环节的影响。

表 12-2 电子商务对物流各环节的影响

环节	影响
采购	企业的采购过程会变得简单、顺畅。近年来，国际上一些大的公司已在专用网络上使用 EDI，以降低采购过程中的劳务、印刷和邮寄费用。通常公司可由此节约 5% ~ 10% 的采购成本
配送	若没有配送，电子商务物流就无法实现，电子商务也就无法实现，电子商务的命运与配送业紧密相连。同时，电子商务使制造业与零售业实现"零库存"，实际上是把库存转移给了配送中心，配送中心成为整个社会的仓库
运输	企业外联网（extranet）使企业联盟更加容易实现，多式联运将得到大发展

（2）电子商务将改变物流企业的经营形态。首先，电子商务将改变物流企业对物流的组织和管理。传统经济条件下，物流通常由某个企业进行组织和管理。但在电子商务下，为改变传统物流的分散状态，就要求对物流从社会的角度进行系统的组织和管理。这就对企业组织物流的过程提出了更高的要求，要求企业不仅要着重考虑本企业的物流组织和管理，还要考虑全社会的整体系统。其次，电子商务将改变物流企业的竞争状态。在传统的经济活动当中，物流企业之间通常是依靠企业提供的优质服务并降低物流成本的方式参与竞争的，因此企业之间竞争非常激烈。但在电子商务时代，这种竞争方式的有效性却大大降低，因为电子商务需要一个全球性的物流系统来确保商品实体的合理流动。对于单一企业而言很难满足这一要求，因此就对物流企业提出了更高的要求，物流企业之间应做到相互团结，协同竞争，以实现物流的高效化、合理化和系统化。

（3）电子商务将促进物流基础设施的改善、物流技术的进步与物流管理水平的提高。首先，电子商务将促进物流基础设施的改善。电子商务的发展离不开物流，为了使电子商务借助物流实现高效率和全球性的目标，就需要将良好的交通运输网络、通信网络和其他基础设施作为其最基本的保证，以此促进物流基础设施的改善。其次，电子商务将促进物流技术的进步。物流技术水平是影响物流效率的重要因素，且建立一个适应电子商务高效运作的物流系统对于电子商务的发展具有极大的促进作用。因此，电子商务的发展对于物流技术的进步起着非常重要的促进作用。最后，电子商务将促进物流管理水平的提高。物流管理水平直接决定并影响物流效率和电子商务效率。只有建立起科学合理的管理体系和不断地提高物流管理水平，同时将管理手段和方法合理地运用到物流管理中，才能保证物流过程的顺利进行，并以此实现物流的合理化和高效化，进而促进电子商务的发展。

（4）电子商务对物流人才提出了更高的要求。电子商务不仅要求物流管理人员具有较高的电子商务理论知识水平，还要求其拥有较高的物流管理水平，同时需要将二者有效地结合并运用到实际的运营过程中。

2. 物流在电子商务中的地位

物流在电子商务中扮演着重要的角色，如果说电子商务是 21 世纪能撬起传统产业和新兴产业的杠杆的话，那么物流就是这个杠杆的支点。

（1）物流是电子商务的基本要素之一。电子商务中的任何一笔交易都包含四个基本要素：商流、物流、资金流和信息流。商流是指商品买卖双方之间的交易过程和商品所有权转移的运动过程，具体是指与商品交易相关的一系列活动。物流是指交易的商品或服务的实体流动过程，具体包括商品的运输、储存、装卸、保管、流通加工、配送和物流信息管理等活动。资金流主要是指交易中资金的流转过程，包括付款和转账等。信息流是指商品信息、促销信息、技术支持和售后服务等内容，还包括询价单、报价单、付款通知单和转账通知单等商业贸易单证以及交易方的支付能力和信誉等。在建立电子商务概念模型的过程中，主要强调"四流合一"，如图 12-1 所示。从整体考虑和对待商流、物流、资金流和信息流将会产生更大的能量，并能创造更大的经济效益。

商流、物流、资金流和信息流相互依存，密不可分，并且相互作用。商流是物流、资金流和信息流的起点。没有商流，物流、资金流和信息流发生的可能性就很小。同样地，没有物流、资金流和信息流的匹配和支撑，商流也就无法实现其目标。

（2）物流是电子商务流程的重要环节。商品的发货、仓储、运输、加工、配送、收货实际上是电子商务中的物流过程，这一过程作为实现电子商务整个流程的重要环节和基本保证，发挥着非常重要的作用。

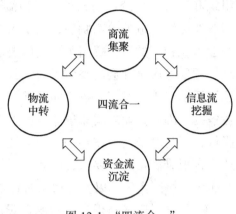

图 12-1 "四流合一"

3. 电子商务与物流的共生

在发达国家中，电子商务交易额目前已经占到社会商品营收总额的 30% ～ 40%，并且物流业增长的很大一部分得益于电子商务的发展。统计数据显示，2019 年中国快递业务量达 635.2 亿件，电子商务现已成为推动物流业发展的新引擎。

（1）物流对电子商务的制约与促进。作为电子商务的重要构成方面，有形商品的网上交易活动在近几年中发展十分迅速。在这一发展过程中，如果没有一个高效、合理和畅通的物流系统，就很难有效地发挥出电子商务所具有的优势。因此，物流已成为有形商品网上交易活动能否顺利进行和发展的关键因素。只有建立一个与电子商务相适应的物流体系，才能更加有效地促进电子商务的发展。电子商务巨头亚马逊用五年时间，将物流成本降低了近一半，同时利用这种物流成本优势，以减免运费的方式，打击竞争对手，扩大销售额和市场份额，以发挥规模效应，从而进一步降低物流成本。

（2）电子商务对物流的制约与促进。电子商务对物流的制约主要体现在当网上有形商品交易规模较小时，形成一个专门为网上交易提供服务的物流体系的可能性就非常小，这也将削弱物流专业化和社会化的发展。电子商务对物流的促进作用主要是当网上有形商品交易规模较大时，它会有利于物流专业化和社会化的发展，并且电子商务技术还会促进物流业的发展。

（3）电子商务物流体系的形成。电子商务买卖双方网络化的消费习惯，对物流企业业务流程的信息化提出了要求，物流企业不仅要逐渐实现"只有货物在路上，其他全部在网上"的电子商务物流，而且要有较强的信息收集处理和传输能力。因此，电子商务环境下的物流企业不仅需要通过网络化和信息化的途径实现企业自身低成本、高效率运作，同时还要为客户降低成本、节省时间。

目前无论是 UPS、DHL、FedEx 等跨国公司，还是中邮物流、宝供物流等国内知名企业，抑或菜鸟物流、京东物流等电商物流平台，乃至顺丰速运、"四通一达"等民营快递企业，都已在不同程度上实现了网络化和信息化。它们以雄厚的资本和巨大的投入作为保障，不仅建设了在线查询、提交订单和在线支付的 B2C 物流电子商务网站，实现了业务流程的信息化，而且斥巨资引入了全球定位系统、地理信息系统和电子标签等先进技术，更有领先者已经实现了智能终端无线查询和受理等业务。

为了能够体现出电子商务的先进性和优越性，就必须得到现代化物流技术的支持，这样才能为双方带来最大程度的便利和利益。因此，只有大力发展电子商务物流体系，才能使电子商务得到更好的发展。

扫码阅读12-1
电商物流服务
典型企业。

12.1.2　电子商务物流流程

电子商务物流运作流程的目的和普通业务一样，即将用户订购的商品交付给客户，并且其主要作业环节也与一般物流作业环节相同，包括商品的包装、运输、储存、装卸和物流信息管理等。电子商务的物流作业流程，如图 12-2 所示。电子商务企业的性质不同，电子商务物流系统的基本业务流程也会有所差异。例如，制造型企业电子商务系统中的主要业务过程可能从客户订单开始，中间可能包括与生产准备和生产过程相关的物流环节，同时可能还会包括从产品入库至产品送达客户的全部物流过程；对于销售型电子商务企业（如销售网站），其物流过程中就不包括生产物流，但其商品组织与供应物流和销售物流的功能却极为完善；对于单纯的物流企业而言，因为它在电子商务企业（或系统）中充当提供第三方物流服务的角色，因此，其功能和业务过程与传统意义上的物流或配送中心更为接近。

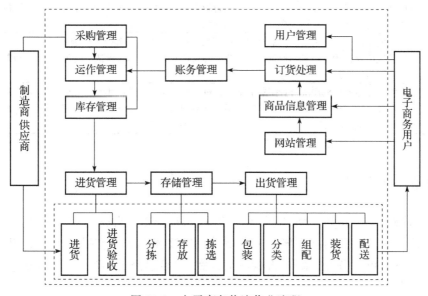

图 12-2　电子商务物流作业流程

尽管不同类型的电子商务企业在物流组织过程方面有所差异，但其在电子商务物流流程方面仍然具有很多相同点。例如，其基本业务流程通常都包括进货、进货检验、分拣、储存、拣选、包装、分类、组配、装车和送货等。在这些业务流程中与传统物流模式表现的不同之处主要体现在电子商务的每个订单都要送货上门，但在有形商店中则不需要。电子商务的物流成本也正是因为如此才会更高，配送路线的规划、配送日程的安排和配送车辆的合理利用难度相对也就更大。除此之外，电子商务的物流流程可能还会受到很多其他因素的制约。

12.1.3 电子商务物流的特征

电子商务时代的到来给全球物流带来了新的机遇。与传统物流相比，电子商务下的物流具有信息化、自动化、网络化、智能化、柔性化等新特征，具体见表 12-3。

表 12-3 电子商务物流的特征

特征	含义
信息化	表现为物流信息的商品化、物流信息搜集的数据库化和代码化、物流信息处理的电子化和计算机化、物流信息传递的标准化和实时化以及物流信息存储的数字化等。因此，条码技术、数据库技术、电子订货系统、EDI、QR（quick response，快速反应）、ECR（effective customer response，有效客户响应）和 ERP 等技术将在我国物流活动中得到广泛应用。信息化是所有物流活动的基础，没有物流的信息化，任何先进的技术和设备都不可能成功地应用于物流领域
自动化	自动化以信息化为基础，以机电一体化为核心，以无人化为外在表现，其目标是扩大物流作业能力、提高劳动生产率、减少物流作业差错和节省人力。物流自动化有很多设施，如条形码识别系统、语音识别系统、射频自动识别系统、自动分拣系统、自动存取系统、自动导引车（AGV）和货物自动跟踪系统等。
网络化	物流网络化具有两层含义：一是物流配送系统的计算机通信网络化，它借助网上增值的电子订货系统和电子数据交换技术，自动实现配送中心与供应商和下游顾客之间的交流；二是组织的网络化，即使用内部网（Intranet）以外包的形式组织生产，然后再由统一的物流配送中心将商品快速交付给客户，这一过程离不开高效的物流网络的支持
智能化	智能化是自动化和信息化的高级应用。物流作业中的运筹和决策问题（如确定库存水平、选择运输路线以及自动分拣机如何运行等）都需要大量的专业知识来解决。物流智能化已成为电子商务物流发展的一个新趋势
柔性化	柔性化即可以根据消费者需求的变化来灵活调整生产过程。柔性化物流是在生产领域结合柔性制造而提出的一种新型物流模式。物流柔性化对配送中心的要求就是根据多品种、小批量、多批次和短周期的全新消费需求，灵活有效地组织和实施物流作业

12.2 电子商务物流模式

电子商务物流（E-commerce logistics）模式通常是指企业执行电子商务物流业务时的具体运作方式。企业各自情况不同，因此所采用的物流业务运作模式也不尽相同。目前企业物流模式总体上可以分为三类：自营物流模式、物流外包模式、自营和外包相结合的混合物流模式。

12.2.1 自营物流

1. 自营物流的定义

自营物流（self-employed logistics）是指企业借助自身的物质条件（包括物流设施、设备和管理机构等）自行组织的物流活动。企业主要通过充分利用其现有的物流资源，同时采用先进的物流管理系统和物流技术去不断优化物流运作流程，为其生产经营过程提供高效且优质的物流服务。在这里值得注意的是，自营物流不一定是由企业自身组织所有的物流过程，自营物流还可以外包某些职能。如企业可以根据自身的特点，将一些临时性的、只限于一次或一系列分散的物流功能外包给其他专业公司。目前，新型的电子商务企业的自建物流系统主要有两种情况，一种是经营 B2B 电子商务网站的传统大型制造企业或批发企业自建，另一种是具有雄厚资金实力和较大业务规模的电子商务企业自建，具体情况见表 12-4。

表 12-4　自营物流类型

类型	内涵	举例
经营 B2B 电子商务网站的传统大型制造企业或批发企业自建	由于其自身在长期的传统商务中已经建立起初具规模的营销网络和物流配送体系，在开展电子商务时对其进行改进、完善，就可以满足电子商务条件下对物流配送的要求	海尔、苏宁
具有雄厚资金实力和较大业务规模的电子商务企业自建	在第三方物流公司不能满足其成本控制目标和客户服务要求的情况下，自行建立适应业务需要的畅通高效的物流系统，并可向其他物流服务需求方（如其他电子商务公司）提供第三方综合物流服务，以充分利用其物流资源，实现规模效益	京东

2. 自营物流的优势

（1）掌握控制权。企业可以有效控制物流系统运作的全过程，如企业的内部采购、制造和销售等活动。企业还可以掌握最详细的信息，其中包括原材料与产成品的性能、规格以及供应商和销售商的经营能力等。因此，企业可以充分利用自身已有的信息去有效协调各个环节的物流活动，然后快速解决物流活动中存在的问题，并根据从供应商、销售商以及最终客户那里获得的第一手信息及时调整自己的经营战略。

（2）降低交易成本。由于企业之间信息不对称，当企业选择物流外包时就无法充分掌握物流服务者的完整信息，并且交易成本也相对较高。企业如果通过企业内部控制原材料的采购和产成品的销售，就不用就佣金问题与物流企业谈判，在一定程度上也可以避免多重交易的成本并降低交易的风险。

（3）避免泄露商业机密。当企业将其物流要素外包或是通过引入第三方来运营其生产环节的内部物流时，就会不可避免地向第三方披露其最基本的运营状况。当企业将其生产运营过程中的物流要素外包时，商业信息可能就会通过第三方泄露给竞争对手，从而对企业的核心竞争力造成一定的影响。采用自营物流可以达到风险可控的目的，避免了商业秘密外泄。

（4）提高企业品牌价值。自营物流企业可以自主控制营销活动。首先，这些企业可以亲自为顾客服务，从而方便客户了解企业并熟悉企业的产品，提高企业在顾客眼中的亲和力，让顾客能够切身体会到企业的人文关怀；其次，企业还可以在第一时间掌握顾客最新的需求信息和市场信息，从而便于企业根据获得的信息及时调整战略方案，以提高其在市场中的竞争力。

（5）增加利润来源。采用自营物流模式运营的企业一般都具有较强的实力，企业可以在自身能力有余的情况下对外适当开展物流业务，增加其利润来源。

3. 自营物流的劣势

（1）企业成本增加。对于任何一家企业而言，建立一支企业自身拥有的物流配送团队都需要花费大量的资金。同时，物流所需的一些专业设备也会增加企业的固定成本，为企业的投资增加一定的负担并且可能还会削弱企业抵御市场风险的能力。企业在库存设备、运输设备和人力资本上投入大量资金也可能会使企业减少对其他重要环节的投资，从而削弱企业的核心竞争力。

（2）物流专业化程度不高。企业由于自身业务较为分散，其配送效率一般都较低，管理也比较难以控制。物流部门对于大多数企业而言只是一个后勤部门，物流活动也并不是企业的专长。因此，这也意味着企业的管理人员需要花费大量的时间、精力和资源去从事相应的物流工作，这样就对物流企业的效率和企业主营业务的发展带来了一定的消极影响。

（3）难以形成物流规模效益。小型企业的产品数量是有一定限制的，所以其自营物流也就难以形成规模效益。因为这不仅会给企业带来高昂的物流成本，同时也会由于规模受限，不能更好地满足企业的需求。

4. 自营物流的适用范围

对于电子商务企业而言，自营物流比较容易启动，且配送速度较快。但由于配送能力有限，所以其交付成本难以得到控制。如果电子商务企业对客户服务的要求很高，并且物流成本在总成本中所占的比重大，自身的物流管理能力也相对较强，就比较适合采用自营物流这种模式。目前，使用自营物流的电子商务企业主要有两类：一类是具有雄厚资金实力和较大业务规模的电子商务企业，另一类则是经营电子商务网站的传统大型制造企业或批发企业。

根据规模经济原理，物流规模越大且物流集约化程度越高，物流营运就会越经济。因此，当企业自身物流的生产经营达到一定规模时，自营物流将显现其优势。相反，如果企业规模较小，就难以实现降低物流系统总成本的目标。随着当前社会需求的快速变化以及技术的进步与发展，制造企业的大批量生产已难以满足市场发展的需求，差异化营销与柔性生产策略已成为企业未来的发展趋势，结果是企业必须调整其物流策略，即采取多品种、少批量和多批次的物流策略。因此，可以将一些非核心的物流作业功能外包，充分发挥物流作业外包的灵活性优势和物流系统自营的管理价值。"作业功能外包＋系统管理自营"的混合物流模式也被部分企业采用。

12.2.2 第三方物流

1. 第三方物流的定义

根据《物流术语》，第三方物流是指"由独立于物流服务供需双方之外且以物流服务为主营业务的组织提供物流服务的模式"。这是一个广义的行业定义，其业务功能包括运输、储存、装卸、搬运、包装、流通加工、配送和信息处理等方面。狭义的现代第三方物流企业指的则是从事物流这一行业的经营实体。需要指出的是，现代第三方物流业指的并不是传统运输业的延续，而是一个新型的跨行业、跨部门、跨区域且渗透性很强的复合型产业。

2. 第三方物流的特征

第三方物流是由中间商在一定的时间内以合同的形式向企业提供所需的全部或部分物流服务。第三方物流提供商是一家为外部客户管理、控制和提供物流服务运营的公司，向供应链成员提供完整的物流活动，但它们并非供应链成员，只是作为第三方提供服务。第三方物流具有关系合同化、服务个性化、功能专业化、管理系统化、信息网络化等特征，具体见表 12-5。

表 12-5　第三方物流的特征

特征	内涵
关系合同化	首先，第三方物流通过契约形式规范物流经营者与物流消费者之间的关系。根据契约要求，物流经营者提供多功能、全方位一体化的综合物流服务，并管理契约规定的所有物流服务活动和流程。其次，第三方物流发展物流联盟也是通过契约的形式来阐明物流联盟参加者的权利、责任和利益之间的关系
服务个性化	首先，不同的物流消费者有不同的物流服务要求。第三方物流需要根据不同物流消费者在企业形象、业务流程、产品特征、顾客需求特征和竞争需要等方面的不同要求，提供具有针对性和个性化的物流服务与增值服务。其次，由于市场竞争、物流资源和物流能力的影响，从事第三方物流的物流经营者也需要组建核心业务，并继续加强物流服务的个性化和特色化，以增强物流市场竞争力
功能专业化	第三方物流提供专业的物流服务。从物流设计、物流运作过程、物流技术手段、物流设施到物流管理，都必须体现专门化和专业水平，这不仅是物流消费者的需要，也是第三方物流自身发展的基本要求
管理系统化	第三方物流应具有系统的物流功能，这是第三方物流产生和发展的基本要求。第三方物流需要建立现代化的管理体系，以满足运行和发展的基本要求
信息网络化	信息技术是第三方物流发展的基础。在物流服务过程中，信息技术的发展实现了信息实时共享，促进了物流管理的科学化，极大地提高了物流效率和物流效益

3. 第三方物流的战略选择

单个企业很难改变其所处的市场环境，高度垄断的行业除外，其成功的决定性因素就在于适应市场环境并采取正确的发展策略。根据市场营销理论，企业主要有三种竞争战略选择：一是成本领先战略；二是集中化战略；三是差异化战略。这个理论可以基本涵盖或解释其他竞争理论，并且该理论框架也可以用来解释物流业的竞争策略。

（1）成本领先战略。成本领先战略指的是当企业及其竞争者向市场提供相同的产品和服务时，企业只有想办法保证其产品和服务的成本长期低于竞争对手，才能确保企业赢得市场竞争的最终胜利。在生产制造行业，通常通过实施标准化生产和扩大生产规模的方式来摊薄管理成本和资本投入，以获得成本竞争优势。而在第三方物流领域，只有通过建立一个高效的物流操作平台，才能分担管理和信息系统成本。当在一个高效的物流操作平台上添加一个具有相同需求的客户时，其对固定成本的影响几乎可以忽略不计，自然就有成本竞争优势。

（2）集中化战略。集中化战略主要是基于不同领域的客户对于物流的需求存在一定的差异，然后企业将注意力和资源集中在一个有限的区域内为客户提供服务，如IT企业更多使用空运和零担快运，而快速消费品则更多使用公路或铁路运输。因为每一个企业的资源都是有限的，所以任何企业都不可能在所有的领域取得成功。第三方物流企业应该认真分析其自身优势和所处的外部环境，确定一个或多个重点领域，然后集中企业资源并打开业务突破口。在物流行业中，不难发现伯灵顿全球货运物流（BAX Global）、英运物流（EXEL）等公司在高科技产品物流方面的实力相对较强，而马士基物流（Maersk Logistics）和美集物流（APLL）则专注于国际物流，国内的中远物流则专注于家用电器、汽车和项目物流等方面。集中化战略告诉我们，在国内企业普遍认可第三方物流之前，第三方物流企业必须集中企业资源去发展自身比较擅长的专业领域。需要指出的是，这种集中化战略不仅要求企业集中于业务拓展的方向，而且要求企业集中于人才的招聘与培训，以及组织架构的建立并且还要取得相关运作资质。

（3）差异化战略。差异化战略指的是企业把自己同竞争对手或替代产品区分开来，然后针对客户的特殊需求，为客户提供不同于竞争对手的产品或服务，并且这种差异性产品或服务还要让竞争对手很难在短时间内复制。值得企业注意的是，当企业集中于某个领域后，就应该考虑如何将其自身的服务与该领域内的竞争对手区分开来，然后打造属于自己的核心竞争力。如果有特殊需求的客户可以形成足够大的市场容量，那么此时差异化战略就是一种可取的战略，物流企业也就因此需要考虑选择何种差异化战略。此时，定位差异化和服务差异化就是两条可供物流企业参考的基本思路。

1）定位差异化。定位差异化的目标就是向顾客提供不同于行业竞争对手的服务范围和服务水平。企业可以通过顾客的需求和企业能力的匹配来确定自己的发展定位，并可以此作为差异化战略的实质标志。差异化战略是以了解顾客的需求为出发点，以创造高价值满足顾客的需求为终点。因此，企业首先需要考虑的就是顾客到底需要什么样的服务，其次需要了解这种服务要达到何种水平才能切实满足顾客的需求，最后以此决定其服务范围和服务水平。

2）服务差异化。服务差异化是指对不同层次的顾客提供差异化服务。定位差异化强调的是与竞争对手之间的差异，而服务差异化则强调顾客之间的差异。由于顾客的需求不同，因此不可能以一种服务水平让所有顾客都满意。同时，每个顾客对企业利润的贡献度是不同的，所以不同的顾客对于企业的重要性也不会完全一样，这就要求企业确定其重要的顾客群。

12.2.3 物流联盟

面对不断变化的市场需求，物流企业需要提供全方位的综合物流服务，这就要求物流企业整合资源并协同发展以形成物流联盟。

1. 物流联盟的定义

根据《物流术语》，**物流联盟**（logistics alliance）是指"两个或两个以上的经济组织为实现特定的物流目标而形成的长期联合与合作的组织形式"，其目的是实现联盟参与方的"共赢"。物流联盟与单独从事物流活动的企业相比，不仅可以取得更好的效果，而且会使企业之间形成相互信任、风险共担和收益共享的物流伙伴关系。联盟企业之间不完全采取导致自身利益最大化的行为，也不完全采取导致共同利益最大化的行为，相互之间是以契约的形式在物流方面形成优势互补、要素双向或多向流动的中间组织。联盟是动态的，当合同期满后，双方又变成独立的个体以谋求自身利益的最大化。

2. 物流联盟的特征

物流联盟企业之间的合作具有相互依赖、分工明晰、强调合作等特征，具体见表 12-6。

表 12-6 物流联盟的特征

特征	内涵
相互依赖	物流联盟的效益是建立在成员企业物流资源互补的基础上的，成员企业之间具有很强的依赖性，缺少任何一方的参与都难以获得预期的利益
分工明晰	物流联盟的各成员企业明确自身在整个物流联盟中的优势及担当的角色，分工明晰，使供应商把注意力集中在提供客户指定的服务上
强调合作	不同地区的物流企业通过物流联盟共同为电子商务客户服务，实现跨地区的配送，满足电子商务企业全方位的物流服务需要。对于电子商务企业来说，通过物流联盟可以降低成本，减少投资，控制风险，提高企业竞争力

3. 物流联盟的优势

（1）有利于发挥规模经济、范围经济和网络经济效益。物流联盟集合了多家成员企业的资源，在物流项目的投标中具有明显的优势，可以承接单个企业无法承接的物流业务，不仅拓宽了业务的来源渠道，而且扩大了业务量。

（2）降低企业风险和物流成本。单个企业的实力虽然有限，但联盟企业在行动上却具有一定的协同性，可以共同承担突发风险，从而降低各个企业的风险并提高其抵御风险的能力。因此，将长期供应链关系发展为联盟形式对于降低企业风险非常有益。尤其是对于中小企业而言，通过物流服务提供商结成联盟，还可以有效降低物流成本，提高企业竞争力。

（3）有利于提高物流资源利用率。受企业自身的实力和业务量等因素所限，单个企业在发展过程中，很容易造成资源的闲置和浪费。物流联盟则将联盟企业的资源进行了整合，物流企业通过共享联盟资源来提高自身竞争力，形成优势互补关系，不仅增加了交易频率和设施设备的使用频率，而且提高了整个社会的物流资源利用率。

4. 物流联盟的组建方式

企业间的物流联盟可以通过纵向一体化、横向一体化、混合、项目以及网络等多种方式组建，其具体的优劣势见表 12-7。

表 12-7　物流联盟的组建方式

联盟方式	内涵	优势	劣势
纵向一体化物流联盟	即垂直一体化，这种联盟方式在供应链一体化管理的基础上形成，即从原材料采购到产品销售的全过程实施一体化合作	不仅可以根据最终客户的需求为其提供最大价值的产品或服务，还可以使联盟的总利润最大化	供应链不可能使每个环节都同时实现利益最大化，因此打击了一些企业的积极性，使它们有随时退出联盟的可能
横向一体化物流联盟	即水平一体化，由处于平行位置的几个物流企业（包括第三方物流企业）结成联盟	不仅可以使分散物流获得规模经济和集约化运作，还可以降低企业的成本并减少社会的重复劳动	必须有大量的商业企业加盟，并且还要有大量的商品存在，才可能发挥出横向一体化物流联盟的整合作用和集约化的处理优势。商品配送方式的集成化和标准化也很复杂
混合联盟	以一家物流企业为核心，联合一家或几家处于平行位置的物流企业和处于上下游位置的中小物流企业加盟组成	既有处于上下游位置的物流企业，也有处于平行位置的物流企业的加盟	建立良好的互信机制、利益共享机制、风险共担机制比较困难
基于项目的联盟	各个物流企业以项目为中心，彼此相互合作组成一个联盟	企业间的优势资源进行有机整合，将具有不同核心竞争力的企业组织在一起，利用已有的社会、技术基础，共同应对市场挑战	联盟成员之间的合作关系比较松散
物流企业网络联盟	以物流网络化运作为基本特征的联盟方式，主要由多家物流企业以自身的发展需求和各方的共同利益为基础，为达到优势互补、风险共担、利益共享的战略目标，通过股权参与或契约联合，结成较为稳定的物流合作组织	能够实现网络资源的有效互补、运输资源的共享和统一调配，通过集约化的运作提升整体物流效率，降低物流成本	联盟成员之间的合作关系比较松散，缺乏稳定性

5. 物流联盟的建立需要注意的事项

物流联盟的建立需要注意以下几点。

（1）联盟要给成员带来切实的利益。联盟要使联盟的每个成员都成为受益者，所采取的每项措施也必须考虑到每个成员的切身利益，并且还要能够协调和处理好成员之间的摩擦，提高服务客户的能力，降低企业的成本，以获得持久的竞争优势。

（2）联盟战略目标与企业的物流战略目标一致或部分一致。联盟不仅是一个独立的实体，还是一个系统一体化的组织，联盟成员需要为了共同的目标一起努力，从而优化企业的外部行为，共同协调实现联盟目标。

（3）联盟成员的企业文化的精神实质基本一致。企业的行为通常由企业文化决定，只有文化理念大致相同的企业才有可能就行为达成共识并结成结盟。

（4）联盟成员的领导层相对稳定。领导层的相对稳定是联盟长期稳定发展的重要因素。因为如果联盟成员频繁更换领导层，后一任领导可能会对前一任领导者做出的决策不认同，从而导致联盟的不稳定性增加。

延伸阅读

国际上主要的物流联盟

物流行业存在一种"同业联盟"现象，主要集中在国际海运和国际航空两大领域，不同承运人通过航线与舱位共享以及运价协同等方式结盟以形成利益共同体。目前，全球四大航运联盟包括 2M 联盟、O3 联盟、CKYHE 联盟和 G6 联盟。2M 联盟的合作方是马士基航运与地中海航运，2M 联盟在亚欧、跨大西洋、跨太平洋航线上进行为期 10 年的船舶共享协议（VSA）。O3 联盟由达飞轮船、中海集运与阿拉伯联合航运组成。CKYHE 联盟的主要成员是中远集运、川崎汽船、阳明海运、韩进海运与长荣海运。G6 联盟的六家成员分别是总统轮船、现代商船、商船三井、赫伯罗特、日本邮船和东方海外。国际航空运输领域主要有星空联盟（Star Alliance）、天合联盟（SkyTeam）、寰宇一家（One World Alliance）三大客运联盟，以及天合联盟和 WOW 航空联盟两大货运联盟。

12.2.4 第四方物流

第三方物流可以为客户提供全部或部分供应链物流服务，从而获得一定的利润。第三方物流企业提供的服务范围非常广，它可以简单到只是帮助客户安排一批货物的运输，也可以复杂到设计、实施和运作一家企业的整个分销和物流系统。第三方物流作为一种活跃在流通领域的新兴物流方式，其节约物流成本并提高物流效率的功能已被众多企业所认可。但是在实际的运作过程中，由于大多数第三方物流企业缺乏对整个供应链运作的战略性专长和真正整合供应链流程的相关技术，第四方物流便应运而生。

扫码阅读12-2
第四方物流与
第三方物流的
区别。

1. 第四方物流的定义

第四方物流最早由美国埃森哲公司提出，并将其定义为一个集成商。我国学者对第四方物流的理解在很大程度上是基于约翰·加托纳（John Gattorna）的定义："第四方物流是一个供应链集成商，它整合和管理公司内部与互补服务提供商的不同资源、能力和技术，并提供一整套供应链解决方案。"

企业在电子商务运作过程中通常会将物流业务外包给第三方企业。但是，单个第三方物流企业很难做到全方位满足客户的需求，因此需要将物流业务外包给多个第三方，这就使得整个业务变得更加复杂并且还增加了供应链管理的难度。但是第四方物流却非常注重资源的整体规划，可以在一定程度上有效提高物流的工作效率。

2. 第四方物流的特点

（1）提供一套完善的供应链解决方案。使客户价值最大化的供应链解决方案的设计、实施和运作，只有通过各方合作才能够实现，而第四方物流正具备了集成管理咨询和第三方物流服务商的能力。第四方物流的供应链解决方案共有执行、实施、变革和再造四个层次，具体见表 12-8。

表 12-8　供应链解决方案的四个层次

层次	内容
执行	主要是指由第四方物流负责具体的供应链职能和流程的正常运作，这一范畴超过了传统第三方物流的运输管理和仓库管理，具体包括制造、采购、库存管理，供应链信息技术、需求预测、网络管理，客户服务管理和行政管理等职能。通常，第四方物流仅负责供应链功能和流程中的某些关键部分，还有一种情况是一家公司将所有的供应链活动都外包给第四方物流
实施	第四方物流的实施包括流程的一体化、系统的集成和运作的衔接。一个第四方物流服务提供商可以帮助客户实施新的业务解决方案，包括业务流程的优化以及客户公司和服务供应商之间的系统集成。在这种模式下，客户通常可以将特定的业务运作转交给第四方物流的项目运营团队
变革	通过新技术实现各个供应链职能的加强。变革主要是改善供应链中某一具体环节的职能，包括销售与运作计划、分销管理、采购策略和客户支持等。在这一层次上，技术对方案的成功或失败至关重要，技术和先进的战略思想、流程再造，再加上卓越的组织变革管理，共同构成了第四方物流的最佳解决方案
再造	再造是指供应链过程的协作和供应链流程的再设计，这是第四方物流的最高境界。供应链流程的真正改善必须通过供应链中企业的通力合作，将各个环节的计划和运作协调一致来实现。再造过程就是基于传统的供应链管理咨询技巧，从而使公司的业务策略和供应链策略保持协调一致

（2）通过影响整个供应链来获得价值。第四方物流充分利用了一批服务提供商，如第三方物流、信息技术供应商、呼叫中心和电信增值服务商的能力，以及客户和第四方物流的自身优势。第四方物流侧重于供应链管理的各个方面，它不仅可以提供不断更新和优化的技术方案，而且能满足客户的独特需求，向企业提供一个全方位的供应链解决方案来满足企业的复杂需求。

3. 第四方物流的运作模式

第四方物流组织有较大的柔性，可以根据成员组织的约定和目标去适应不同的组织，反过来也能被行业的结构和行为塑造成一种灵活的运作模式。第四方物流主要的几种运作模型见表 12-9。

表 12-9　第四方物流的运作模型

运作模型	内涵
协同运作模型	第四方物流和第三方物流共同开发市场。第四方物流为第三方物流提供一系列的服务，其中包括技术、供应链策略、市场进入能力和项目管理能力。第四方物流在第三方物流内部工作，其思想和策略通过第三方物流这样一个具体实施者来实现，以达到服务客户的目的
方案集成商模型	第四方物流为客户提供运作和管理整个供应链的解决方案。第四方物流对自身和第三方物流的资源、能力和技术进行综合管理，同时借助第三方物流为客户提供一个全面且集成的供应链解决方案

（续）

运作模型	内涵
行业创新者模型	第四方物流以整合整个供应链的职能为重点，为多个行业的客户开发并提供一整套的供应链解决方案。第四方物流还对第三方物流加以集成，为下游客户提供解决方案。第四方物流作为上游第三方物流集群和下游客户集群之间联系的纽带，在整个供应链当中发挥着非常重要的作用

　　第四方物流突破了单纯发展第三方物流的局限，可以真正实现低成本运作，实现最大范围的资源整合。第三方物流通过单独运作或者与自己有密切关系的转包商来为客户提供服务，但在提供技术、仓储和运输服务的最佳组合方面仍处于不利地位。

扫码阅读12-3
第五方物流。

典型案例

安德逊咨询公司在欧洲成功运作第四方物流

　　安德逊咨询公司（以下简称"安德逊公司"）最初的主营业务虽然是会计审计，但是它在物流领域的众多管理咨询公司中却占有特殊的地位。作为经验丰富的咨询公司，安德逊公司率先发现了物流领域资源优化组合的商机，并于 1989 年成立了 Accenture 技术咨询部。1991 年，它在为英国石油公司提供一体化物流外包解决方案并获得成功后，声名鹊起，客户云集。1994 年后，Accenture 先后在美国、法国建立了物流技术实验室（现改为物流战略研究中心），开发了包括 E-sourcing 等在内的软件。2000 年，安德逊公司在 47 个国家或地区设立了分公司和营业部，年营业收入达 95 亿美元。2001 年，根据安德逊公司重组方案，Accenture 析出独立，成立 Accenture 咨询公司，并于同年 6 月在纽约证券交易所挂牌上市（代码：CAN）。该公司的技术和软件在全球范围内得到广泛使用，《财富》世界 500 强中约有一半是其客户。2002 年，其营业收入达到 16 亿美元。

　　Aecenture 的定位是：为客户提供资源优化和组合的集成解决方案，并为合作企业、联合企业和联盟企业解决与技术、业务流程和发展战略相关的问题。

　　Accenture 的优势是：提高客户资产利用率和市场占有率。例如，亚马逊在 Accenture 和 Allied Signal 信息服务公司的协助下，通过第四方物流调整了资产结构、仓库布局和商品种类，从而提高了资产利用率，使市场份额翻了一番，并且最终也取得了十分显著的经济效益，亚马逊的股票也因此上涨。

　　1996 年，为了管理欧洲维修部件的物流业务，安德逊公司和菲亚特的一个子公司合资成立了一家新的物流公司，以进行与备件和管理有关的计划、采购、库存、配送、运输及客户支持作业。其中，安德逊公司持有 20% 的股份，主要负责提供管理人员、信息技术及运作管理和管理重组这方面的专业技术。菲亚特子公司则持有 80% 的股份，投入对象主要为位于 6 个国家的仓库、775 名雇员以及部分资本，同时还要负责运作管理。截至 2003 年，安德逊公司在 7 年多的时间里投资回报额达 6 700 万美元，并且有 2/3 左右的节约额来自运作成本的降低，还有 20% 来自库存管理，15% 来自货运成本的降低。新物流公司履行订货的准确率也已达到了 90%，甚至更高。

资料来源：陆道生. 第四方物流：理论探索与实践运作［M］. 上海：上海社会科学院出版社，2003.

12.3　电子商务物流运作模式选择

企业在做物流决策时，应该根据自身的实际需要和资源条件，并以提高核心能力和市场竞争力为导向，综合考虑以下几个主要因素，慎重选择物流模式。

（1）物流子系统的战略地位。在做物流模式决策时，必须将物流子系统的战略重要性作为首要影响因素进行考虑。物流的地位越重要，企业自营物流的可能性就越大，反之亦然。因为不同行业对物流的要求是不同的，所以物流战略对企业的影响取决于企业所属行业的性质。物流战略对于零售商和分销商而言，意义重大，并且还要求加强对物流渠道的控制，因此自营物流的可能性较大；物流战略对于生产制造商而言，其重要性则相对较低，因此更有可能选择外包。除此之外，企业所拥有的物流专业人才及物流占企业总成本的比例也会对物流战略造成一定的影响，企业所拥有的物流人才越多且物流所占成本的比例越大，企业物流的战略意义也就越大。

（2）企业对物流的管理能力。影响企业物流模式选择的另一个重要因素是企业管理物流的能力。一般来说，在其他条件相同的情况下，如果电子商务企业的物流管理能力相对较强，那么选择自营物流的模式就比较可取，并且其物流管理的能力越强，选择自营物流的可行性就越大。但是在电子商务企业的物流管理能力相对较差时，如果其物流子系统处于战略重要地位，则应当选择合适的物流合作伙伴来建立物流联盟，否则，更适合采用第三方物流。

（3）对企业柔性的要求。随着科技的进步和经济的发展，企业必须根据市场需求的变化不断调整自己的业务方向、重点、市场以及产品，这就对企业的柔性提出了更高的要求。相比而言，物流外包可以使企业的柔性更大，并且更容易对企业业务的内容、重点和数量等做出相应的调整。因此，对于一些发展变化速度较快的行业中的企业，其商品的数量和种类等都相对不稳定，非规则化且变动较多、较大，通常也就需要根据具体的情况较快地调整其经营管理模式和相应的业务。此时为了确保企业具有足够的柔性，就应当采取物流外包。相反，对于业务相对稳定，物流商品种类也相对稳定并且数量较大的企业而言，对企业的柔性要求也相对较低，因此更倾向于采用自营物流。

（4）物流系统总成本。企业在自营物流和外包物流之间进行选择时，需要核算两种模式下的物流系统总成本。一般而言，企业物流系统总成本包括三大部分，即采购成本、库存成本和运输配送成本，但是这些成本之间存在效益背反现象。减少库存数量可以降低库存费用及仓储费用，但这将增加缺货率并导致订货费用和运输费用的增加。如果订货费用和运输费用的增加部分超过了库存费用和仓储费用的减少部分，就会增加物流系统总成本。因此，电子商务企业在选择和设计物流系统时，就应该对物流系统总成本进行估算，最终选择总成本最小的物流系统。

（5）企业规模和实力的要求。对于一些规模较大、资金充裕且货物配送量较大的企业来说，可以投资建立自己的配送系统，也可以建立自己的物流配送体系并制订合适的物流需求计划，从而保证高质量的物流服务。同时，还可以将过剩的物流网络资源提供给外部企业。对于一些中小企业而言，则会受到资金、人员和核心业务的限制，不仅物流系统建设投资巨大，而且会在管理方面存在一定的风险。如果企业的物流业务量较小，就会增加物流成本，并且会降低物流的效率。因此，更适宜把企业的物流业务交由信誉良好的第三方专业物流公司。

（6）企业产品自身的物流特点。不同类型的产品对物流会有不同的要求，因此物流对企业的影响还与其产品的特性有关。对于大宗工业品原料的运输或鲜活产品的分销，可以采用相对固定的专业物流服务供应商或短渠道物流公司；对于全球市场的分销，则宜利用区域性的专业物流公司来提供支援；对于产品线单一或做配套业务的企业，则应当在龙头企业的统一下选择自营物流。另外，产品本身的单位价值也会在一定程度上影响物流方式的选择。例如，对于商品单价较高的产品，企业往往倾向于采取自营物流的方式，而对于小批量和商品单价较低的产品则倾向于委托第三方物流公司来送货。

物流作为整个交易的最后一个环节，物流工作的质量会直接关系到企业商品销售的成败。自营物流、第三方物流、第四方物流和物流联盟等模式各有优缺点，企业往往难以在不同的物流模式中做出最合适的抉择。如果企业选择不当，轻则造成企业运作成本的增加，重则关乎企业的战略成败。因此，企业必须慎重选择物流模式，以确保所选择的物流模式真正适合自身的发展。

本章小结

本章首先对电子商务环境下电子商务与物流之间的相互影响进行了梳理，分析了电子商务物流的整个流程及特点。其次较为详细地介绍了电子商务物流的四种模式，即自营物流模式、物流联盟模式、第三方物流模式和第四方物流模式。本章最后指出科学地选择企业的物流模式是实现物流战略的关键。电子商务环境下物流模式的选择主要考虑以下几点：物流子系统的战略地位、企业对物流的管理能力、对企业柔性的要求、物流系统总成本、企业规模和实力的要求及企业产品自身的物流特点。

主要术语

电子商务（E-commerce）　　　　　　　　自营物流（self-employed logistics）

电子商务物流（E-commerce logistics）　　物流联盟（logistics alliance）

理论自测

1. 电子商务对物流有哪些影响？

2. 电子商务物流具有哪些特征？

3. 第三方物流模式的特点有哪些？

扫码阅读12-4
第12章练习题。

4. 思考一个企业如何确定采用自营物流模式还是第三方物流模式。

🌐 案例分析 12-1

中国农村电商物流发展趋势

随着数字乡村建设、电子商务进农村综合示范和电商扶贫等工作的深入推进，我国农村电商正保持较快发展，农村网上零售的增长速度也不断加快。农村电商不仅显现出其成效，还有效地激发了农村电商的物流需求。

我国 2014～2019 年的农村网络零售额逐年增加（见表 12-10）。2019 年，全国农村网络零售额达 1.7 万亿元，比 2014 年扩大了 8.4 倍；全国农产品网络零售额 3 975 亿元，比 2016 年扩大了 1.5 倍。网络零售额的增加直接带动了农村物流业的快速发展。2019 年农村地区收投快递超过 150 亿件，占全国快递业务总量的 20% 以上。

表 12-10　2014～2019 年中国农村网络零售情况

年份	网络零售额统计 / 万亿元	网络零售额占全国网络零售比重 /%
2014	0.18	6.45
2015	0.35	9.03
2016	0.89	17.26
2017	1.24	17.28
2018	1.37	15.21
2019	1.7	15.99

整体来看，我国农村电商发展仍处于行业发展的成长期。现有农村市场有待继续开发，农村电商市场规模也将会进一步增加，对农村经济发展的贡献度将会持续上升。农村电商物流发展趋势良好。

1. 农村电商助推数字乡村建设

2019 年，各大电商平台纷纷加快了农村布局步伐，农产品供应链成为各大电商角力的新战场，一些涉农领域互联网科技公司快速成长。电商企业依靠其大数据、互联网优势布局农业种植和畜牧业养殖业，业务领域不断向农产品供应链前端延伸。农村电商的发展让更多的企业看到了商业机遇，投入农村电商的服务市场。既有传统的电商巨头，也有新兴的专业大数据服务公司，给农村电商发展带来资金和技术支持的同时也带来了很多创新的数字经济思维。另外，"互联网＋"助力"一带一路"发展，农产品电商国际化也将呈现常态化趋势。大量科技信息技术在农产品生产、流通和消费过程中得到应用，使得农产品电商供应链更加透明化和智能化，有利于农业的产供销全产业链数字化升级，促进中国农业的转型升级。

2. 生鲜电商发展迎来新机遇

进入 21 世纪 20 年代，中国生鲜电商市场迅速发力，成为各大电商平台激烈竞争的领域。盒马鲜生建立"餐饮＋仓储＋零售"三位一体的新零售门店，覆盖城市 5 公里社区；每日优鲜通过全品类精选，提供足够丰富的品类和优质的选品，为用户提供一站式购买服务；永辉超级物流以优质供应链引进全球高品质生鲜食材，打造功能丰富、体验感强的线下零售场景，并以门店为中心提供 3 公里半径的配送到家服务；7FRESH 为京东线下生鲜超市，主打生鲜海产品。2020 年初，新冠疫情暴发，大量的消费需求从线下转到线上，在线买菜成为消费热点，生鲜电商消费业绩大增。同时，这一时期也使得消费者对线上购买生鲜的便捷性和安全性的认知水平不断提高，培养了消费者线上购买生鲜产品的习惯。

3. 农产品冷链基础建设提速

2017～2020 年中央一号文件连续四年提出发展冷链物流，连续五年提及发展乡村物流服务。2020 年中央安排预算内投资，发挥中央财政资金对社会资本引导作用，支持建设一批骨干冷链物流基地，并大力支持家庭农场、农民合作社、供销合作社、邮政快递企业、产业化龙头企业建设产地分拣包装、冷藏保鲜、仓储运输、初加工等设施。同时，各大电商企业加大冷链投资力度，并纷纷对外开放 B 端冷链业务。截至 2020 年，苏宁冷链可在全国 100 多个大中型城市提供点到点、点到多点的冷链同城仓配服务。京东冷链设立 17 个仓，面向北京、上海、广州等全国 11 个主要城市提供仓配服务。

4. 消费扶贫将为农村电商提供新动力

据统计，2019 年东部沿海地区通过直接采购方式帮助贫困地区销售农产品 483 亿元；中央国家机关、中央企业直接采购和帮助销售定点扶贫县农产品 154 亿元；各类国有企事业单位、民营企业和社会组织直接采购和帮助销售贫困地区农产品金额超过 1 000 亿元。"互联网＋消费扶贫"模式让贫困地区农产品流通在线化、数据化，提高了流通和交易效率，进一步扩大了农产品上线的力度，为农村电商发展注入了新活力。

资料来源：人民网新电商研究院，中国农村电商物流发展报告，2020.

| 思考 |

1. 农村电商市场规模进一步扩大为电商物流带来哪些挑战？

2. 查阅相关文献资料了解邮政、菜鸟网络以及拼多多等企业或平台在发展农村电商物流中采取的措施。

🌀 案例分析 12-2

苏宁自营物流体系建设

苏宁易购是中国领先的智慧零售服务商，连续 5 年入围《财富》世界 500 强。2020 年，苏宁易购在《中国 500 最具价值品牌》中位居零售业第一位，品牌价值高达 2 968.15 亿元。苏宁易购致力于打造全景购物模式。在线下，苏宁易购拥有苏宁广场、苏宁家乐福社区中心、苏宁百货、苏宁零售云、苏宁极物、苏宁红孩子等多类别创新互联网门店；在线上，苏宁易购通过自营、开放和跨平台运营，在中国 B2C 行业位于前列，零售会员总数达 6.02 亿。

苏宁从 20 世纪 90 年代开始就自建物流，成为国内首批从事仓储、运输、配送等供应链全流程服务的零售企业。经过近 30 年发展，苏宁物流已经构建起仓储网络、骨干网络、末端网络三大基础网络，形成仓配、冷链、即时配、快递、快运、跨境、售后七大服务产品群。

截至 2020 年，苏宁易购已经在全国 44 个城市建立了物流基地 58 个，还有 18 个城市的 20 个物流基地在建、扩建。苏宁易购依托其物流基地和线下店面资源可以为用户提供"一小时达""即时配""半日达""一日三送"等即时配送服务。"送装一体"覆盖262个城市;其"一小时达"产品已覆盖全国15万个社区;半日达、当日达、次日达服务覆盖全国90%以上城市,乡镇网络覆盖全国98.8%地区。

此外,苏宁易购开放自身物流资源,提升社会化经营能力,充分发挥仓储规模优势,聚焦仓配一体服务,合作伙伴覆盖家电3C、家居家装、生鲜、百货、母婴、健身器材等多个品类商户。

资料来源:打造全国物流服务网 苏宁物流持续推动智慧物流建设,腾讯网,2020-09-11,https://new.qq.com/rain/a/20200911A0KG1M00。

| 思考 |

1. 苏宁的电子商务物流属于什么模式?该模式具有什么特点?

2. 结合苏宁电子商务的主要范围分析其物流的主要需求。

⊙ 实训项目

"双11"物流解决之道

1. 实训目标

各小组以某一电商企业或物流企业为研究对象,调研其在历年"双11"促销活动期间为解决物流问题而开展的工作,通过调研加深对物流与电商关系的理解。

2. 实训内容

(1)各小组自由选择一家电商或物流企业,如菜鸟网络、京东、顺丰、中国邮政、苏宁、申通、中通、圆通、百世等。

(2)调研该企业在历年"双11"促销活动期间为解决物流问题而开展的工作并撰写调研报告。报告内容应包括但不限于:①企业简介;②企业在"双11"大促中面临的问题;③企业在应对"双11"物流问题时采取的措施;④企业应用的主要信息技术,这些技术应用的范围,解决了什么问题;⑤应对措施取得的成效。

(3)各小组完成调研报告并在全班展示,教师点评。

CHAPTER 13

第13章

新型物流

|学习目标|

1. 掌握冷链物流的基本概念
2. 掌握冷链物流的分类
3. 了解危化品的分类与特性
4. 了解危化品的包装和储运

|导入案例|

鲜易供应链

河南鲜易供应链有限公司（以下简称"鲜易供应链"）于 2009 年成立，主营业务涵盖温控仓储、流通加工、冷链运输、城市配送、保税物流等专业冷链物流服务，同时为客户提供集采分销、供应链金融、供应链优化等增值服务以及温控供应链服务解决方案。截至 2020 年，鲜易供应链在全国拥有 7 个一级供应链园区和 23 个二级供应链基地，其网络存储容量为 237 万立方米。鲜易供应链针对电商行业推出行业解决方案，涵盖从产地、区域配送中心、城市高速配送中心、城市前置仓到客户端"最后一公里"的全流程环节，提供农产品的预冷、分级、打包、质检、流通加工、分拣包装、干线运输、城市配送等全程实时在线的温控服务，保障生鲜品的品质。通过云服务平台，鲜易供应链还可实现在线存储动态管理，并与合作伙伴共享数据和信息。在冷链运输配送方面，依靠全国五纵五横交通干线网络、城市配送网络和其他系统，鲜易供应链在全国 229 个城市提供冷链服务，并在全国 20 多个核心城市有 3 000 多个配送网点为食品加工、生鲜电商、商超连锁、餐饮团膳等客户提供 B2B 冷链城配服务。所有车辆均配备 TMS、GPS/GIS 等物流信息系统，并开通了中原—珠三角—长三角—环渤海—中原温控零担业务。

资料来源：鲜易集团 http://www.xianyigroup.com/index.php/index/xy_about，2021-02-20.

思考：

1. 结合案例分析以鲜易供应链为代表的中国冷链物流企业发展迅速的背景。

2. 冷链物流包括哪些内容？

13.1　冷链物流

13.1.1　冷链物流概述

1. 冷链物流的概念

根据《物流术语》，**冷链**（cold-chain）是指"根据物品特性，从生产到消费的过程中使物品始终处于保持其品质所需温度环境的物流技术与组织系统"。**冷链物流**（cold-chain logistics）是以冷冻工艺为基础、制冷技术为手段，使冷链物品从生产、流通、销售到消费者的各个环节始终处于规定的温度环境下，以保证冷链物品质量和减少冷链物品损耗的物流活动。

适用冷链物流的商品一般情况下可以分为三类：一类是初级农产品，包括蔬菜、水果、肉、蛋、禽、水产品、花卉等；二是加工后的食品，如速冻食品、肉、禽、水产等包装熟食，以及冰激凌和奶制品等；三是特殊商品，如疫苗和药品等。

冷链物流是以冷冻工艺学为理论基础、制冷技术为发展手段的一个物流行业中的重要分支。冷链物流的适用范围非常广泛，可以应用到水产品、食品加工业，农产品行业、医药行业、航天航空等各个领域。在实施过程中，冷链物流比常温物流有更高、更严格的限制要求，因此冷链物流是以先进的技术支持和共同协作的运营理念为依托而发展起来的一个重要的物流产业。

扫码观看13-1
食品安全与冷链
物流一。

2. 冷链物流的分类

（1）按温度适用范围分类。按温度适用范围，冷链物流可分为超低温物流、冷冻物流、冰温物流、冷藏物流和其他控温物流等，其控温条件如表 13-1 所示。

表 13-1　冷链物流按温度适用范围分类

分类	适用范围
超低温物流	−50℃以下
冷冻物流	−18℃以下

（续）

分类	适用范围
冰温物流	$-2 \sim 2℃$
冷藏物流	$0 \sim 10℃$
其他控温物流	$10 \sim 25℃$

（2）按所服务的物品对象分类。冷链物流按所服务的物品对象可以分为花卉植物冷链物流、食品冷链物流、医药冷链物流、化学品冷链物流和其他冷链物流等，具体如表13-2所示。

表 13-2　冷链物流按所服务的物品对象分类

分类	定义
花卉植物冷链物流	为花卉植物及其鲜切产品提供温度控制和气调储藏技术，以保证物品质量和安全的物流服务活动
食品冷链物流	为肉制品类、果蔬类、水产类、乳制品、禽蛋类、粮食类等易腐食品及其加工制品提供温度控制技术，以保证食品安全和品质的物流服务活动
医药冷链物流	为医疗器械、药品等提供温度控制技术，以保证物品质量和安全的物流服务活动
化学品冷链物流	为常规化学品以及危险化学品提供温度控制技术，以保证物品质量和安全的物流服务活动
其他冷链物流	为电子产品、精密仪器、活体运输、艺术品、生物样本等物品提供温度控制技术，以保证物品质量和安全的物流服务活动

3. 冷链物流体系的构成

冷链物流是一个复杂且环环相扣的供应链链条，总体来说它由冷冻加工、冷冻仓储、冷藏运输和冷冻销售四个部分组成，具体如表13-3所示。

表 13-3　冷链物流体系的构成

要素	定义
冷冻加工	食品在低温状态下的加工作业过程，需要冷却、冻结装置和速冻装置，将肉禽、蔬果、蛋类、鱼类等食物在低温条件下加工
冷冻仓储	使用冷藏库、冷藏柜或冰箱等设备保证食品在仓储和加工过程中达到低温要求并保持食物新鲜保存
冷藏运输	长途、中途运输或短途配送，甚至多式联运运输方式中，使用低温的运输工具将食品运送到需求地点，在此物流环节全程保证低温状态，任何温度变化都有可能引起食品品质的降低
冷冻销售	在冷冻食品销售过程中由批发商、分销商和零售商共同完成的，依靠冷藏冷冻陈列柜等设备保证冷链食品在销售过程中始终处于低温新鲜的条件下，最终到达消费者手中

4. 冷链物流的特征

冷链物流的目的是保证易腐生鲜物品的品质，并在此基础上实现增值，这就决定了它和其他物流系统有所区别。冷链物流有以下几个特征。

（1）协调性。作为专业物流，冷链物流涉及的领域相当广泛。易腐生鲜产品的不易储藏性，要求冷链物流必须高效运转，物流过程中的每个环节都必须具有协调性，这样才能保证整个链条的稳定运行。同时，冷链物流的监控难度也很大，因为冷链物流不仅要对点进行监控，还要跟踪整个产品的流通链。

（2）复杂性。冷链物流必须遵循 3T 原则，即物流的最终质量取决于冷链的储藏温度（temperature）、流通时间（time）和产品本身的耐储藏性（tolerance）。冷藏物品在流通过程中质量随着温度和时间的变化而变化，不同的产品都必须有对应的储藏时间和温度。同时，冷链物流服务的消费市场、产品生产和冷链物流服务环境还具有明显的区域性，这就大大提高了冷链物流的复杂性，所以说冷链物流是一个庞大的系统工程。

（3）高成本性。为了确保易腐生鲜产品在流通各环节始终处于规定的低温条件下，必须安装温控设备，使用冷藏车或低温仓库。例如，2020 年全国蔬菜消费量超过 7 亿吨，如果这些蔬菜有 20% 需冷藏运输，则需要追加冷藏车投资 100 亿元人民币以上。另外，为了提高物流运作效率又必须采用先进的信息系统等。这些都决定了冷链物流的成本比其他物流系统成本要高。

13.1.2　农产品冷链物流

1. 农产品冷链物流的概念

农产品冷链物流是指使肉、禽、蔬菜、水果、蛋、水产等农产品从产地采收（或捕捞、屠宰）后，在产品加工、储藏、运输、分销、零售等环节始终处于适宜的低温控制环境下，最大程度地保证产品品质和质量安全、减少损耗、防止污染的特殊供应链系统。生鲜农产品冷链物流的主要节点包括：上游的农户、养殖或者种植基地、生产加工基地、冷冻冷藏食品生产加工企业等生产者；中游的农业合作组织、产地批发市场和销地批发市场、物流中心、分销商等；下游的农贸市场、超市、零售商、餐饮企业、消费者等。这些节点连接构成冷链物流网络。

2. 农产品冷链物流的特殊要求

生鲜农产品冷链物流强调生鲜农产品从生产到消费的整个流通过程都必须不间断地在规定的低温状态下进行，即从收获（捕获、宰杀）、加工处理、储存、运输配送、销售直到消费者手中都处于低温环境下，组成一个低温条件下生产流通的连续不间断的体系，以保证农产品的质量，减少损失，把最佳质量的农产品提供给消费者。

（1）产地分级＋预冷。农产品在田间地头采收后，首先要进行严格的检验、检测工作，在源头严把质量关，以防止变质或有害的农产品进入流通领域，并根据需要进行分级处理，以此来提高产品的销售价值。经过初步分级拣选，并通过产地预冷迅速将其降低到规定温度，才能去除田间热，最大程度地提升品质、保留最佳口感，并降低流通损耗。

（2）运输配送。经过初步分级并进行产地预冷的农产品需要通过冷藏车，在合适的温度范围内将农产品运送到物流服务商的物流中心、大型商超物流中心、批发市场的物流中心，并进行冷藏储存。在装卸搬运过程中，应提前做好合理的调度安排，控制常温操作时间，注意温湿度的把控，尽量保持农产品的新鲜度。

（3）分拣、加工。有些农产品要经过加工才能配送到终端零售商、超市、便利店或终端消费者，或者从终端零售商、超市、便利店仓库进行分拣处理后送至消费者手中。在农产品加工过程中，需要注意加工技术、加工工艺的选择以及科学合理的包装，从而保证产品的品质。在销售过程中，应注意农产品保质期的核查，防止过期变质。

（4）配送。末端配送就是指农产品从商家送到最终消费者手中的过程。配送环节需要使用经济有效的冷链快递箱、冷藏电动车等，并合理规划城市冷链物流通道以及小区终端冷藏点设施。此外，在农产品全程冷链体系中，农产品信息追溯系统也很重要，对农产品进行溯源，了解农产品的种植、采摘以及物流全流程，可以保障农产品品质，提升消费体验。

延伸阅读

农产品冷链物流发展趋势

1. 冷链物流信息共享化与可视化

实现冷链物流上下游信息共享是改善冷链物流效率、确保农产品质量与安全、防止发生农产品冷链物流"断链"问题以及提高客户满意度的关键，同时也是打通冷链物流体系，形成相对完善的冷链物流产业链条的关键性解决措施之一。冷链物流信息共享不仅包括农产品冷链物流流通中各环节环境参数、食品质量安全情况、操控参数等相关信息的实时可视化，还包括生产商、供应商、零售商以及消费者之间的信息共享。冷链物流信息共享对发展农产品冷链物流产供销一体化流通模式、最大化冷链物流资源利用率以及实现冷链物流智能化、自动化操控具有重要推动作用。

2. 冷链物流操控智能化与自动化

随着我国冷链物流基础设施建设的不断完善以及农产品冷链物流信息化程度的不断提高，农产品冷链物流智能化、自动化操控成为未来冷链物流发展的必然趋势与需求。实现冷链物流操控智能化不仅可依据农产品所需温湿度标准存储需求，实现冷链物流各环节温湿度环境参数的自动化、智能化操作、监测与控制，还可显著降低冷链物流各环节人力、物力成本投入，提高冷链物流运行管理效率，实现食品质量与安全可追溯、可监控以及订单信息与位置可跟踪。另外，实现农产品冷链物流各环节智能化、自动化操控管理，可减少人为主观因素对冷链物流运营效率的影响。

3. 冷链物流运营精细化与专业化

伴随着冷链物流信息化、智能化、自动化的不断发展，农产品冷链物流流通中的每个环节都将可以实现农产品质量与安全的实时监控。信息系统通过客观的大数据统计与挖掘分析，人们可以及时获知冷链物流每个操控环节存在的不足或隐患，进而对其进行针对性的处理与优化。通过增强精细化、专业化的冷链物流管理不仅可确保新鲜农产品在冷链物流每个流通环节都处于合理适宜的低温环境，便于对出现质量与安全问题的环节落实责任，同时也可提高冷链物流各个环节的运营效率，降低全链条运营成本投入。

13.1.3 食品冷链物流

2019 年中国冷冻冷藏水产和肉制品进口量上涨至 1 000 万吨左右，果蔬、肉制品、水产品、乳制品、速冻食品总产量约为 12 亿吨，冷链物流市场需求巨大。

1. 食品冷链物流的概念

根据《食品冷链物流追溯管理要求》（GB/T 28843—2012），**食品冷链物流**（food cold-chain logistics）是指采用低温控制的方式使预包装食品从生产企业成品库到销售之前始终处于所需温度范围内的物流过程，包括运输、仓储、装卸等环节。

2. 食品冷链物流的服务对象

不同食品根据温度的不同要求可以分为四类：冷却食品、冻结食品、冰鲜食品和超低温食品。

扫码观看13-2
食品安全与冷链物流二。

（1）冷却食品。将食品的温度下降到食品冻结点以上的某一适宜温度。通常其物流过程的温度上限是 7℃，下限为 0～4℃之间的值。这样食品经过冷却后，可适当延长它的储藏期，并能保持新鲜状态。经过预冷的蔬菜、水果、水产品、乳制品等都可以采用这样的方式。但是在这种温度下，细菌等微生物还能继续生长，因此这种方式只能用于食品的短期储存。

1）水果的冷藏。水果经冷却后进行冷藏。由于水果的品种和种类不同，对低温的适应能力并不一样（见表 13-4）。生长在热带和亚热带的水果，如香蕉、柠檬、菠萝、柑橘、杧果等，对低温伤害都很敏感；某些温带水果，如苹果和梨的早、中熟品种，也不耐结冰点附近的低温。一般来说，温带水果忍受低温的限度为 0～4℃；柑橘、菠萝等能忍受的低温为 6～9℃，香蕉能忍受的最低温度为 12℃。为了防止低温伤害，应采用稍高的温度储存。

表 13-4 一些水果的冷藏条件与储存期

水果种类	冷藏温度 /℃	相对湿度 /%	储存期 / 天
苹果	-1.1～4	90	90～240
桃	-0.6～0	90	14～28
梨	-1.1～0.6	90～95	60～210
李子	-0.6～0	90～95	14～28
葡萄	-1.1～0.6	90～95	90～180
香蕉	13.3～14.4	90～95	14～21
菠萝	7.2～12.8	85～90	14～28
杧果	10～12	80～85	14～21
柑橘	5～8	85～90	21～56

2）蔬菜的冷藏。有些蔬菜对低温很敏感，所以极易产生低温伤害，如茄子、黄瓜、番茄等，如表 13-5 所示。

表 13-5　一些蔬菜的冷藏条件与储存期

蔬菜种类	冷藏温度 /℃	相对湿度 /%	储存期 / 天
青番茄	12	90～95	21
红番茄	7～10	90～95	7
黄瓜	7～10	90～95	10～14
青椒	7～10	90～95	14～21
带荚青豌豆	0	90～95	7～21
花菜	0	90～95	14～28
白菜	0	90～95	60
菠菜	0	90～95	7～14
马铃薯	7	80～90	112～168

（2）冻结食品。在冻结食品的物流运作过程中，食品的储藏温度需控制到食品冻结点以下的某一预定温度，一般要求保持在 -18℃ 以下，这样能够使食品中含有的大量水分形成结晶，从而使微生物的生命活动及酶的生化作用受到抑制，保证食品长期储存。冻结食品的货架期是温度的函数，温度越低，货架期越长。

对于已冻结的食品来说，储存温度越低，品质保持得越好。但是考虑到设备费、电费等日常运转费用，就存在一个经济性问题。另外多数农产品一年一收，因此，食品的储存期太长没有实际意义。-18℃ 对于大部分冻结食品来讲是最经济的储运温度，在此温度下大部分冻结食品可储存一年时间而不失其商品价值。国际制冷学会推荐的各种冻结食品的储存温度与使用储存期如表 13-6 所示。

表 13-6　冻结食品的储存温度和使用储存期　　　　　　（单位：月）

冻结食品种类	-18℃储存期	-25℃储存期	-30℃储存期
牛白条肉	12	18	24
小牛白条肉	9	12	24
羊白条肉	9	12	24
猪白条肉	6	12	15
少脂肪鱼	8	18	24
多脂肪鱼	4	8	12
虾	6	12	12
加糖的桃、杏或樱桃	12	18	24
不加糖的桃、杏或樱桃	12	18	24
加糖的草莓	18	＞24	＞24
柑橘类或其他水果的果汁	24	＞24	＞24
扁豆	18	＞24	＞24
胡萝卜	18	＞24	＞24
花菜	15	24	＞24

（3）冰鲜食品。在冰鲜食品的物流运作过程中，储藏温度控制在 0℃ 冻结点温度范围内，属于非冻结保存，能够保持食品较高新鲜度，延长食品储藏期。然而在物流运作过程

中，温度的把控范围比较小，一般为 –2 ～ 0℃，这就对储藏技术提出了更高的要求。以冷却肉的冷藏为例，冷却肉的冷藏是一种短期的储存手段，必须注意其储存期限。因为冷却肉储存在 0℃ 左右，这样对于导致食品腐败变质的微生物和酶的抑制作用是有限的，若储存时间过长，易使冷却肉腐败变质。

根据国际制冷学会的资料，冷却肉在不同的冷藏条件下所对应的储存期限如表 13-7 所示。

表 13-7　冷却肉的冷藏条件和储存期限

冷却肉种类	温度 /℃	相对湿度 /%	储存期 / 天
牛肉	–1.5 ～ 0	90	21
小牛肉	–1 ～ 0	90	7 ～ 21
羊肉	–1 ～ 0	85 ～ 90	7 ～ 14
猪肉	–1.5 ～ 0	85 ～ 90	7 ～ 14
内脏	–1 ～ 0	75 ～ 80	3

（4）超低温食品。超低温食品主要指一些水产品，如金枪鱼等，温度要求在 –45℃ 以下，在其整个物流运作过程中，储藏温度至少保持在 –30℃，使其品质保持效果明显，货架期也比较长。

3. 食品冷链物流的特点

除了具备传统物流的特点，食品冷链物流还具有以下几个特点：

（1）服务对象的特殊性。冷链物流服务的对象是易腐物品，从生产、加工、分销到销售的所有环节都必须具有合适的温度，以确保物品的质量并减少每个环节的损失和浪费，换言之，产品质量的水平与温度的适宜性成正比。

（2）技术含量高。冷链物流服务对象的特殊性，决定了其对温度和时间方面的要求非常严格，任何方面的差错都会导致产品出现不可逆转的质量问题。因此，冷链物流必须全程进行低温和恒温控制以及质量监控，这就要求冷链物流必须有先进的技术加以支持。另外，冷库储藏食品种类繁多，系统分配冷藏库位时应进行严格的分类管理以避免不同食品出现交叉污染的情况。

（3）投资数量巨大。为了保证冷链物流运作过程中食品的品质，整个冷链物流运作过程中，冷链设施是必不可少的，但在不同环节所需的制冷设施是不同的，比如：储存食品时需要不同温度的冷藏库，运输、配送食品时需要不同温度的冷冻车、冷柜集装箱等。为了避免食品出现"断链"等现象，还应对其运输过程进行跟踪监控，并建立先进的物流信息平台。因此，与一般的物流链比较，冷链物流所需的投资成本更高、规模更大。

（4）运作流程高效化。由于食品易腐易变质的特殊性，其保鲜期一般较短，因此在运输、配送的过程中，对时间的要求必然严格，假如超过了预期的时间，食品品质就可能出现较大程度的损坏，不仅食品销售额会减少，而且会影响企业的声誉，进而增加了企业的运营风险。所以，运行冷链物流就要保证企业的各个物流环节具有高度时效性，使整个冷链物流在保证产品品质的同时，也可以获得最大的收益。

（5）冷链物流环境的严格性。不同的食品对温度和湿度的要求不同。生鲜产品具有明显的季节性、区域性的特点，食品的生产、储藏、配送及销售的各个环节要求不同的温度。对于生鲜食品而言，如果通过降低环境温度使其组织内的水分凝结成冰晶体，则会减少微生物的活动以及降低酶的活性，这有助于保持生鲜食品的新鲜度。但是，当温度过低时，形成的大量冰晶体会对生鲜食品的组织产生挤压，从而导致细胞破裂、营养素流失，进而降低生鲜的品质。同样地，降低环境的湿度，有助于抑制微生物的生长，但容易因空气干燥导致食品脱水。因此，不同的食品选择合适的冷藏、冷冻环境是保证食品品质的重要条件之一。

13.2 危化品物流

化学品因其组成和结构不同而性质各异，其中有些具有易燃易爆、有毒有害及腐蚀特性，会引起人身伤亡、财产损毁或对环境造成污染的化学品称为危险化学品。根据中国《危险化学品目录》（2018 版），"危险化学品"（简称"危化品"）是指具有毒害、腐蚀、爆炸、燃烧、助燃等性质，对人体、设施、环境具有危害的剧毒化学品和其他化学品。随着我国经济持续增长，危化品生产、流通量和进出口量的增长速度逐年加快，危化品在社会生产、人民生活中的重要性也日益显著，国民经济各行业对危险物品的需求也呈现快速增长态势。危化品作为一种特殊商品，一旦偏离正常的物流过程，就会造成相当大的环境危害、经济损失和负面的社会影响。危化品物流过程中发生的事故通常都是灾难性事故，使政府和企业陷入极端困难的境地。因此，危化品物流管理具有重要意义。

13.2.1 危化品的分类和特性

1. 危化品的分类

目前人类已经发现的危化品有 6 000 多种。在《危险化学品目录》（2018 版）中，根据物理危险、健康危害和环境危害，确定了危化品 2 828 种，这些危化品大致可以分为 9 个大类，具体见表 13-8。

表 13-8 危化品基本分类

分类	定义
爆炸品	在外界作用下（如受热、摩擦、撞击等）能发生剧烈的化学反应，瞬间产生大量的气体和热量，使周围的压力急骤上升，发生爆炸，对周围环境、设备、人员造成破坏和伤害的物品
压缩气体和易燃气体	指压缩的、液化的或加压溶解气体。这类物品当受热、撞击或强烈震动时，容器内的压力会急剧增大，最终导致容器破裂爆炸，或导致气瓶阀门松动漏气，酿成火灾或中毒事故
易燃液体	本类物质在常温下易挥发，其蒸汽与空气混合能形成爆炸性混合物

（续）

分类	定义
易燃固体、自燃物品和遇湿易燃物品	易燃固体是指燃点低，对热、撞击、摩擦敏感，易被外部火源点燃，燃烧迅速，并可能散发出有毒烟雾或有害气体的固体物质，如硫黄。易于自燃的物质是指燃点低，在空气中易于发生氧化反应，放出热量而自行燃烧的物品，如黄磷。遇湿易燃物品是指遇水或受潮时，发生剧烈化学反应，放出大量的易燃气体和热量的物品，如电石
氧化剂和有机过氧化物	这类物品具有强氧化性、助燃性、爆炸性、毒害性和腐蚀性
毒害品和感染性物品	指进入人（动物）肌体后，累积达到一定的量，能与体液和组织发生生物化学作用或生物物理作用，扰乱或破坏肌体的正常生理功能，引起暂时或持久性的病理改变，甚至危及生命的物品。如各种氧化物、砷化物、化学农药等
放射性物质	含有放射性核素，并且物品中的总放射性含量和单位质量的放射性含量均超过免于监管的限值的物品。国家规定的豁免值是指不超过国家标准《放射性物质安全运输规程》（GB 11806—2004）中放射性核素的基本限值
腐蚀品	能灼烧人体组织并对金属等物品造成损伤的固体或液体
杂类危险物质和物品	运输中呈现出未列入其他类别的危险的物质和物品

2.危化品的危害

危化品由于具有危险、危害特性，一旦发生事故会造成很大的危害后果，归纳起来主要有以下三个方面。

（1）火灾爆炸危害性。绝大多数危化品都具有易燃易爆危险特性，无机氧化剂本身不燃，但接触可燃物质后很易燃烧，有机氧化剂自身就可发生燃烧爆炸，有些腐蚀品和毒害品也有易燃易爆危险。又因生产或使用过程中，往往处于高温、高压或低温、低压的环境，因此在生产、使用、储存、经营及运输、装卸等过程中，若控制不当或管理不善，很容易引起火灾、爆炸事故，从而造成严重的破坏后果。

（2）毒害性。危化品中有相当一部分具有毒害性。在一定条件下人体接触危化品会对健康造成危害，甚至致人伤亡，而且有数百种危化品具有致癌性，如苯、砷化氢、环氧乙烷等，已被国际癌症研究中心（IARC）确认为人类致癌物。

（3）环境污染性。绝大多数危化品一旦泄漏，会对环境造成严重的污染（如对水、大气层、空气、土壤的污染）进而危害人的健康。

3.危化品物流的特点

由于危化品特殊的物理化学性质，如易燃易爆、有毒、腐蚀等，因此相对于一般物流而言，危化品物流有其自身的特点。

（1）危化品的物流运作要求相关从业人员更具有技术性和专业性，具备安全意识与责任，了解所运输或存储危化品的理化性质，并能进行合理的应急处理。

（2）因外部环境的变更极易改变危化品的安全状态从而导致事故发生，所以危化品物流对设备与存储环境的要求更加严格。

（3）危化品物流事故相较于一般物流事故而言，后果更为严重，其通常都是灾难性事故，不仅会造成人员伤亡和经济损失，更会带来环境危害和负面的社会影响。

典型案例

腐蚀品包装问题造成的伤害

"华春"轮驶进某港，在所载的货物中有一批烧碱。包装方式为钢制圆桶型密封容器，外用塑料薄膜，木制托盘简易成组包装。卸货时港区采用的钢丝绳吊具没有支架，起吊时钢丝绳收紧后使包装件受勒，导致塑料薄膜破损，并且因包装件受力后钢桶受挤压，造成不同程度的损坏。进入仓库使用叉车进行归桩、堆码时，包装破损的货物没有得到及时妥善的处理，桶内储存的片状及珠状的烧碱直接暴露在空气中。在该批货物卸货及储存的十余天内，先后造成了 40 余人的皮肤、眼睛灼伤。采取紧急措施及时处理破损的烧碱桶后，事故才得以有效控制。

资料来源：伍瑛，黄建. 商品养护 [M]. 长沙：湖南大学出版社，2012.

13.2.2　危化品包装

根据《危险货物运输包装通用技术条件》（GB 12463—2009），危化货物运输包装是根据危险货物的特性，按照有关标准和法规，专门设计制造的运输包装。

1. 危化品运输包装标识

危化品包装通过对应的试验后，容器表面都印有对应的 UN 代码，危化品包装的 UN 代码应匹配危化品的包装分类。现举例说明，如 UN 1A1/Y1.4/100/16/CN/320814，其中 UN 代码中的数字及字母的含义如表 13-9 所示。

表 13-9　危化品包装标识示例

标识代码	标识说明	
1A1	容器编码	1= 桶，A= 钢，1= 闭口
Y	容器类别	Y= 符合 Ⅱ 类包装要求
1.4	相对密度	
100	液压实验压力（kPa）	
16	制造年份	
CN	原生产国代号	
320814	生产商代号	

2. 危化品运输包装的基本要求

《危险化学品安全管理条例》第十七条规定，危险化学品的包装应当符合法律、行政法规、规章的规定以及国家标准、行业标准的要求。危化品运输包装的基本要求如表 13-10 所示。

表 13-10　危化品运输包装的基本要求

基本要求	说明
结构合理，具有一定强度，防护性能好	包装的材质、形式、规格、方法和单件质量应与所装危险货物的性质和用途相适应，并便于装卸、运输和储存

（续）

基本要求	说明
质量良好	构造和封闭形式应能承受正常运输条件下的各种作业风险，不应因温度、湿度或压力的变化而发生任何渗漏，包装表面应清洁，不允许粘附有害的危险物质
包装强度	包装与内装物直接接触部分，必要时应有内涂层或进行防护处理，包装材质不得与内装物发生化学反应而形成危险产物或导致削弱包装强度
内、外包装之间应有适当的衬垫	危险货物包装是复合包装，外包装和内包装之间应有适当的衬垫材料，危险货物的衬垫材料应具备缓冲、吸附和缓解作用
液体的容器能承受内部压力	盛装液体的容器，应能经受在正常运输条件下产生的内部压力。灌装时必须留有足够的膨胀余量（预留容积），除另有规定外，应保证在温度55℃时内装液体不致完全充满容器
包装的封口应与所装危险货物的性质相适应	危险货物包装的封口应严密不漏。特别是挥发性强或腐蚀性强的危险货物，封口更应严密，但对有些危险货物不只要求封口严密，甚至还要求设有通气孔。有降压装置的包装，其排气孔设计和安装应能防止内装物泄漏和外界杂质进入，排出的气体量不得造成危险和污染环境
经过包装测试	无论是新型包装、重复使用的包装，还是修理过的包装，均应符合危险货物运输包装性能试验的要求
包装材料符合运输需要	包装所采用的防护材料及防护方式，应与内装物性能相容且符合运输包装件总件性能的需要，能经受运输途中的冲击与震动，保护内装物与外包装，当容器破坏，内装物流出时也能保证外包装安全无损
包装的外表应按规定标明各种包装标志	危化品的包装内应附有与危化品完全一致的化学品安全技术说明书，并在包装（包括外包装件）上加贴或者拴挂与包装内危化品完全一致的化学品安全标签

3.危化品运输包装方法

（1）防毒包装。防毒包装的主要措施是包装严密不漏、不透气。例如重铬酸钾（红矾钾）和重铬酸钠（红矾钠）为红色带透明结晶，有毒，应用坚固铁桶包装，桶口要严密不漏，制桶的铁板厚度不能小于1.2mm。对有机农药一类的商品，应装入沥青麻袋，封口严密不漏。如用塑料袋或沥青纸袋包装，外面应再用麻袋或布袋包装。用作杀鼠剂的磷化锌有剧毒，应用塑料袋严封后再装入木箱中，箱内用两层牛皮纸、防潮纸或塑料薄膜衬垫，使其与外界隔绝。

（2）防蚀包装。对有腐蚀性的商品，要注意商品和包装容器的材质发生化学变化。金属类的包装容器，要在容器壁涂上涂料，防止腐蚀性商品对容器的腐蚀。例如包装合成脂肪酸的铁桶内壁要涂有耐酸保护层，防止铁桶被商品腐蚀，从而商品也随之变质。再如氢氟酸是无机酸性腐蚀物品，有剧毒，能腐蚀玻璃，不能用玻璃瓶做包装容器，而应装入金属桶或塑料桶，然后再装入木箱。甲酸易挥发，其气体有腐蚀性，应装入良好的耐酸瓶、玻璃瓶或塑料桶中，严密封口，再装入坚固的木箱或金属桶中。

（3）防燃、爆包装。防燃、爆包装用于易燃、易爆商品，例如有强烈氧化性的，遇有微量不纯物或受热即急剧分解引起爆炸的产品。防爆包装的有效方法是用塑料桶包装，然后将塑料桶装入铁桶或木箱中，每件净重不超过50kg，并应有自动放气的安全阀，当桶内达到一定气体压力时，能自动放气。

13.2.3 危化品仓储

根据《危险化学品安全管理条例》，危化品应当储存在专用仓库、专用场地或者专用储存室内，并由专人负责管理，通过对危化品仓库的安全设计，能够有效提高危化品仓库的安全指数。

1. 危化品仓库及分类

危化品库是储存和保管危化品的场所。危化品仓库一般占地面积较大，在布局上应区别各类物品的不同性能，以"安全第一"为原则，搞好区域规划。危化品库根据隶属和使用性质分为甲、乙两类，甲类是商业仓储业、交通运输业、物资管理部门的危化品库，乙类为企业自用的危化品库。其中甲类危化品库储量大、品种多，所以危险性大。根据规模又可分为三类：面积大于 9 000m² 的为大型危化品库；面积在 550 ~ 9 000m² 的为中型危化品库；550m² 以下的为小型危化品库。根据危化品库的结构形式分为地上危化品库、地下危化品库和半地下危化品库。

2. 危化品仓库选址

危化品仓库必须选择适当的位置。根据《危险化学品经营企业的开业条件和技术要求》，大中型危化品仓库应与公共建筑、交通干线、工业和采矿场所等的距离保持至少1 000 米，存放面积为 550 ~ 9 000m²，并选择全年通行的顺风方向。小型危化品仓库应建在企业单位区域的边缘，并具有安全的防火距离。

危化品仓储库房建筑设施必须符合国家相关规定，如《建筑设计防火规范》《仓储场所消防安全管理通则》等。它包括仓库选址、库房布置、建筑防火等级、仓储能力水平、改造扩建情况以及机械化水平等。合理规划和布置利用危化品仓储库房，能够有效地防控危化品事故带来的灾害。

3. 危化品储存安全措施

加强危化品管理，有效地减少危化品安全事故的发生，保证企业安全生产，具有十分重要的意义。危化品储存的主要安全措施见表 13-11。

表 13-11 危化品储存安全措施

安全措施	要求
分类独立储存	危化品的储存要按照其性质、要求和消防施救方法的不同严格分类独立储存于特殊专用的危化品仓库中
控制好仓库的通风、干燥及温湿度等条件	根据所储存的化学品的性质而定，一般危化品仓库的温度宜控制在 -10 ~ 35℃。危化品仓库宜设置干温湿度计及防爆空调，以控制化学品仓库内的温度
安全操作	在危化品的装卸、搬运、堆码过程中，要严格遵守相关的操作要求和合规的工序流程进行操作，做到持证上岗，要做好个人安全防护，穿戴好个人防护用品

（续）

安全措施	要求
安全预防	企业根据危化品特性和仓库条件，配置相应的消防设备、设施和灭火药剂，如有条件可安装自动监测和事故报警系统。危化品仓库安全管理工作要切实落实好，强化制度建设，明确安全责任。如仓库管理员应做好人员进入仓库登记录，做好五防（防火、防盗、防潮、防爆、防腐蚀）工作。企业应定期开展仓库安全隐患检查，排除安全隐患
应急预案	在日常工作中，企业要备有针对着火、爆炸、泄漏等情况的应急救援预案，成立应急救援队伍并定期组织演习

13.2.4 危化品运输

随着国民经济的快速发展和我国占国民经济比重越来越高的汽车工业特别是石油化工工业的快速发展，化工生产企业对运输的需求大大增加，对产品物流服务的要求也越来越高。危化品运输是一种特殊运输，是指由特殊组织或技术人员使用特殊车辆对非常规物品的运输。一般而言，只有经过国家有关职能部门的严格审查以及有可以确保危险货物安全运输的相应设施和设备后，才有资格从事危险化学品运输。

1. 危化品运输的特点

（1）危化品种类繁多。道路运输装载的危化品具有多样性。根据《危险化学品目录》（2018版）对危化品的定义进行科学分类，共计有9个大类22个小类，涉及危化品2 828种。每个品类的运输条件各不相同，运输注意点也不同，稍有不慎便会发生燃烧、爆炸、有毒物质泄漏等事故。

（2）人员车辆的专业性强。根据《危险货物安全管理规定》，从事生产、经营、储存、运输、使用危险货物或者由危险货物单位处置危险货物的人员，必须接受有关法律法规、规章和安全规定以及相关职业知识、专业技能和职业健康的培训，并通过考试，才能从事相关工作。运载危险货物的车辆与用于一般货物运输的车辆相比也有不同要求。交通运输部发布的《汽车运输危险货物规则》和《营运车辆技术等级划分和评定要求》对载运危险货物的车辆的技术条件和设施做出了特殊规定。《道路危险货物运输管理规定》还明确规定，危险货物运输的车辆、集装箱、装卸机械和工具必须符合交通运输部《汽车运输危险货物规则》的规定，并已通过道路运输管理局的检查和鉴定。

（3）运输危化品危险较大。有害化学物质运输事故造成的损害远远大于普通货物运输事故造成的损害。一旦发生碰撞、泄漏等危化品运输事故，就容易引起火灾、爆炸、与人体接触的有毒物质以及与人和物接触的腐蚀性物质等继发性灾害，可能会严重威胁到人类的生命财产安全。例如，2020年6月13日，浙江台州沈海高速公路温岭出口处，一辆从宁波开往温州的槽罐车爆炸。事故造成19人遇难，172人住院治疗，24人重伤，周边建筑物受到不同程度的损坏。

（4）运输管理中有许多相关法规。鉴于危化品的高风险性质，危化品的运输必须严格遵守国家有关部门的有关规定，例如《中华人民共和国安全生产法》《中华人民共和国道路

交通安全法》《危险货物道路运输安全管理办法》等。也有相关的法律文件为危化品的分类
名称和标记的注册以及各种生产、运营和运输提供了特定的规范性指导和约束。有关的国
际法规主要是联合国颁布的《关于危险货物运输的建议书·规章范本》[⊖]。此外，其他负责
危险货物运输的国际组织也针对各自领域制定了法规。还有一些国际公约、协定和准则也
涉及危化品运输问题。它们与《关于危险货物运输的建议书·规章范本》共同构成了国际
危化品运输应遵循的法律体系。

2. 危化品运输应注意的问题

危化品具有特殊的物理、化学性质，运输中如防护不当，极易发生事故，并且事故所
造成的后果较一般运输事故更加严重。因此，为确保安全，在危化品运输中应注意以下八
点，如表 13-12 所示。

表 13-12　危险品运输八注意

注意事项	要求
注意包装	危化品在装运前应根据其性质、运送路程、沿途路况等采用安全的方式包装好。包装必须牢固、严密，在包装上做好清晰、规范、易识别的标志
注意装卸	危化品装卸现场的道路、灯光、标志、消防设施等必须符合安全装卸的条件。装卸危化品时，汽车应在露天停放，装卸工人应注意自身防护，穿戴必需的防护用具。严格遵守操作规程，轻装、轻卸，严禁摔碰、撞击、滚翻、重压和倒置，怕潮湿的货物应用篷布遮盖，货物必须堆放整齐，捆扎牢固。不同性质的危化品不能同车混装，如雷管、炸药等切勿同装一车
注意用车	装运危化品必须选用合适的车辆，爆炸品、一级氧化剂、有机氧化物不得用全挂汽车列车、三轮机动车、摩托车、人力三轮车和自行车装运；爆炸品、一级氧化剂、有机过氧物、一级易燃品不得用拖拉机装运。除二级固定危化品外，其他危化品不得用自卸汽车装运
注意防火	危化品运输忌火，危化品在装卸时应使用不产生火化的工具，车厢内严禁吸烟，车辆不得靠近明火、高温场所和太阳暴晒的地方。装运石油类的油罐车在停驶、装卸时应安装好地线，行驶时，应使地线触地，以防静电产生火灾
注意驾驶	装运危化品的车辆，应设置《道路运输危险货物车辆标志》规定的标志。汽车运行必须严格遵守交通、消防、治安等法规，应控制车速，保持与前车的距离，遇有情况提前减速，避免紧急刹车，严禁违章超车，确保行车安全
注意漏散	危化品在装运过程中出现漏散现象时，应根据危化品的不同性质进行妥善处理。爆炸品散落时，应将其移至安全处，修理或更换包装，对漏散的爆炸品及时用水浸湿，请当地公安消防人员处理；储存压缩气体或液化气体的罐体出现泄漏时，应将其移至通风场地，向漏气钢瓶浇水降温；液氨漏气时，可浸入水中。其他剧毒气体应浸入石灰水中。易燃固体物品散落时，应迅速将散落包装移至安全处所，黄磷散落后应立即浸入水中，金属钠、钾等必须浸入盛有煤油或无水液体石蜡的铁桶中；易燃液体渗漏时，应及时将渗漏部位朝上，并及时移至安全通风场所修补或更换包装，渗漏物用黄砂、干土盖没后扫净
注意停放	装载危化品的车辆不得在学校、机关、集市、名胜古迹、风景游览区停放，如必须在上述地区进行装卸作业或临时停车，应采取安全措施，并征得当地公安部门的同意。停车时要留人看守，闲杂人员不准接近车辆，做到车在人在，确保车辆安全
注意清厢	危化品卸车后应清扫车上残留物，被危化品污染过的车辆及工具必须洗刷清毒。未经彻底清毒，严禁装运食用、药用物品、饲料及动植物

⊖　联合国《关于危险货物运输的建议书·规章范本》第 20 修订版已于 2017 年 7 月正式发布。

本章小结

本章介绍了冷链物流和危化品物流两种新型物流形态。冷链物流是物品从供应地向接收地的实体流动过程中，为保证产品品质，使物品始终保持在规定的低温环境下的一种特殊物流。冷链物流主要包括农产品冷链物流、食品冷链物流和医药冷链物流等。其次，本章介绍了危化品物流。危险化学品是指有剧毒、腐蚀性、爆炸性、可燃性和助燃性的，对人体、设施和环境有害的高毒性化学物质和其他化学物质。由于危化品特殊的理化性质且各不相同，因此相对于一般物流而言，危化品的包装、仓储和运输有其自身的特点。

主要术语

冷链（cold-chain）   食品冷链物流（food cold-chain logistics）
冷链物流（cold-chain logistics）

理论自测

1. 请简要概括冷链物流和危化品物流的基本概念。
2. 冷链物流有哪些显著的特征？
3. 请简要说明危化品的分类与特性。
4. 危化品物流仓储特征有哪些？

扫码阅读13-3
第13章练习题。

案例分析 13-1

太古宁波冷库

太古冷藏仓库有限公司（以下简称"太古冷藏"）成立于 2010 年，是太古集团股份有限公司（以下简称"太谷集团"）的全资子公司。太古集团为客户提供先进的冷藏设施及冷链物流服务，是其核心业务之一。以仓储量计算，太古冷藏为全球第三大冷链物流运营商。太古冷藏自 2011 年开始在中国进行冷链物流布局，拥有广州、上海、廊坊、宁波与南京的 5 座现代化冷库。

太古宁波冷库（以下简称"宁波冷库"）位于宁波北仑港区的国际物流园区内。宁波港是世界上罕见的自然港口之一，也是中国四大深水枢纽港口之一。国际物流园距市中心约 40 公里，地理条件优越。宁波冷库占地面积约 $68\,000m^2$，建筑面积约 $44\,000m^2$，能提供 40 万 m^3 的温控存储空间，总容量超过 7 万托盘。宁波冷库主要用于存放宁波、舟山等地的水产品、水果、肉类等，并为国际知名快递公司提供冷藏服务。

1. 物流设施与设备建设

宁波冷库按照美国标准建造。冷库内分设不同的独立库房，可按客户的需求提供 $-25 \sim 15℃$ 的多温区存储服务，并采用智能化的制冷温控技术和可视化的温控数据管理系统，实现冷库温度的实时监测，保障存储货品的品质。冷库高度超过 20m，安装了分为 8 层的高层货架系统，利用高位叉车拣货。该冷库主要有两个特点：一是装卸道口多，便于流通；二是通道部分比一般的冷库大。冷库的每层货架空间高度可根据不同货物的要求灵活地调节。除了拥有多个温区的库房，该冷库还有 0 ~ 4℃ 的制冷缓冲间（穿堂）。

2. 物流信息化管理

宁波冷库引进了太古集团参与开发的先进的仓库管理系统（WMS），可为客户提供 24 小时获取库存详情、发货状态、订单打印及其他信息服务。WMS 可通过 EDI 技术与业内通用 ERP 系统实现对接。WMS 系统记录每个库位上存放的货物的名称、入库时间、质检信息以及每一托盘货物所在的库房、货架位置。宁波冷库通过采用温度监控系统可做到全天候的实时温度监控，运用智能化的制冷温控技术调节库区温度，并能实现可视化的温度数据管理。库内作业 RF 系统代替传统的人工作业，在提升作业效率的同时也提高了信息管理的准确率。

3. 作业流程管理

在出入库环节，宁波冷库要求客户提前 24 小时进行预约，客服部门会在 0.5 小时内响应客户要求，由 WMS 自动生成入库或出库预约单。入库过程中，由于一般客户的货车大部分是厢式车，因尺寸问题，货车与装卸平台对接时有间隙，为保证冷链不断链，宁波冷库的卸货平台设计了充气门封气囊，可根据车辆尺寸调整大小，保证装卸作业在合适的温度环境下进行。同时装卸作业平台设有视频监控系统，以监督作业人员规范作业。针对客户的货品不符合入库温度要求的情况，宁波冷库会选择适当的方式对货品进行预冷处理，更好地保障入库货品的品质。宁波冷库目前存储的水产品大多是海鲜产品，以金枪鱼、鱿鱼等为主，在上托盘之前，冷库用专用纸板铺在木托盘上方，以防止海鲜产品血水滴落，保持库区整洁，并可以延长木托盘的使用寿命。此外，货品用塑料袋及缠绕膜进行打包，以减少存储货品干耗。宁波冷库制定严格程序确保库存货品的品质，规定专人负责每天两次的入库巡检，跟踪货品存储状态。宁波冷库实行严格的不良品管控制度，建立了一套可追溯的不良品销毁体系，并委托当地有资质的第三方企业施行。

资料来源：走进全球最现代化的"冰箱"——太古宁波冷库，http://roll.sohu.com/20160711/n458689949.shtml.

| 思考 |

1. 结合材料分析冷库和一般仓库的不同之处。

2. 货物入库前，冷库需要做哪些准备工作？

🕹 案例分析 13-2

宝供的化工供应链管理

宝供物流企业集团有限公司（以下简称"宝供"）创建于 1994 年，是国内第一家以物流名称注册的企业集团，是我国最早运用现代物流理念为客户提供一体化物流服务的专业第三方物流企业。

与其他行业相比，化工行业对供应链、物流服务的要求更高，它具有危险系数高、专业性强、准入门槛高等特点。宝供的化工物流具有完备的危险品运输资质，先后与许多跨国及国内化工巨头合作并获得广泛认可。

IBM 商业价值研究院调研数据显示，91% 的化工企业主管表示，在未来的两到三年，云计算是对企业业务战略影响最大的一项技术；74% 表现出众的化工企业主管具有采用数字技术的改革愿景；84% 的化工企业主管在配送和物流环节广泛采用数字技术。宝供很早就发现并捕捉到这一趋势，通过外部先进软、硬技术的引入、内部管理的提升，搭建宝供的"供应链控制塔"，提升数字化能力，保障化工供应链的安全与透明。

控制塔一般指机场的控制塔台，其目的是控制飞机、地面车辆，指挥飞机起飞和落地。此概念引申到供应链管理中，是指在恰当的时间把需要的信息呈现给相关人员，成为企业各业务部门信息的汇集平台，实现实时事件与例外管理，全流程透明可视化，为管理者提供决策支持，通过预测性分析、AI 算法等不断优化供应链业务。宝供供应链控制塔在实现数字化物流的同时，也保障了化工物流的安全与透明。

除了控制塔技术外，宝供还建立了一套成熟且符合危险货物道路运输安全管理要求的质控服务体系，来保障化工物流的透明、安全、高效。该体系涵盖了 GMP（工业化的管理系统及质量保障系统）、SHE（安全、健康和环境管理体系）、RSQAS（道路安全质量评估体系）等，并按 ISO 9001 质量管理体系，通过信息管理系统规范了公司所有人员的日常工作职责、工作标准和工作程序，形成一整套科学、严谨的考核奖惩机制。宝供遵循安全、合规、绿色原则，具备完善的化工紧急预案和项目管理制度，包括驾驶员疲劳驾驶预警系统等科技手段；应用新技术，通过硬件加软件以及结合平台管理模式，使危化品运输不再危险，化工品供应链更加物畅其流。

危化品道路运输涉及化工化学、运输车辆、特种设备管理等专业化知识，这些都需要采用专业化管理。宝供拥有各类专业化工物流管理人员 200 多人，每年通过校园招聘吸引优秀学子，为企业培养专业人才打下了良好基础。同时，宝供以标准化操作程序为手段，在物流过程的每个环节实施有效的质量控制，建立了"培训—定期检查—考核—再培训"严谨的培训管理流程，并对驾驶员本身素质、上岗要求、在岗管理进行严格把控，在保障驾驶员的人身安全的同时，保证货物的安全运输。

基于良好的供应链管理能力，宝供先后与许多跨国及国内化工巨头实现长期且良好的合作，积累了丰富的行业经验和客户口碑。

资料来源：宝供物流 http://www.pgl-world.com.cn/，2021-08-31.

| 思考 |

结合材料简述宝供如何通过"控制塔"技术保障供应链的安全、透明。

🌀 实训项目

危化品仓储管理调查研究

1. 实训目的

通过实训，学生应了解危化品的分类以及不同类别危化品的特性。在发生火灾、危化品泄漏等紧急性事故时可以快速应对，将理论应用于实践，提高学生的整体应急处理能力。

2. 实训内容

（1）利用互联网、图书馆等资源，查找国内外有关机构在危化品储存方面的有关规定，了解危化品仓储的特殊性；

（2）了解危化品的分级、包装和标志；

（3）完成危化品仓储法律法规的检索；

（4）查找危化品的应急处理措施；

（5）完成调研报告。

参考文献

［1］ 董千里. 采购管理［M］. 重庆：重庆大学出版社，2008.

［2］ 何婵. 采购管理［M］. 南京：南京大学出版社，2017.

［3］ 王皓，曾毅，刘钢. 仓储管理［M］. 北京：电子工业出版社，2013.

［4］ 唐连生，李滢棠. 库存控制与仓储管理［M］. 北京：中国物资出版社，2011.

［5］ 欧伟强，钟晓燕. 电子商务物流管理［M］. 北京：电子工业出版社，2018.

［6］ 张铎. 电子商务物流管理［M］. 4 版. 北京：高等教育出版社，2019.

［7］ 袁中英，李建蓉，万玻. 现代物流［M］. 成都：西南交通大学出版社，2008.

［8］ 陶新良，毛建云. 物流设施及设备［M］. 北京：机械工业出版社，2012.

［9］ 纪红任，游战清，刘克胜，等. 物流经济学［M］. 北京：机械工业出版社，2007.

［10］ 孙浩，钱芝网. 现代物流管理［M］. 上海：复旦大学出版社，2014.

［11］ 许国银，桑小娟，蒋淑华. 物流管理新论［M］. 南京：东南大学出版社，2014.

［12］ 朱士明. 计算机网络及应用［M］. 北京：北京理工大学出版社，2012.

［13］ 韩东亚，余玉刚. 智慧物流［M］. 北京：中国财富出版社，2018.

［14］ 刘宝颖. 食品行业冷链物流外包服务商选择研究［D］. 天津：天津师范大学，2018.

［15］ 林志民，苏德福，林向阳. 冷冻食品加工技术与工艺配方［M］. 北京：科学技术文献出版社，
2004.

［16］ 董丹慧. 危化品道路运输风险评价研究［D］. 哈尔滨工程大学，2017.

［17］ 吴旭. 城市生鲜农产品冷链物流库存与配送协同优化研究［D］. 北京：北京交通大学，2019.

［18］ 丁锐. 辽宁省生鲜农产品冷链物流风险管理研究［D］. 大连：大连交通大学，2019.

［19］ 朱仕兄. 物流运输管理实务［M］. 北京：北京交通大学出版社，2009.

［20］ 夏荣辉. 保税物流仓储实务［M］. 北京：中国商务出版社，2012.

［21］ 墨菲，克内梅耶. 物流学［M］. 杨依依，译. 北京：中国人民大学出版社，2019.